Inhalt

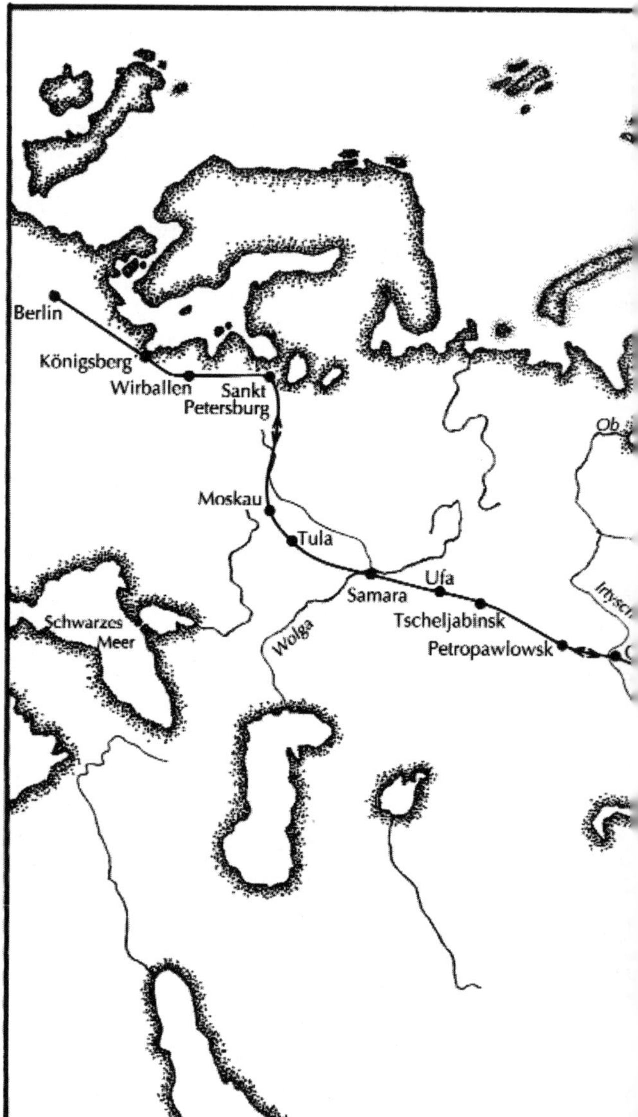
Berlin
Königsberg
Wirballen
Sankt
Petersburg
Moskau
Tula
Samara
Ufa
Tscheljabinsk
Petropawlowsk
Schwarzes
Meer
Wolga
Ob

DPOLARMEER
PAZIFISCHER OZEAN
Jenissei
Lena
MANDSCHUREI
Wladiwostok
Krasnojarsk
Tulun
Irkutsk
Taiga
Ob
Port Baikal
Baikalsee
Tschita
Schilka
Werchne-Udinsk
Myssowaja
Charbin
Mukden
Port Arthur
Dalny
Peking
Tschifu
Tsingtau
Schanghai
Yangtsekiang

Nach Petersburg

An einem schwülen Juliabend dieses Jahres brachte in Berlin der Verein russischer Studenten in den Hohenzollernsälen, die man in einer der entlegenen Straßen von Moabit suchen muss, Gorkis »Nachtasyl« in der Ursprache zur Aufführung. Die jungen Leute feierten eine Art Heimatfest und führten den Ertrag der Vorstellung wohltätigen Zwecken zu. In dem Vorraum zu den prächtig eingerichteten Sälen war alles so charakteristisch umgestaltet, dass man glauben konnte, nach einer größeren Stadt im Innern des Zarenreiches versetzt zu sein.

Schüler der Berliner Universität und des Polytechnikums in Charlottenburg gingen mit dem Ausdruck der geistigen Spannung und Erregung, die ihren Gesichtern bei solcher Gelegenheit eigentümlich ist, und dem behaglichen Gefühl, unter Landsleuten zu sein, lebhaft plaudernd auf und ab. Auf einem langen Tisch, der mit Erfrischungen bedeckt war, brodelte das Wasser in einem riesigen Samowar, und aus hunderten von Zigaretten wirbelte aromatischer Rauch auf. An der Kasse saßen junge Damen im Nationalkostüm und verkauften die Billetts und Theaterzettel, während im Publikum Einladungen zur Teilnahme an Unterstützungszwecken verteilt wurden. Durch die geöffneten Türen und Fenster klangen die lustigen Weisen einer Hochzeitsmusik vom ersten Stockwerk herab, während der Vorhang auf der Bühne sich leise hin und her bewegte und das Zeichen zum Beginn der Aufführung gegeben wurde.

Man weiß, mit welcher furchtbaren Wahrheit in dem Gorki'schen Drama das Leben in einem Moskauer Nachtasyl veranschaulicht wird, in einer jener Spelunken, die noch weit armseliger und jammervoller als ähnliche Löcher in den Millionenstädten Westeuropas eingerichtet sind. Es handelt sich um eine Vereinigung von Menschen, die alle einmal bessere Tage gesehen haben und nun auf der untersten Sprosse der menschlichen Existenz angelangt sind. Diebe, Falschspieler, Trunkenbolde, Dirnen, Elende und Kranke aller Art hausen unter der Erde fast wie Tiere und wissen nichts mehr von Leben und Licht, von Sonne und Freiheit. Da kommt ein so genannter »Pilger« zu ihnen, ein »Strannik«, der in bald drolliger, bald rührender Weise allen Trost zuspricht und sie zu bessern versucht, indem er sie mit einem Hauch von Mitleid und Menschenliebe berührt. Was wir vor uns sehen, bleibt auch zum Schluss ein übel duftender Sumpf, aber ein solcher, über den einige Sonnenstrahlen glitzernd hinweggehuscht sind. Wir sagen still und erschüttert zum Schluss zu uns: Auch das sind unsere Brüder!

Es war erstaunlich, wie die russischen Studenten sich in diese Figuren aus den »Tiefen des Lebens« mit Leib und Seele hineinzuwerfen wussten. Sie blieben künstlerisch hinter den Berufsschauspielern des »Kleinen Theaters« nicht wesentlich zurück und übertrafen sie sogar durch die Echtheit im Spiel und in der Charakteristik. Sie schienen es gar nicht zu wissen, wie sehr sie mit ihrer natürlichen Veranlagung ins Schwarze getroffen hatten. Es war schaudervoll und rührend zugleich, wie diese Menschen in ihren Lumpen die Treppen herunterpolterten und einander mit heiseren Stimmen anschrien, wie sie sich auf den Bänken und Tischen räkelten und kratzten, verspotteten und beschimpften und sich gewissermaßen in ihrem Elend selbstgefällig bespiegelten.

Unter den Zuschauern befanden sich auch mehrere namhafte Persönlichkeiten aus dem »fernen Osten« Russlands, die ihre Ferien zu einer Reise nach Deutschland benutzt hatten. Die erste Bekanntschaft, die ich unter ihnen machte, war ein Professor aus Tomsk, ein namhafter Gelehrter auf sozialpolitischem Gebiete, dem bei der jetzigen Strömung der Boden unter den Füßen zu heiß geworden war und der sich bei uns einen neuen Wirkungskreis suchte. Ein anderer war Lehrer am orientalischen Seminar in Wladiwostok und ein gründlicher Kenner deutschen Wesens.

Beide hatten die Reise nach Deutschland mit der sibirischen Bahn gemacht und erzählten nur Gutes von der Schnelligkeit, mit der sie die weite Strecke durcheilt hatten, und von der vorzüglichen Einrichtung der Züge. Aber beide irrten sich in Bezug auf die Zeit, die man von Mitteleuropa bis zum Stillen Ozean braucht, oder, richtiger gesagt, die Angaben, die sie machten, stimmten nicht mehr mit dem Fahrplan, wie er mittlerweile eingeführt war, überein.

Umso zuverlässiger erwies sich unser Reichs-Kursbuch, das bei den Angaben für die russischen Bahnen in seiner Frühjahrsausgabe eine neue Rubrik eingeführt hatte. »Mandschuria-Dalny« lautete verheißungsvoll die Überschrift, die auch noch die Namen Wladiwostok und Port Arthur enthielt und unter der in Klammern der Vorsicht halber zu lesen war: »Vom Tage der Betriebseröffnung an, voraussichtlich am 14. Juni 1903.«

Die Wirkung dieser Zeilen glich einer scharfen Beleuchtung, in welcher die gesamte Strecke der sibirischen Bahn bis zum Stillen Ozean plötzlich vor mir erschien. Der regelmäßige Verkehr stand also auf einem Gebiet fest, auf dem noch vor kurzem die Kriegsfurie getobt hatte und die Völker in wilder Leidenschaft aufeinander geprallt waren. Bis auf Stunde und Minute war der Fahrplan für Stationen angegeben, die bisher entweder gar keine oder eine phantastisch verschwommene Vorstellung ergaben.

Das alte Reisefieber, das sich immer einzustellen pflegt, wenn es draußen grünt und sprießt, machte sich heftiger als jemals bei mir bemerkbar. Schon sah ich im Geist die lange Schlange der eisernen Waggons, wie sie, von der qualmenden Lokomotive gezogen, an den Hütten der Russen, Tungusen, Burjaten und Chinesen über reißende Ströme und einsame Steppen hinwegrollten. Schon glaubte ich die wackelnden Zöpfe der chinesischen Kulis zu erblicken, die das Wunder des elektrisch beleuchteten Eisenbahnzuges anstarrten, wenn er bei Nacht und Nebel auf wenige Minuten bei ihnen anhält, um dann mit den Passagieren, die neugierig auf die armseligen Lappen und bloßen Füße der gelben Burschen herabblicken, weiter und immer weiter zu rollen. Etwas, das so lange unfassbar war, schien damit in greifbare Nähe gerückt zu sein, und die Versuchung, in die plötzlich geschaffene Situation hineinzuspringen, ließ sich nicht länger zurückweisen.

Einen Sommerurlaub von zwei Monaten zu einer Reise an den Stillen Ozean zu benutzen war allerdings ein Unternehmen, über das sich reden ließ. Ich hütete mich zunächst, mit der Sprache herauszurücken, weil ich an die glatte Ausführung der Idee zunächst selbst nicht glaubte. Offiziell wurde Irkutsk, höchstens der Baikalsee, als Ziel der Fahrt angegeben, und der übrige, natürlich noch interessantere Teil des Programms vorläufig in der Tiefe des Busens vergraben. Dreiunddreißig Tage auf der Eisenbahn und, wenn ich bis Tschifu und Schanghai wollte, noch fünf Tage auf dem Dampfschiff konnte man leichter zu erleben versprechen als wirklich erleben, denn es stand fest, dass auch die Rückreise auf der sibirischen Bahn ausgeführt werden sollte.

Aber das Thema, in wenigen Wochen durch zwei Drittel Europas sowie ganz Asien zu rollen und die riesige Verkehrseinrichtung gerade in dem Augenblick zu studieren, in dem sie bis zum vollen Betrieb fertig gestellt war, hatte auch für andere, wie ich mich überzeugen konnte, etwas Hypnotisierendes und phantastisch Aufregendes. Jeder musste sich sagen, dass für den Weltverkehr nunmehr eine neue Stunde geschlagen habe.

In meiner Vaterstadt, Königsberg i. Pr., verlebte ich nach der Abfahrt von der Station Zoologischer Garten in Berlin zunächst einen

Sonntag im Kreise meiner Geschwister und lieben Verwandten. Alles, was Russland und die Entwicklung des Zarenreiches betrifft, findet in der alten ostpreußischen Krönungsstadt naturgemäß ein lebhaftes Echo, denn dort ist ein starkes Bollwerk des Deutschtums gegen den Osten, eine feste Burg vaterländischer Gesinnung und Kultur geschaffen. Gerade die Nähe der russischen Grenze bewirkt es, dass im Schatten des ehrwürdigen Schlosses das Nationalitätsgefühl lebhaft pulsiert und eifrig bedacht ist, das von den Vätern Ererbte rein zu erhalten. Damit hängt es aber auch zusammen, dass man in Königsberg bemüht ist, das östliche Nachbarreich nicht, wie es wohl sonst geschieht, mit billigen Redensarten abzuurteilen, sondern es aus der Eigenart des Landes und seiner Bevölkerung, seiner Geschichte und Charakteranlage wirklich zu verstehen. In dem schönen Tiergarten auf den Hufen, dieser wahrhaft großstädtischen Anlage, deren Einrichtungen als musterhaft bezeichnet werden müssen, verlebte ich eine Reihe glücklicher Stunden und wurde von allen Seiten beglückwünscht zu der großen Reise, die ich vorhatte. Auf der Schule hatte uns einmal unser Direktor, der ausgezeichnete Shakespeareforscher Alexander Schmidt, das Thema aufgegeben, ob überhaupt und wieweit die Begründung eines zoologischen Gartens in Königsberg möglich sei. Wir vereinigten uns damals in der Meinung, dass die Sache ungemein schwierig sei und dass wir uns in jedem Fall nur auf wenige Tierarten beschränken müssten, die es in dem nordischen Klima aushalten könnten.

Und nun ging ich in den prächtigen Anlagen des ehemaligen Hufenparks, wo ich so oft als Kind in der von wildem Gestrüpp durchwachsenen Schlucht gespielt hatte, wie in einem Wunderreich spazieren. Die Löwen schüttelten brüllend ihre Mähnen, und die Elefanten streckten neugierig ihre Rüssel durch die Gitter, während sich der Reichtum an Tieren aus allen Zonen jedes Jahr vermehrt hatte. Was man in der Jugend wünscht, hat man im Alter die Fülle, dies Wort unseres Lehrmeisters Goethe fiel mir dabei immer wieder ein. Menschliche Intelligenz ist unabhängig von den Gefahren des Klimas und den Schrecknissen der Natur. Ihr Wirkungskreis ist unbegrenzt und zaubert frisches Leben auch aus anscheinend totem Boden. Das sollte ich vor allem in Sibirien erfahren, und der Anblick ostpreußischer Tüchtigkeit bildete dafür eine gute Vorbereitung.

Das größte Interesse für die Ausführung meines Reiseplans zeigten natürlich die Königsberger Offiziere, die über die sibirische Bahn viel gehört und gelesen hatten, ohne mit dem Riesenunternehmen im Einzelnen eine bestimmte Vorstellung zu verbinden. Hierzu kam, dass die Einrichtungen auf dem Schienenwege durch Asien sich beständig veränderten. In Deutschland würden sich zunächst Parlament und Presse lange und geräuschvoll mit der Ausführung einer Idee von dieser Tragweite beschäftigt haben. Alle Welt sieht die Dinge bei uns zunächst auf dem Papier, bevor sie in Wirklichkeit dastehen. In Russland werden dergleichen Vorbereitungen ebenso eifrig, aber ganz im Stillen getroffen. Außer den Persönlichkeiten, die dazu berufen werden, hat niemand in der Öffentlichkeit dabei mitzureden und daran eine freie Kritik zu üben. Plötzlich sind die Dinge in Russland vollendet, ohne dass man im Ausland vorderhand genau weiß, wie sie in Wahrheit beschaffen sind. Es dauert immer noch eine Weile, bis sich Stimmung und Urteil, oft mit ungerechter Voreingenommenheit, darüber verdichten und eine richtige Anschauung davon geben, wie die Verhältnisse in Wahrheit liegen.

Man empfand allgemein den Reiz, den es für mich haben musste, als einer der Ersten die ganze Strecke durchfahren zu dürfen. Innerhalb der letzten zwanzig Jahre hatte ich das europäische Russland von Petersburg und Finnland bis zur Krim und zum Kaukasus, von Polen bis an die Ufer der Wolga durchstreift, die beiden letzten Kaiserkrönungen in den Jahren 1883 und 1896 in Moskau mitgemacht, überall starke Anregungen und Eindrücke empfangen und im Kreise der russischen Staatsmänner, Schriftsteller und Künstler viele wertvolle persönliche Beziehungen anknüpfen dürfen. Nun lockte das asiatische Russland mit unwiderstehlicher Gewalt zu einer neuen Studienreise nach dem Fernen Osten am Ufer des Stillen Ozeans. Mein Einführungsbrief von der russischen Botschaft in Berlin sorgte dafür, dass ich an der Grenze in Wirballen nicht als Letzter, wie es nach der alphabetischen Reihe der Namen sonst geschehen wäre, sondern als Erster abgefertigt wurde und im Wartesaal mich ruhig an dem dampfenden, trefflich zubereiteten Tee, an einer Kohlsuppe und einem Haselhuhn zur Weiterreise stärken konnte.

In dem Coupé der internationalen Schlafwagengesellschaft schlief ich wie ein Heiliger, und am nächsten Morgen erfuhr ich zum ersten Male von der Existenz eines Speisewagens auf dieser Strecke. Das Hinauslaufen auf die Stationen und das bunte Leben in den Wartesälen haben auch im europäischen Russland viel Unterhaltendes. Aber es ist doch gemütlicher, im Gefühl der angenehmen Sättigung auf und ab zu spazieren, als im Gewühl der Passagiere und Kellner ein Kotelett mit Gemüse schnell hinunterwürgen zu müssen oder sich an dem kochenden Tee die Zunge zu verbrühen.

In Petersburg suchte ich nach alter Gewohnheit das Hotel de France in der großen Morskaja auf. Es ist keins von den modern ausgestatteten Häusern, auf die man in großen Städten besonderen Wert legt. Die Einrichtung des Lifts, der das Treppensteigen erspart, ist dort unbekannt. Ebenso gibt es in den Zimmern keine elektrische Beleuchtung, sondern nur Stearinkerzen und Lampen. In all diesen Dingen steht das Hôtel de l'Europe an der Ecke des Newski Prospekt und der Michailowskaja entschieden höher. Aber die Lage des Hôtel de France ist für den Fremden überaus bequem, die Preise für Zimmer und Mahlzeiten sind nicht übertrieben, und die Bedienung zeichnet sich durch Aufmerksamkeit und Höflichkeit aus.

Man macht, wenn man sich der Straße zuwendet, nur wenige Schritte nach links und befindet sich an einer der interessantesten Ecken des Newski Prospekts. Dann wieder eine kurze Strecke auf der Prachtstraße der Petersburger in der Richtung zur Polizeibrücke, und man kommt zu dem gemütlichen Restaurant von Leiner, wo die Deutschen sich mit Vorliebe ihr Stelldichein geben und wo man immer sicher ist, etwas Interessantes zu beobachten und zu hören. Dort traf ich auch unsern deutschen Generalkonsul Maron, der die Entwicklung der Dinge an der ostasiatischen Küste mit Aufmerksamkeit und Verständnis verfolgt. Für Petersburg blieben mir drei Tage übrig, die mit Besorgungen und Besuchen aller Art reichlich ausgefüllt waren.

Aber war es denn wirklich möglich, vierzehn Tage ohne Unterbrechung in einem Eisenbahnzuge zuzubringen, ohne in allen Gliedern bis zur Unerträglichkeit zusammengerüttelt zu werden? Im westlichen Europa kann man Proben auf dieses Exempel überhaupt nicht machen. Was wollen die siebzehn Stunden, die man im Nordexpress auf der Reise nach Paris zubringt, oder die einundzwanzig Stunden nach London, wobei man noch ein paar Stunden auf dem Kanal herumschwimmt, dagegen bedeuten! Nach Rom braucht man, wenn man den Südexpresszug benutzt, zwar achtunddreißig Stunden. Aber das ist immer noch nichts gegen eine Situation, in welcher man zwei Wochen hindurch in Gegenden, die noch vor kurzem außerhalb jedes modernen, regelmäßigen Verkehrs lagen, darauf angewiesen ist, im Coupé zu schlafen, ununterbrochen das Rattern der Wagen zu hören, mit fremden Menschen lange zusammenzuleben und jeden Augenblick einen fremden Eindruck in sich aufzunehmen.

Ein glücklicher Zufall führte mich in Petersburg in dem eleganten Restaurant von Cubas, das nicht weit von meinem Hotel in der großen Morskaja liegt, mit zwei russischen Kaufleuten zusammen.

Sie waren soeben von Dalny, dem Endpunkt der sibirischen Bahn, nach Petersburg zurückgekehrt, nachdem sie vor anderthalb Monaten die Reise dorthin ebenfalls auf dem Schienenwege zurückgelegt hatten. Innerhalb zweier Monate hatten sie also vier Wochen im Eisenbahnzug zugebracht. Eine schreckliche Vorstellung, nicht wahr?

Aber die beiden Leute waren soeben aus Moskau eingetroffen und zeigten dabei nicht die geringste Spur von Ermüdung. Sie konnten sich außerdem in den Ausdrücken des Enthusiasmus über das, was sie erlebt hatten, gar nicht genugtun. Die Einrichtung der Luxuszüge? Sie lässt alles zurück, was man im westlichen Europa an Bequemlichkeit genießt. Die Überfahrt über den Baikalsee? Sie war herrlich und vom schönsten Wetter begünstigt. Aber wie war es mit den Zügen in der Mandschurei? Die sind noch besser als die andern, die nach Irkutsk laufen. Und wie war es mit der Sicherheit im Zuge während der Fahrt durch China? Man hört doch von räuberischen Überfällen durch Kulis, von Diebstählen und Einbrüchen im Zuge? Alles übertrieben und erfunden.

Wie sieht es endlich in Dalny und Port Arthur aus? Bei dieser Frage wurden meine Tischgenossen ganz besonders redselig und schilderten die Gegend in Farben, als ob es sich um ein wahres Märchenland handelte. Endlich Schanghai, der Mittelpunkt des ganzen modernen chinesischen Lebens, wohin man mit den russischen Dampfern so bequem hinkommt – so etwas Entzückendes gibt es auf der Welt überhaupt nicht wieder.

Ich wusste aus langer Erfahrung, dass die Russen, wenn sie die Vorzüge ihrer Heimat preisen, sich in großen Worten gar nicht genugtun können, und zog von der Verklärung, in der sie auf der sibirischen Bahn alles erblickt hatten, einen gehörigen Prozentsatz ab. Immerhin blieb noch genug des Guten übrig, um mich wenigstens für den Augenblick in dem Vorhaben zu bestärken, die Strecke nach Dalny ebenfalls ohne Unterbrechung zu befahren.

Mein letzter Besuch in Petersburg galt dem altbewährten Bankhaus E. M. Meyer am Englischen Kai, wo mein Bruder sechsundzwanzig Jahre hindurch mit Arbeitsfreude und Erfolg tätig gewesen war und wo mich der Chef des Hauses, Herr Schwarz, mit gewohnter Liebenswürdigkeit empfing. Trotz aller beruhigenden Versicherungen konnte ich immer nicht wissen, welche Verlegenheiten meiner unterwegs harrten. Ich sicherte mir daher für alle Fälle einen ausreichenden Kredit und vereinbarte eine telegraphische Chiffre für Geldsendungen nach dem »Fernen Osten«. Mir ist glücklicherweise auf dieser Reise niemals ein Gegenstand von Wert abhanden gekommen, und die Rubelscheine in meiner Reisetasche erwiesen sich gerade als ausreichend.

Zu meiner Stimmung, die aufs Weite und Unbekannte hinwies, passten die von Dostojewski besungenen »weißen Nächte«, die beim Antritt meiner Reise in Petersburg herrschten. Auf dem lang gestreckten, breiten Newakai mit den Kaiserpalästen lustwandelten die Leute um Mitternacht noch wie am hellen Tage und blickten auf das prächtige Schauspiel, das der gewaltige Fluss bot. Ein feiner grauweißer Nebel war über den ganzen Wasserspiegel ausgebreitet, aus dem die Lichter der Dampfer bei ihrer Fahrt von oder nach den Inseln geheimnisvoll auftauchten, während die Umrisse der Gebäude auf Wassili Ostrow oder der Petersburger Seite nur eben zu erkennen waren. Die lange, eiserne Brücke, die zum zweihundertjährigen Jubiläum von Petersburg eingeweiht war, reckte sich mit ihren Bogen vom Suworowplatz, dort, wo der Feldherr in römischer Tracht dargestellt ist, über die breiteste Stelle der Newa. Ab und zu ertönte vom Wasser das grelle Signal einer Dampfpfeife oder auf der Straße das dumpfe Aufschlagen von flinken Rossen, die vor eine Troika gespannt waren.

Ich sehe, staune und träume, als ob ich unter Nachtwandlern einhergehe oder gar selbst einer sei. Erst spät finde ich den Weg zum

Hotel und glaube schon das Rattern des Eisenbahnwagen, das mich vier Wochen begleiten wird, in den Gliedern zu spüren. In der Nacht sitzt eine schwarze Taube auf dem Fensterbrett vor dem Hotelzimmer, und am nächsten Morgen ist sie wieder da und pickt an die Scheibe, als hätte sie Unheil zu prophezeien. Werde ich überhaupt wiederkehren? Ich schüttle den törichten Gedanken von mir ab, aber er drängt sich mir immer wieder auf. »Was hat der Junge auf der Galeere zu tun?« Diese zum Sprichwort gewordene Phrase aus den »Fourberies de Scapin« Molières spukte mir beim Gedanken an Sibirien lange im Kopf herum, bis die müden Augen endlich zufielen.

Die beiden für Petersburg übrig bleibenden Tage sind mit notwendigen Besuchen reichlich ausgefüllt. Fürst Chilkow, der russische Verkehrsminister und die Seele der sibirischen Bahn, ist gerade von seiner Dienstreise zurückgekehrt, und wer weiß, ob er am Abend die Hand nicht wieder am Coupégriff hat. Also schnell in die nächste Droschke zu seinem schönen Palais an der Fontanka und über den breit sich öffnenden Vorgarten zur Einfahrt, auf der man in einem großen Bogen zu dem Ministerium gelangt. Der Fürst ist sehr beschäftigt, aber er wird mich doch empfangen.

Nach zehn Minuten holt er mich selbst aus dem Saal, wo ein Dutzend Besucher leise flüsternd warten. Mit dem lebhaften Gesichtsausdruck, auf dem sich der kurze Knebelbart von dem glatt rasierten Kinn charakteristisch abhebt, und der kleinen, beweglichen Figur entspricht er genau dem Bild, das man sich nach den vielen Porträts von ihm macht. Er gilt den Russen als der »Amerikaner«, weil er jenseits des Weltmeeres die hohe Schule des Eisenbahnwesens nicht nur theoretisch, sondern praktisch, vom Dienst auf der Lokomotive an, durchgemacht hat. Er ist der Mann der sorgfältigen Überlegung, aber wenn er sich über eine Sache klar geworden ist, gibt es für ihn keine Schwierigkeiten mehr, und ein Hindernis, das unerwartet auftaucht, reizt ihn nur, seine glänzende Erfindungsgabe zu betätigen.

Unter dem Berg von Depeschen, die sich auf seinem Schreibtisch aufgetürmt hatten, befand sich eine, die ihn sichtlich aufregte. Soeben war der große Trajektdampfer und Eisbrecher, der einen ganzen Güterzug über den Baikalsee bringt, im Nebel aufgelaufen, und die stählernen Trossen waren nicht imstande, ihn wieder flottzumachen, sondern sämtlich wie Bindfäden gerissen. Der Fürst beklagte dies Vorkommnis umso mehr, als der Dampfer »Baikal« nach seinen eigenen Angaben gebaut worden war, und sich bisher immer bewährt hatte. Das Unglück war vielleicht nicht so groß, als der Fürst annahm. Man hätte Prähme zu Hilfe nehmen und einen Teil der Belastung vom Dampfer abladen sollen, bis er sich von selbst wieder heben würde. Eine Probe von der Tücke des Sees, über den ich hinwegmusste, war damit gegeben und der Verkehr an jener Stelle vermutlich unterbrochen.

Für die Anlage und Ausführung der Mandschureibahn ist die Persönlichkeit des Fürsten Uchtomsky von ausschlaggebender Bedeutung gewesen. Als Begleiter des jetzt regierenden Zaren bei seiner Orientreise und Verfasser des glänzend geschriebenen Werkes, das er ihr widmete und in dem er ein weitschichtiges Material lichtvoll verarbeitete, hat er sich mit der Politik Russlands im äußersten Osten innig vertraut gemacht. Er gehört zu den Begründern der Russisch-Chinesischen Bank und leitete in Peking persönlich die Verhandlungen, die zum Abschluss des Vertrages wegen der Mandschureibahn führten.

Als Herausgeber der trefflich geleiteten und weit verbreiteten »Petersburgskija Wjedomosti« ist er in der Lage, seinen Ideen, die auf Ausdehnung und Befestigung der russischen Macht in China hinzielen und eine scharfe Spitze gegen England enthalten, ebenso regelmäßigen wie wirkungsvollen Ausdruck zu geben. Seine Lebensklugheit drückt sich vor allem darin aus, dass er hinter dem Werk, das er geschaffen hat, mit seiner Persönlichkeit bescheiden zurücktritt und das Verdienst daran gern anderen zuweist, um seinen Weg desto sicherer weiterverfolgen zu können.

Er verbindet den Charakter eines Gelehrten, der sich in die Geheimnisse entlegener Kulturen und fremder Völker versenkt, in origineller Weise mit dem Temperament und praktischen Sinn eines Politikers, der zum Wohle seines Vaterlandes neue Hilfsquellen erschließt. Seine leidenschaftliche Teilnahme an den Tagesbewegungen hindert ihn nicht, ein eifriger Sammler und Kenner buddhistischer Altertümer zu sein, mit denen er sein Heim in der Schpalernaja in ein höchst sehenswertes Museum umgewandelt hat.

Die Mandschureibahn selbst ist der unmittelbaren Aufsicht des Finanzministers Witte verblieben, der sich während meiner Anwesenheit in Petersburg gerade in einer Angriffsstellung gegen den Minister des Innern, von Plehwe, befand und einen Kampf heraufbeschworen hatte, aus dem er zum Schluss nicht ohne Wunden siegreich hervorgegangen ist. Witte musste die Leitung der russischen Finanzen mittlerweile plötzlich in andere Hände übergehen lassen. Aber sein Nachfolger Pleske ist sein vertrauter Schüler und ein williges Instrument in seiner Hand, während jener es allem Anschein nach verstanden hat, von seiner Machtvollkommenheit manches zu retten und seine Stellung zu den anderen Ministern durch seine Rangerhöhung zum Vorsitzenden des Ministerkomitees zu öffentlichem Ausdruck zu bringen.

Wittes langjähriger Finanzbevollmächtigter in Berlin, von Timirjasew, der ihm jetzt unmittelbar zur Seite steht und der wegen seiner Sittenfreundlichkeit bei uns ein liebevolles Andenken zurückgelassen hat, ließ es nicht an wertvollen Empfehlungen für die mandschurische Strecke fehlen, über deren Einrichtungen die widersprechendsten Mitteilungen verlauteten.

Im Park von Zarskoje Sselo, dem Sommeraufenthalt Timirjasews, besprachen wir bei einer recht russischen Mahlzeit, die durch die

Liebenswürdigkeit der Hausfrau noch besonders gewürzt wurde, die Aussichten für die glückliche Vollendung einer so langen Reise. Die kaiserliche Familie hatte das von Katharina II. erbaute Lustschloss gerade verlassen, und wir konnten uns in den herrlichen Anlagen des Parks ungestört ergehen. Ein Nebengebäude des Schlosses beherbergte den gefürchteten Oberprokureur des heiligen Synods, Pobedonoszew, und für einen Augenblick wurde an einem der Fenster sein bleiches, bartloses Gesicht sichtbar, das einem preußischen Schulrat anzugehören schien.

Am letzten Tage in Petersburg machte ich noch einen Besuch auf dem deutschen Schulschiff »Großherzogin Elisabeth«, das vor der Nikolaibrücke Anker geworfen hatte und dessen Offiziere und Mannschaften bei unserer deutschen Kolonie, vor allem bei ihrem Vorsitzenden, Kommerzienrat Tillmanns, einer überaus liebenswürdigen Aufnahme begegnet waren. Es befand sich gerade der russische Großfürst Alexej, der Onkel des Kaisers, mit unserem ebenso tüchtigen wie allgemein beliebten Botschafter Graf von Alvensleben und seinen Sekretären an Bord. Unsere Seekadetten sahen prächtig aus und machten ihre Übungen vortrefflich. Ich war Zeuge des lebhaften Interesses und der warmen Anerkennung, mit welcher der hohe Herr alle Einrichtungen unseres Schulschiffes in Augenschein nahm, sowie des ungezwungenen Verkehrs, der sich bei dieser Gelegenheit zwischen den Gästen entwickelte.

Eine andere interessante Bekanntschaft machte ich bei dieser Gelegenheit in der Person des Kommerzienrats Guillaume aus Köln, dem Vorsitzenden des deutschen Schulschiffvereins. Er war ebenfalls zu Schiff in Petersburg eingetroffen, und seine elegante Lustjacht lag gleich hinter der »Großherzogin Elisabeth« auf der Newa, ein Schmuckkästchen in Bezug auf häuslichen Komfort und die neuesten technischen Einrichtungen. Der Großfürst fuhr mit unserm Botschafter und dessen Herren, nachdem sie das Schulschiff verlassen hatten, zur Besichtigung auch zu ihm hinüber. Noch eine dritte Sehenswürdigkeit lag unmittelbar daneben vor der Nikolaibrücke auf der Newa, die Jacht des amerikanischen Milliardärs Vanderbilt.

Über den Fluss und dessen breite Ufer, über die goldnen Kuppeln der Kirchen war heller Sonnenschein ausgebreitet, und im Kreise der internationalen vornehmen Gesellschaft, die sich an dieser Stelle versammelt hatte, stieg die Lust, etwas Ungewöhnliches zu unternehmen und Raum und Zeit in einer Weise zu überwinden, wie man es noch vor kurzem für ganz unmöglich gehalten hätte.

Dann schlug die Scheidestunde, in der ich von dem liebenswürdigen Kapitän unseres Schulschiffes in dessen Kajüte mit einem Pokal schäumenden Sekts bewirtet wurde. Mit vielen herzlichen Wünschen für eine glückliche Reise und Heimkehr fuhr ich wieder ans Land zurück, um im Hotel meine Sachen zu packen und nach dem Nikolaibahnhof zu fahren, von wo mich der Nachtzug nach Moskau brachte.

Geschichte der sibirischen Bahn

Die Besucher der letzten Pariser Weltausstellung, Sommer 1900, werden sich erinnern, in welcher geschickten und eindrucksvollen Weise die russische Regierung auf dem Völkermarkt, der sich damals an der Seine entwickelt hatte, ein Bild von der großen sibirischen Eisenbahn zu geben wusste. Auf dem höchsten Punkt des Trocadero hatte man charakteristische Einzelheiten von der Architektur des Kreml in Moskau in verkleinertem Maßstabe zu einem Gebäude zusammengestellt, das mit seinen weißen Mauern, grünen Türmen und goldenen Spitzen den Spaziergängern schon von weitem auffiel. In einer Reihe von Sälen trat ihnen das asiatische Russland, vom Kaukasus und transkaspischen Gebiet angefangen, durch die unendlichen Steppen Sibiriens bis zum Nördlichen Eismeer und dem Stillen Ozean als Museum und Basar entgegen.

Dabei war ein Teil des Gebäudes in eine Eisenbahnhalle verwandelt, in der vier Waggons der internationalen Schlafwagengesellschaft genau in derselben Einrichtung aufgestellt waren, wie sie schon damals zwischen Moskau und Irkutsk wöchentlich einmal verkehrten. Die Ausführung des Zuges, der vollständig gebrauchsfertig zusammengestellt war, sollte das Publikum an die Vorstellung gewöhnen, dass es keine unmögliche Zumutung bilde, achteinhalb Tage von »Mütterchen« Moskau bis zur Hauptstadt von Mittelsibirien ohne Unterbrechung auf der Eisenbahn zuzubringen. Gegenwärtig genügen dazu sieben Tage und acht Nächte.

Um die Sache noch verlockender zu machen, hatte man auch den Speisewagen des Zuges in Betrieb gesetzt und dafür gesorgt, dass die Besucher der Ausstellung darin ihre Mahlzeiten einnehmen konnten. Durch die Fenster des Zuges blickten sie beim Speisen und Trinken auf ein bewegliches Panorama, das ihnen auf einem Leinwandstreifen von tausend Meter Länge ein Bild der Reise von Moskau bis nach Peking geben sollte. In Wirklichkeit war eine solche Fahrt damals noch gar nicht möglich und die Ausführung schien durch die chinesischen Wirren in weite Ferne gerückt zu sein.

Aber die artige Spielerei, in welche man den großen Gedanken der sibirischen Bahn verwandelt hatte, übte während der Weltausstellung die beabsichtigte Wirkung aus und machte die Masse des Publikums auf die Einrichtung und weitere Gestaltung eines Unternehmens neugierig, das den meisten so lange abenteuerlich und unfasslich erschienen war. Dabei vergaßen allerdings viele zu bedenken, dass es sich in Paris wesentlich nur um ein Zukunftsbild handelte, dessen vollständige Ausführung man erst in den nächsten Jahren versprechen konnte.

Sibirien, das Land, das unsern Eltern als Inbegriff aller Unwirtlichkeit, ja als eine einzige große Strafanstalt der Russen erschien, ist plötzlich in die internationale Völkerbewegung hineingezogen worden und reiht sich als eins der interessantesten Glieder dem Verkehr ein, der die Welt umschließt. Wie lange wird es dauern, und Stangen veranstaltet Vergnügungsreisen dorthin, wie sie von ihm jetzt schon nach dem Kaukasus und Samarkand ausgeführt werden! Verfolgen wir in großen Umrissen die Entwicklung der Dinge von dem Augenblicke an, als die Russen zum ersten Mal über den Ural nach Osten vordrangen, bis zum Rollen des sibirischen Zuges nach Wladiwostok und Dalny.

Die russische Regierung ist gegenwärtig mit aller Kraft bemüht, Sibirien für die modernen Kulturzwecke zu erschließen, und hat dies Bestreben durch die Vollendung der sibirischen Bahn erfolgreich gekrönt. In früheren Zeiten stand sie jedoch dem ungeheuren Landgebiete, das sich jenseits des Urals anderthalbmal so groß wie

Europa bis an die Grenze von China und die Küsten des Stillen Ozeans erstreckt, gleichgültig oder gar ablehnend gegenüber.

Die erste Erschließung des Landes war das Werk der Moskauer Kaufleute Stroganow und des Kosakenführers Jermak, nachdem zu Anfang und in der Mitte des 15. Jahrhunderts vorübergehende Streifzüge erfolgt waren. Sie dienten dazu, die Samojeden am Unterlauf des Ob und den Zar Jediger von Sibir, einer Stadt, von der sich in der Nähe des heutigen Tobolsk am Ufer des Irtysch noch Reste erhalten haben, zu Tributleistungen heranzuziehen. Nach der Eroberung von Kasan und Astrachan wurden den Kaufleuten Jakob und Gregor Stroganow 1574 zur Belohnung und Beförderung ihres Unternehmungsgeistes jenseits der Kama große Ländergebiete überwiesen. Der Besitz dieser weiten Strecken wurde aber ihren neuen Herren durch Tatarenhorden, die von Sibirien nach Russland einbrachen, häufig streitig gemacht. Er konnte nur dadurch gesichert werden, dass man an den Ufern des Tobol, Irtysch und anderen Flüssen Festungen anlegte.

Nachdem man diesen Entschluss gefasst hatte, glaubte man in dem Kosakenführer Jermak eine geeignete Persönlichkeit zur Bekämpfung der Horden jenseits des Urals und zur Erforschung des Landes gefunden zu haben. Jermak hatte nichts zu verlieren, denn wegen der Raubzüge, die von ihm an der unteren Wolga verübt worden waren, hatte der Zar einen Preis auf seinen Kopf gesetzt. Jermak ergriff die Gelegenheit, im Dienst jener Kaufleute seine zum Äußersten entschlossene Tapferkeit an einer würdigeren Aufgabe zu betätigen, Russland auf bisher unbetretenen Gebieten einen Dienst zu leisten und dadurch die Verzeihung des Zaren zu erlangen. Mit sechstausend Kosaken drang Jermak im Herbst 1581 weit in das Innere von Sibirien vor und eroberte Sibir, die Hauptstadt des tatarischen Zarentums. Von da an hat sich die russische Macht wie ein unaufhaltsamer Strom über die Ebenen von Sibirien ergossen.

Fragt man sich, wie es möglich war, ein solches Ländergebiet mit einem Schlage zu erobern, so ist die Antwort leichter, als man denkt. Die Bevölkerung war damals viel dünner gesät als in unseren Tagen und durch kein gemeinsames Band aneinander geschlossen. Jermak, den wir uns in voller Waffenausrüstung mit dem Beil in der Rechten denken müssen, wie ihn der russische Bildhauer Antokolsky dargestellt hat, erschien mit seinen Mannschaften den Bewohnern als etwas Furchtbares, dem sie sich willenlos unterwarfen. Sie hätten auch jeden andern, der so gewaltsam wie dieser aufgetreten und ohne Rücksicht auf das Unwirtliche des Klimas immer weiter vorgedrungen wäre, als Herrn anerkannt.

Auch nach dem Tode ihres Führers, der im Jahre 1584 bei einem Kriegszug überfallen wurde und im Irtysch ertrank, waren die Kosaken bei dem Gedanken an Sibirien von wilder Abenteuerlust erfüllt, der sich kein Halt gebieten ließ. Aus den Eroberungszügen entwickelten sich feste Niederlassungen und aus diesen Städte. Im Jahre 1586 wurde Tobolsk, 1604 Tomsk, 1632 Jakutsk und 1652 Irkutsk gegründet. Im Jahre 1649 drang sogar der Kosakenführer Chabarow, der einen Pelzhandel betrieb, über das Jablonowygebirge bis an die Ufer des Amur vor. Das ganze nördliche Asien schien, ohne dass sich die Regierung im russischen Mutterland darum gekümmert hatte, wie im Sturm erobert zu sein.

Von nun an wurde jedoch der privaten Eroberungslust eine Grenze gezogen und die Notwendigkeit staatlicher Unterstützung und Führung, die bis dahin unterblieben war, anerkannt. Durch den Vertrag von Nertschinsk wurden die Russen im Jahre 1669 durch die Mandschuren vom Gebiet des Amur wieder zurückgedrängt und nach Osten bis auf das Jablonowygebirge beschränkt. Dieser Stillstand in der Bewegung zum Stillen Ozean, der die russische Eroberungslust als Ziel unwiderstehlich anlockte, dauerte bis zur Mitte des 19. Jahrhunderts.

Erst als England während des Opiumkrieges China zwang, seine Häfen zu öffnen, und in Gemeinschaft mit den Vereinigten Staaten, Frankreich und Russland mit dem Reich der Mitte zum ersten Mal Handelsbeziehungen eröffnete, gelang es dem weißen Zaren, auch die Eroberung Ostsibiriens durchzusetzen. Im Jahre 1854 fuhr Graf Murawjew mit seinen Truppen den Amur hinauf und erwarb am linken Ufer des Flusses ein Ländergebiet, das im Jahre 1857 von China an Russland abgetreten wurde. Im Jahre 1860 kam auch das Ussurigebiet durch den Vertrag von Peking an Russland, das nun seinen Zweck erreicht und den Weg zum Weltmeer gefunden hatte. 1860 wurde Wladiwostok gegründet, die »Beherrscherin des Ostens«, wie der Name in deutscher Übersetzung lauten müsste.

Nach Osten konnte der ungeheure Besitz nicht weiter ausgedehnt werden. Es handelte sich nun darum, ihn zu erhalten und das asiatische Russland mit dem europäischen fest zu verketten. Dies erschien aus strategischen wie aus wirtschaftlichen Gründen dringend geboten, um Sibirien allmählich kolonisieren und sich der bis dahin ungehobenen Schätze des Landes bemächtigen zu können. Aus diesem Gesichtspunkte drängte alles danach, in der Richtung der alten Poststraße, die im Großen und Ganzen schon seit 1600 bestand und über Omsk, Tomsk und Krasnojarsk bis nach Irkutsk und den Baikalsee führte, eine Eisenbahn durch ganz Sibirien anzulegen. Über die Geschichte des Projekts finden wir in dem 1900 erschienenen Buche von Kurt Wiedenfeld »Die sibirische Bahn in ihrer wirtschaftlichen Bedeutung« wertvolle Angaben. Der Verfasser gesteht selbst zu, dass seine Arbeit weder auf selbstständigen Forschungen noch auf eigenen Beobachtungen beruhe, sondern nur eine Zusammenstellung des Materials nach den vorhandenen Quellen bilde. Trotzdem hat er sich, obwohl der russischen Sprache nicht mächtig, ein unzweifelhaftes Verdienst erworben, das Thema nach den verschiedensten Seiten beleuchtet und seine Leser in den

Stand gesetzt, sich ohne Voreingenommenheit mit einer Fülle interessanter Fragen auseinander zu setzen.

Schon der erwähnte Generalgouverneur von Ostsibirien, Murawjew, der wegen seines siegreichen Vordringens nach dem Osten den Beinamen Amurski erhalten hatte, trat bald nach der Beendigung seines Feldzuges für den Plan ein, eine nordsibirische Bahn durch den ganzen Kontinent zu bauen. Es gelang ihm aber nicht, die Regierung in Petersburg für diese Idee zu erwärmen. Dreißig Jahre vergingen damit, dass von verschiedenen Unternehmern immer neue Pläne zu einer sibirischen Bahn ausgearbeitet und Gesuche zu ihrer Ausführung eingereicht wurden. Am überraschendsten erscheint uns dabei der Einfall eines englischen Ingenieurs, Dull, der sich im Jahre 1857 erbot, von Nischni Nowgorod über Kasan und Perm nach einem der ostasiatischen Häfen eine – verzeihe, lieber Leser! – Pferdebahn zu erbauen und in Betrieb zu nehmen.

Als man im Jahre 1875 sich wieder einmal mit diesem Thema beschäftigte, zauderte Alexander II. allerdings immer noch, den Gedanken in seiner ganzen Tragweite für lebensfähig zu halten. Er genehmigte aber insofern einen vorbereitenden Schritt zu der Bahn, indem er den Befehl erteilte, von Nischni Nowgorod über Kasan und Jekaterinburg den Schienenstrang nach Tjumen zu legen und damit die sibirische Grenze bereits zu überschreiten. Aber nur der letzte Teil dieser Strecke, von Perm nach Tjumen, kam zur Ausführung, während die Vollendung des übrigen an der Finanzlage des russischen Reiches während des türkischen Krieges scheiterte. Man erkannte auch bald, dass es nur mit unerschwinglichen Kosten und unter kaum zu überwindenden technischen Schwierigkeiten möglich sein würde, die Eisenbahn über Tjumen in nördlicher Richtung weiter durch den Urwald von Sibirien zu führen.

Nun gab es allerdings auch eine südliche Strecke von Samara nach Orenburg, die man nach Nischni Udinsk hätte weiterführen können. Aber auch dieser Plan empfahl sich nicht zur Ausführung, denn man wäre bei der westlichen Hälfte dieser Bahn auf bloßes Steppengebiet mit dünner Bevölkerung angewiesen gewesen und hätte auf der zweiten Hälfte gebirgiges Gelände überwinden müssen.

Am glücklichsten erschien der Gedanke des damaligen Verkehrsministers Possiet, zwischen diesen beiden Strecken eine mittlere Linie zu bevorzugen, die von Samara über Ufa und Slatoust über den Ural hinweg nach Tscheljabinsk führte. Dieser Vorschlag wurde dann nach langem Bedenken im Jahre 1890 in der Tat von der russischen Regierung als empfehlenswert anerkannt und diese Stadt zum Ausgangspunkt der großen sibirischen Bahn oder »Magistrale«, wie der offizielle Titel lautet, erwählt. Nachdem der Verkehrsminister Hubbenet die einleitenden Schritte zum Bau der Bahn getan hatte, wurde im Jahre 1892 zur Ausführung des Unternehmens ein besonderes Komitee eingesetzt, in welchem Zar Alexander III. den Vorsitz führte.

In Wladiwostok hatte der jetzt regierende Kaiser als Großfürst-Thronfolger im Jahre 1891 nach seiner Reise durch den Orient an den Ufern des Stillen Ozeans den ersten Spatenstich bei der Anlage der sibirischen Bahn ausgeführt und damit das große Werk in feierlicher Weise ins Rollen gebracht.

Nachdem man mit dieser Strecke, der so genannten Ussuribahn, von Wladiwostok bis Chabarowsk begonnen hatte, ging man ein Jahr darauf am westlichen Ausgangspunkt der Bahn, an der Grenze von Europa und Asien, in Tscheljabinsk, mit der Ausführung der Strecke bis Ob vor, die den Namen der westsibirischen Bahn führt.

Hieran schloss sich weiter die mittelsibirische Bahn von Ob bis nach Irkutsk und dem Baikalsee an. Damit begannen große technische Schwierigkeiten für die Weiterführung des Schienenstranges, da dieser um die schroffen, bergigen Ufer des Sees gelegt werden sollte. Man musste den Passagier- und Güterverkehr durch Dampfer auf eine Station des gegenüberliegenden Ufers, nach Myssowaja, hinüberlenken. Dann folgte eine neue Schienenstrecke, die Transbaikalbahn, die bis an das Ufer der Schilka nach Sretensk führte. Hier war man wieder, um weiter nach dem östlichen Asien zu gelangen, auf Dampfschiffe angewiesen, zunächst auf der Schilka und dann auf dem Amur, in den jene mündet, bis nach Chabarowsk, wo man den Anschluss an die Ussuribahn erreichen und endlich nach Wladiwostok gelangen konnte.

Die Unbestimmtheit der Abfahrtszeiten auf den Flüssen, ihr niedriger Wasserstand im Sommer und die Verspätungen, die sich daraus ergaben, machten diesen Teil der ostsibirischen Reise trotz der hübschen und mannigfaltigen Eindrücke zu einer umständlichen und ermüdenden. Daraus erklärten sich die vielen Angriffe und die gehässigen Übertreibungen, mit denen namentlich in der englischen Presse von den Mängeln des ganzen Unternehmens gesprochen wurde, während man diese in den russischen Blättern wieder sorgfältig vertuscht hatte.

Man hätte einfach zugeben sollen, dass die Eisenbahn durch den asiatischen Kontinent zu jener Zeit, als man für sie auf dem Pariser Trocadero so lebhaft Stimmung machte, noch lange nicht fertig war und in ihrem Betrieb vielfachen Störungen unterworfen sein musste. Bis Irkutsk ging die Sache schon damals glatt, aber jenseits des Baikalsees war noch vieles unbestimmt und vom Zufall abhängig. Unter diesen Umständen konnte man vier und mehr Wochen brauchen, um bis zum Stillen Ozean zu gelangen.

Seit dem Sommer 1903 hat sich die Situation aber völlig verändert, denn von diesem Zeitpunkt an ist die Mandschureibahn eröffnet worden, die ein ganz neues Bild von der Reise auf der sibirischen Bahn entwirft. Es erwies sich, dass sie auf ihrer letzten östlichen Strecke zu weit nach Norden angelegt war und dass der Verkehr auf den Flüssen nur als Notbehelf angesehen werden konnte. Die klimatischen Verhältnisse, die in jenen Gebieten herrschten, legten den Gedanken nahe, für diese Endstrecke der außerordentlichen Strenge des Winters aus dem Wege zu gehen, den heimatlichen Boden zu verlassen, eine Verbindung mit dem Süden zu suchen und auf irgendeine Weise eine Verständigung mit dem Nachbarreich China zu finden.

Der erwähnte, 1896 abgeschlossene Vertrag mit der chinesischen Regierung gestattete es den Russen, die sibirische Bahn über die Grenze Transbaikaliens hinweg durch die nördliche Mandschurei zu führen, auf einer weiten Strecke das Reich der Mitte zu durchschneiden und russisches Gebiet erst wieder in Nikolskoje zu erreichen, das an der Ussuribahn und nicht weit von Wladiwostok liegt. Die neue Strecke war bereits im Bau begriffen, als der Krieg mit China begann und die Anlagen zum Teil wieder zerstört wurden.

Es gelang aber trotzdem, nicht nur diesen Plan in verhältnismäßig kurzer Zeit auszuführen, sondern ihn gleichzeitig mit einem noch ungleich großartigeren zu verbinden, dessen Ausgestaltung nunmehr ebenfalls erreicht ist. Von der Station Charbin der Mandschureibahn führt nämlich eine andere Linie der Bahn südlich bis zu dem neu erworbenen Hafen Port Arthur und der dort begründeten Stadt Dalny am Gelben Meer.

Zwölf Stunden vor Dalny ist ferner eine Zweigbahn über Inkau nach Peking angelegt. Was also auf dem Panorama der Pariser Weltausstellung vor drei Jahren noch als Traum erschien, an dessen Verwirklichung man nur schwer glauben wollte, ist nunmehr Wahrheit geworden. Seit dem Sommer 1903 steht es nicht nur auf dem Papier, sondern in Wirklichkeit fest, dass man von Berlin aus mit Benutzung der sibirischen Eisenbahn Wladiwostok in sechzehn, Peking in achtzehn, Schanghai und Nagasaki auf den sich in Dalny anschließenden Schiffen in neunzehn Tagen erreichen kann. Welche ungemessene Bedeutung diese Ziffern für die Umgestaltung des

Weltverkehrs schon gegenwärtig besitzen und für die Zukunft immer mehr erreichen müssen, ergibt sich aus der Tatsache, dass die Reise von den europäischen Hauptstädten nach dem Stillen Ozean auf der sibirischen Bahn nur halb so viel Zeit erfordert und Kosten verursacht wie bei der Schifffahrt durch den Suezkanal und den Indischen Ozean nach China und Japan.

Es ist über die sibirische Eisenbahn im Guten und Bösen so viel Falsches und Einseitiges erzählt worden, dass man von diesen Zahlen als etwas Unbestreitbarem ausgehen muss, um sich nicht in Übertreibung zu verlieren, sondern die Dinge so aufzufassen, wie sie wirklich liegen.

Im sibirischen Luxuszuge

Der Bahnhof in Moskau, von dem der sibirische Zug abgeht, befindet sich im Osten der Stadt, in der Nähe der Sadowaja, zu Deutsch: Gartenstraße, die als fünfzehn Kilometer langer Ring die alte Residenz der Zaren einschließt und die Grenze zwischen ihr und den Vorstädten bildet. Das große, weiß schimmernde Gebäude wurde im Mai 1896, nach Beendigung der Krönungsfeierlichkeiten für Nikolaus II., dem Verkehr übergeben, als die Ausstellung in Nischni Nowgorod einen stärkeren Reiseverkehr nach der Wolga mit sich brachte. Außerdem führen von diesem Bahnhof Schienenstränge in südwestlicher Richtung nach Kiew und Odessa, in südlicher nach der Krim und in östlicher über Tula nach Sibirien.

Die geräumige Eintrittshalle, wo sich die Kassen und die Abfertigungsstellen für die Gepäcke befinden, ist mit hunderten von Auswanderern angefüllt, die Auskunft darüber verlangen, wohin sie sich wenden sollen, oder sich haufenweise mit ihren Habseligkeiten in allen Ecken oder auch in der Mitte des Raumes auf der Erde niedergelassen haben. Dann folgt ein großer Wartesaal mit bequemen Bänken an den Wänden und langen Doppelsitzen, die mehrere Gassen für den Verkehr frei lassen. Der dritte Raum enthält das Büfett und eine Anzahl gedeckter Tische.

Für die Reisenden, die des Morgens aus Petersburg abgefahren sind und abends in Moskau eintreffen, ist die Einrichtung getroffen, dass sie über eine Stunde Zeit haben, um vom Nikolai- nach dem Kursk-Nowgoroder Bahnhof zu gelangen und ihre Sitze in dem sibirischen Zuge einzunehmen, der auf einem der mittleren Gleise bereitsteht. Er wird wöchentlich viermal, und zwar am Sonnabend von der internationalen, Montag, Mittwoch und Donnerstag von der russischen Schlafwagengesellschaft, abgelassen.

Es empfiehlt sich, seinen Platz mehrere Tage vorher zu bestellen, da die Züge namentlich im Frühling und Herbst, der besten Zeit für eine solche Reise, stark besetzt sind. Ein Platz in der ersten Klasse kostet für die sechzehntägige Fahrt von Berlin bis zum Stillen Ozean, nach Wladiwostok oder der neuen Stadt Dalny gegen sechshundert Mark. Die Züge enthalten aber auch Wagen zweiter Klasse, in denen die Plätze über ein Drittel billiger als in der ersten sind. Ein Speise-, ein Gepäckwagen und ein solcher dritter Klasse für das technische und Dienstpersonal vervollständigen die Zusammensetzung des Zuges, der nach dem Pullmansystem eine Verbindung der einzelnen Waggons durch Harmonikaverschluss enthält und den Passagieren ermöglicht, sich in allen Abteilungen frei zu bewegen.

Auf dem Wege von Moskau nach Irkutsk benutzte ich einen der Züge der internationalen Schlafwagengesellschaft, die in ähnlicher Weise wie die Luxuszüge im Verkehr zwischen den Hauptstädten in West- und Mitteleuropa eingerichtet sind. Die Coupés erster Klasse sind für zwei Personen bestimmt, für die durch Umlegen des Schlafsofas ein unteres und durch das Herablassen eines gepolsterten Gestells ein oberes Bett hergerichtet wird, das aber nicht, wie in den Schiffskabinen, unmittelbar über jenem, sondern im rechten Winkel an der Fensterseite aufgestellt ist. Zwei elektrische Flammen, eine mit weißer und eine andere mit bläulicher Glasbirne für die Nacht, sind an der Decke angebracht. Unter dem Fenster findet man einen Klapptisch zum Lesen und Schreiben oder zum Aufstellen verschiedener Kleinigkeiten, die man gern sofort zur Hand hat. Neben diesem Tisch ist außerdem in einer Nische, gegenüber dem Sofa, Platz für einen Strohsessel, wodurch eine niedliche Plauder- oder Schmollecke je nach dem Verhältnis gebildet wird, in dem man zu seinem Reisegefährten steht.

Die Fenster sind mit Rücksicht auf die Verschiedenheit der Jahreszeiten und den schnellen Wechsel der Temperatur, auf den man sich einrichten muss, mit doppeltem Verschluss versehen. Außerhalb der Fenster sind ihrer ganzen Länge nach zwei schmale eiserne Klappen senkrecht angebracht, die den Luftzug abschwächen und sich nach Bedürfnis vor und zurück stellen lassen. An der Tür findet man ein Thermometer sowie zwei elektrische Druckknöpfe, wenn man die Dienste des Kondukteurs oder des Kellners im Speisewagen braucht. Zwischen je zwei Coupés ist eine Waschtoilette eingerichtet, sodass man nicht erst über den Gang zu schreiten braucht, um alle wünschenswerten Bequemlichkeiten zu haben.

Der Speisewagen enthält Sitze für achtundzwanzig Personen, mit einer Abteilung für Raucher. Über dem Büfett ist eine große Karte der sibirischen Bahn aufgehängt, auf der man die Strecke, die man durchlaufen hat, jeden Tag genau verfolgen kann. Europa erscheint darauf wie ein Apfel neben einem Kürbis, und man kommt aus dem Gefühl des Erstaunens nicht heraus, mit welcher Geschwindigkeit und Leichtigkeit man diese ungeheuren, früher für unüberwindlich gehaltenen Strecken zurücklegt. Als wertvolle Neuerung auf diesen Zügen muss man die Badeeinrichtung begrüßen, die wir hinter dem Büfett entdeckten. Die Wanne mit warmem und kaltem Wasser – sie konnte nach dem Gebrauch, um Raum zu ersparen, in die Höhe gekippt und an die Wand gelegt werden – sowie die damit verbundene Dusche bilden an heißen Tagen eine wahre Wohltat. Auch an einer Eisenbahnbibliothek fehlt es in diesen Zügen nicht. Sie besteht aus Romanen, wissenschaftlichen und illustrierten Werken in mehreren Sprachen und wird in sehr verschiedenartigen Räumen aufgestellt. Ihr richtiger Platz ist natürlich das Lesezimmer. Ich fand sie einmal aber auch im Coupé des Zugführers, wo sie niemand vermutete, und ein anderes Mal in einem Schrank im Badezimmer. Nur die gymnastischen Apparate, von denen so viel gesprochen war und die man auch bei der russischen Ausstellung auf dem Trocadero sehen konnte, waren nirgends zu finden. Es fehlten das Zimmerveloziped und der Rückenklopfer, der Armstrecker und die Reitvorrichtung, wie man sie gegenwärtig auf den großen Hamburger und Bremer Dampfern benutzen kann, um das stockende Blut in Bewegung zu halten.

Die Empfehlungen, die ich in Petersburg erhielt, hatten die angenehme Folge, dass ich von der russischen Grenze an bis zum Endpunkt der sibirischen Bahn und zurück über ein eigenes Coupé verfügen konnte, das sich alsbald in einen wohnlich eingerichteten Salon verwandelt. Auf dem Tisch liegt die Schreibmappe, und die Blätter, welche die täglich empfangenen Eindrücke festhalten, schwellen zu einem stattlichen Reisetagebuch an. Die Feldblumen, die wir uns auf den Stationen pflücken, bilden einen farbenprächtigen Strauß, um den die Sonne durch das Fenster golden glitzernde Strahlen spielen lässt. Die Bücher, die man sich mitgenommen hat oder ausleiht, stellen eine kleine Bibliothek dar, die mannigfaltige geistige Nahrung enthält. Hierzu kommen kleine Andenken und Spielereien, Zeitungen und Näschereien, die man unterwegs für geringes Geld ersteht.

Die achtzehn Personen, die unser Zug enthält, sind so verschiedenartig nach Abstammung, Beruf und Temperament, dass jeder dem anderen etwas Interessantes zu erzählen hat und neue Beobachtungen beständig ausgetauscht werden. Man empfängt Besuche und erwidert sie, trifft sich beständig auf dem Gang oder im Speisesaal, wobei jeder die besten Seiten seines Charakters hervorzukehren sucht. Die größere Breite der Bahngleise und der auf ihnen rollenden Wagen sowie die geringere Fahrgeschwindigkeit werden angenehm empfunden. Man wird nicht unaufhörlich hin und her geschüttelt, wie auf manchen von unseren Schnellzügen, sondern kann ruhig sitzen, stehen und gehen. Wird die Hitze im Juli gar zu lästig, so schließt man die Tür ab, hängt die Kleider auf den nächsten Nagel und verträumt die Stunden in einem improvisierten Badekostüm, bis der Abend die erwünschte Kühlung bringt.

Wir fahren nicht mehr als vierzig bis fünfundvierzig Kilometer die Stunde. Während ich mit dem Bleistift meine Aufzeichnungen mache, spielt mein Nachbar, der Bankdirektor Steinacker aus Fiume, auf seiner Geige, die ihn auf Reisen nie verlässt, mit künstlerisch durchgebildetem Geschmack Stücke von Bach und Mendelssohn, die mich in die deutsche Heimat zurückversetzen, während wir uns bereits dem Ural nähern. Es gibt so viel zu sehen und zu hören, dass man sich wundert, wie schnell aus Morgen und Abend wieder ein Tag geworden ist. Vor allem ist es mit dem Mangel an Bewegung gar nicht so arg, wie wir ursprünglich fürchteten. Auf der Strecke von Moskau nach Irkutsk macht der Zug nach dem Fahrplan, den wir in unserem Coupé vorfanden, neunundneunzig, während der Fahrt von Irkutsk nach Dalny sechsundsiebzig, in Wirklichkeit aber noch mehr Stationen. Wir kommen also im Ganzen innerhalb der vierzehn Tage zu über hundertfünfundsiebzig Ruhepunkten.

Die Dauer des Aufenthalts ist sehr verschieden, aber fast nirgends weniger als fünf Minuten, in vielen Fällen das Fünf-, in einzelnen das Zehnfache und darüber. In Tula, Ufa und Berdausch hält der Zug je zwanzig Minuten. In Tscheljabinsk, wo die sibirische Bahn beginnt und wir uns anschicken, Europa zu verlassen, bleibt er fünfzig, in Kurgan zwanzig, in Petropawlowsk fünfundzwanzig Minuten liegen. Ungefähr denselben Aufenthalt bringen Omsk, Kainsk, Ob und Taiga, wo die Eisenbahn nach Tomsk abzweigt. Hieran schließen sich Bogotoll mit zwanzig, Krasnojarsk mit dreißig, Ilanskaja wieder mit zwanzig, Tulun mit fünfundzwanzig, Sima mit vierzig Minuten und Irkutsk mit einer ganzen Stunde.

Ebenso hält der Zug auch auf der Station Baikal, wo die Passagiere sich anschicken über den gleichnamigen See zu fahren, und wenn sie das Dampfboot in Myssowaja wieder verlassen, je eine Stunde. Während der Überfahrt auf dem Baikalsee befindet man sich außerdem vier volle Stunden in freier Luft und genießt eine nicht zu unterschätzende Bewegungsfreiheit. Vom Baikalsee durch Mandschuria nach Charbin, wo eine andere Bahn nach Wladiwostok führt, hält der Zug acht, von Charbin bis Mukden drei und eine halbe und von Mukden bis nach Dalny wieder drei Stunden.

Für die ganze Strecke bleiben mithin einige vierzig Stunden übrig, während deren der Zug stillsteht. Rechnet man, dass ein Drittel dieser Zeit in die Nachtruhe der Passagiere fällt, so haben sie für den Tag durchschnittlich etwa zwei Stunden übrig, um innerhalb eines größeren oder geringeren Umkreises der Stationsgebäude Spaziergänge zu machen und sich die Glieder elastisch zu erhalten. Das ist im Grunde mehr, als sich die meisten Stadtmenschen, die mit ihren Berufspflichten und Sorgen belastet sind, täglich an Körperbewegung gönnen.

Dabei braucht man beim sibirischen Zuge nicht ängstlich schon beim zweiten Glockenzeichen einzusteigen, sondern kann ruhig auf das dritte warten und dann irgendeinen Handgriff an den Treppen der Durchgangswagen ergreifen, ohne Gefahr zu laufen, dass man zurückbleibt.

Freilich darf man sich durch diese Gemächlichkeit und Gemütlichkeit zu keinerlei gefährlichen Scherzen verleiten lassen, wie sie ein paar von unseren Reisegefährten in jugendlichem Übermut versuchten. So sprangen sie einmal, während der Zug sich bereits in Bewegung gesetzt hatte, vom Trittbrett wieder herunter, liefen einige zwanzig Schritte nebenher und schwangen sich dann wieder hinauf. Ein anderer kletterte sogar auf einer Station, wo die Lokomotive Wasser nahm, auf einen Wagen hinauf, stellte sich mitten unter die Arbeiter, welche die von der Sonne erhitzten Dächer besprengten und hielt eine begeisterte Ansprache an die Reisegesellschaft.

Mit dergleichen Späßen muss man vorsichtig sein, denn sie können sich leicht bitter rächen, da im Zuge selbst kein Arzt anwesend ist und der Gedanke, im Bereich der asiatischen Steppe oder der Mandschurei ein Krankenhaus aufsuchen zu müssen, sicher nichts Verlockendes hat.

Was die Sicherheit auf der sibirischen Bahn betrifft, so wird darüber von Einzelnen je nach den Erfahrungen, die sie gemacht haben, sehr verschieden geurteilt. Die meisten empfehlen, für alle Fälle einen Revolver mitzunehmen und ihn entweder in der Rocktasche zu tragen oder auf dem Tisch im Coupé liegen zu lassen, damit man ihn bei vorkommenden Fällen sofort zur Hand hat. Die Ehrlichkeit des Zugpersonals dürfte kaum zu bezweifeln sein, da diese Leute verhältnismäßig gut bezahlt werden und schon bei geringen Versehen ihre Stelle verlieren. Auf den Stationen schleichen sich allerdings oft Elemente, die nur mit Mühe zurückgedrängt werden, an die Coupés heran, und es empfiehlt sich, sie durch den Kondukteur immer sofort schließen zu lassen, auch wenn man den Zug nur einige Minuten lang verlässt. Sehr verschmitzt soll es vor kurzem ein Dieb angestellt haben, der in der Nacht von außen aufs Trittbrett stieg und durch das geöffnete Fenster einem der Passagiere die daneben aufgehängten Kleider entwendete.

Natürlich sind die Coupés auch von innen zu verschließen. Bei dem neuen Luxuszug, der seit diesem Sommer durch die Mandschurei fährt, kommt hierzu noch eine Sicherheitskette, die der Passagier anwendet, wenn er haben will, dass in den heißen Nächten ein frischer Luftstrom hindurchzieht, ohne dass die Tür von draußen geöffnet werden kann. Im russischen Verkehrsministerium werden beständig neue Vorschläge erwogen, wie weit man Diebstähle, die trotzdem vorkommen sollen, verhindern kann. Tatsache ist aber, dass von unseren Mitreisenden niemand in die Lage gekommen ist, seinen Revolver anzuwenden. Bei unserer Fahrt durch die Mandschurei erhielten wir jeden Abend eine Bedeckung von sieben Kosaken mit geladenem Gewehr, von denen sechs im Gepäckwagen untergebracht waren, während der siebente im letzten Wagen stand und nach beiden Seiten aufmerksam ausblickte. Es war anzunehmen, dass man eine plötzliche Zusammenrottung von Chinesen befürchtete, durch die dem Zug hätte Gefahr drohen können. Vielleicht handelte es sich aber auch um einen Geldtransport, den man für alle Fälle schützen wollte.

Jedenfalls war bei der Rückfahrt auf dieser Strecke von einer solchen Vorsichtsmaßregel nichts zu merken. Der Gendarm, der auf einzelnen Strecken den Zug begleitet, hat mit dem Dienst auf ihm nichts zu tun, sondern begibt sich nur zur Erledigung einer eiligen Amtssache nach den entsprechenden Stationen.

Der erwähnte Eisenbahnzug durch die Mandschurei, der zweimal in der Woche von Myssowaja nach Dalny und umgekehrt abgelassen wird, war erst vor wenigen Wochen in Gebrauch gestellt und übertraf in der Vortrefflichkeit des Materials und der Gediegenheit der technischen Ausführungen sogar den Zug der internationalen Schlafwagengesellschaft. Während diese ihre Waggons in einer französischen Fabrik, in St. Denis, erbauen lässt, sind jene ausschließlich russisches Erzeugnis und den Bedürfnissen in den ostasiatischen Provinzen genau angepasst. Auf den Wagen finden wir die Aufschrift »Chinesische Ost-Eisenbahn«, in russischer und chinesischer Schrift. Sie bestehen nicht aus gewöhnlichen eisernen, sondern aus gepanzerten Platten, die den Fahrgästen eine größere Sicherheit gewähren. Diese Panzerwände lassen sich im Fall eines Eisenbahnunglücks nicht so leicht wie die sonst angewendeten zusammenquetschen und gewähren vor allem bei einem Überfall oder gar im Kriegsfall zuverlässigen Schutz. Eine Gewehrkugel würde sie nicht durchbohren können. Außerdem sind die Fenster etwas kleiner, und zwar so angebracht, dass man hinausblicken kann, ohne selbst gesehen zu werden. Auch die Verteilung der Achsen ist eine andere, denn zwei von ihnen liegen vorn, zwei hinten, während die Mitte unter dem Wagen frei bleibt. Man kann ihn daher bequem als Deckung benutzen, sich unter ihm verstecken, hindurchkriechen und den Feind überraschen und beschießen.

Die Seitengänge zeichnen sich durch besondere Breite aus. In den Coupés befindet sich das elektrische Licht nicht nur an der Decke, sondern kann mittels einer Stehlampe auf dem Tisch neben dem Schlafsofa oder wo man es sonst haben will, benutzt werden. In das geöffnete Fenster kann ein anderes eingesetzt werden, das aus feinem Draht geflochten ist und Schutz gegen die im Sommer sehr unangenehmen Moskitos gewährt.

Außerdem hat sich im Speisewagen auch noch ein Platz für ein Pianino gefunden, das sich aber nicht als Bringer holder Harmonien erwies, sondern bei den Passagieren nur wehmütige Gefühle hervorrufen konnte. Im Verhältnis zu der Art, wie dieses Instrument verstimmt war, mussten die abgespielten Flügel, die man in Berliner Studentenkneipen findet, als köstliche Bechsteins erscheinen. Es war überhaupt unmöglich, auf dieser musikalischen Missgeburt Melodien hervorzuzaubern, die Erinnerungen an eine bestimmte Komposition hervorriefen. Vielleicht wäre das möglich gewesen, wenn man immer nur die falschen Töne angeschlagen hätte, denn die richtigen verwandelten sich in eine Marter für das Ohr.

Nachdem sich ein paarmal dilettantisch geübte Finger darauf versündigt hatten, trat ein Ausschuss unserer Gesellschaft zu einem Rat zusammen, der jeden, der dies böse Beispiel befolgen wollte, mit allgemeiner Verachtung bedrohte. Dies Mittel versagte nicht, und wir hatten seitdem vor weiteren Attentaten auf unsere Ohren Ruhe. Der Anblick von dergleichen Klapperkasten in den Zügen, die ich später benutzte, rief zunächst ein wahres Angstgefühl hervor, dass sich wieder jemand darauf versuchen könnte. Das klassische

Beispiel eines Pianinos, wie es auf der Reise sein soll, lernten wir übrigens erst auf einem deutschen Schiff während der Fahrt nach Schanghai kennen, denn das Klavier, das dort im Speisezimmer aufgestellt war, erwies sich zur Hälfte als stumm und glich einem Ungeheuer, dem die meisten Zähne ausgefallen waren.

Neben diesen Mandschureizügen, die in jeder Beziehung auf der Höhe der modernen Technik stehen, verkehrt auf der Strecke nach Dalny, allerdings nur einmal im Monat, auch noch ein älterer Zug, der von der Transbaikalbahn zwischen dem Baikalsee und der östlich nach der Schilka führenden Strecke herübergenommen ist. Seine Einrichtungen sind zum Teil ungenügend, da die Motoren für die elektrische Beleuchtung mehrere Nächte versagten und wir gezwungen waren, uns mit Kerzenlicht zu begnügen. Originell war es auch, dass der Oberkondukteur, als die Temperatur in kurzer Zeit von vierundzwanzig Grad Reaumur auf vier Grad herabsank, sich nicht entschließen wollte, die Coupés heizen zu lassen. Er hielt sich an die Verordnung, dass damit nicht vor dem 1. September russischen Stils begonnen werden dürfe. Wir hatten aber keine Lust, in der Nacht mit den Zähnen zu klappern, und machten ihm so lange ernste Vorstellungen, bis er sich entschloss, von der nächsten größeren Station die Erlaubnis zum Heizen einzuholen. Erst dann flammten die Holzstöße in den Öfen auf, um alsbald eine wohltuende Wärme zu verbreiten.

Eine vierte Gattung von Eisenbahnzügen lernte ich auf der Rückreise von Irkutsk nach Moskau kennen, wobei ich den russischen Schlafwagen benutzte. Er machte seinem Namen insofern Ehre, als weder die Kondukteure noch die Kellner im Speisewagen eine andere Sprache als die Turgenjews und Tolstois verstanden. Dabei befanden sich im Zuge vier französische Offiziere, die drei Jahre bei der Besatzung in Peking gestanden hatten, ein amerikanischer General mit seiner Tochter, mehrere Ungarn und Deutsche, die kein

Wort Russisch konnten. Die Ärmsten mussten die Zeichensprache zu Hilfe nehmen, wenn sie etwas zu essen oder zu trinken verlangten, oder bildeten sich ein schreckliches Kauderwelsch, das zu den drolligsten Missverständnissen führte.

Eine Weile machte es mir Vergnügen, den Dolmetsch zu spielen, aber auf die Dauer war dies Geschäft doch zu langweilig und fruchtlos. So wurde denn weiter lustig eine Gabel gebracht, wenn der Senftopf verlangt war, und eine Serviette mit einer Flasche Rotwein verwechselt, falls nicht drei Portionen Kohlsuppe statt einer auf den Tisch kamen. Die russische Küche zeichnete sich übrigens durch Wohlgeschmack und Abwechslung aus, und die nationalen Gerichte, die man zu kosten bekam, erfreuten sich allgemeinen Beifalls. Auch war es den meisten Passagieren willkommen, dass sie nicht wie bei den internationalen Zügen auf bestimmte Stunden für die Mahlzeit angewiesen waren, sondern Kuverts zu festen Preisen sowie Gerichte à la carte zu jeder Tageszeit haben konnten.

Die Bibliothek des russischen Zuges von Irkutsk nach Moskau enthielt eine große Anzahl belletristischer Werke, die schönen Ausgaben russischer Klassiker, die A. F. von Marcks, der Herausgeber der Wochenschrift »Niwa«, in Petersburg veröffentlicht hat, viele Werke über Sibirien, französische und englische Romane, nur kein einziges deutsches Buch. Darin drückte sich eine entschiedene Unhöflichkeit aus, denn mindestens die Hälfte der Passagiere konnte Deutsch sprechen und lesen. Selbst Berthold Auerbach und Friedrich Spielhagen, der sich bei unseren slawischen Nachbarn ungemeiner Beliebtheit erfreut und als Ausdruck des modernen Liberalismus verehrt wird, waren nur in russischer Übersetzung vorhanden. Hingegen lagen neben französischen illustrierten Wochenschriften und Witzblättern auch die »Fliegenden Blätter« und die »Lustigen Blätter« aus, selbstverständlich in Nummern, die fünf bis sechs Wochen alt waren.

Bei der Hinreise war von Irkutsk an die Verbindung mit Europa überhaupt völlig abgeschnitten. Die Ablieferung von Briefen, die man erwartete, erwies sich als unzuverlässig. Man konnte nach Hause telegraphieren, aber nicht auf der Station selbst, wo keine Depeschen nach dem Ausland angenommen wurden, sondern musste erst das Telegraphenamt in der Stadt aufsuchen. Aber an welchem Punkt der sibirischen Bahn durfte man mit Bestimmtheit auf eine Antwort rechnen? Das, was die russischen Blätter an Ort und Stelle brachten, konnte unseren Wissensdurst nicht befriedigen und erwies sich ebenfalls als veraltet.

So versank gewissermaßen die europäische Welt hinter uns, und es gab keine Mittel und Wege, die Verbindung mit ihr wiederherzustellen. Aber eine ganz neue und kaum geahnte Welt stieg dafür vor uns auf und sprach in beredter Weise, mit lebhaften Bildern zu unsern Sinnen. Die Eisenbahn brachte durch den unendlich langen Einschnitt, den sie in den asiatischen Kontinent macht, überall neues Leben hervor und ließ mit überraschender Gewalt eine frische Kraft hervorsprudeln, von deren Bedeutung sich niemand an seinem Arbeitstisch zu Hause eine Vorstellung machen konnte.

Von Moskau nach Tscheljabinsk

Wir haben den sibirischen Eisenbahnzug zunächst nicht nach den einzelnen Strecken, sondern in seinen beiden, vorläufig noch getrennten Teilen von Moskau bis zum Baikalsee und vom Baikalsee bis nach Dalny als Ganzes zu schildern versucht. Wir betonten dabei, dass eine Reise von so riesiger Ausdehnung etwas ganz anderes bedeute als bei uns. Man wird sich bei dem Gedanken an eine so lange Fahrt im ersten Augenblick vielleicht etwas unbehaglich fühlen und sich einen rollenden Kerker vorstellen, in dem man der persönlichen Freiheit beraubt ist. Jedenfalls ist es aber ein »fideles Gefängnis«. Die innere Einrichtung lässt nichts zu wünschen übrig, und die Gefälligkeit des Aufsehers und seiner Gehilfen macht die Fahrt durchaus erträglich.

Man sucht sich einzuleben, betrachtet seine Mitreisenden mit neugierigen oder misstrauischen Blicken und stellt Dutzende von Fragen an den Kondukteur, der die Bettklappe herunterlässt und das nächtliche Lager mit frischen Bezügen zurechtmacht. Auf dem Gange vernimmt man eine mehrsprachige Unterhaltung, öffnet die Coupétür und lugt nach den fremden Gesichtern aus. Man erfährt, dass eine Gruppe von Passagieren eine Reise um die Welt unternommen habe.

Man sieht, wenn der Zug sich sonnabends spätabends in Moskau in Bewegung setzt, im Geiste bereits das Ende der sibirischen Bahn und denkt an China und Japan, zu denen von ihrer letzten Station eine verhältnismäßig kurze Strecke führt. Drei Tage Fahrt auf der Eisenbahn oder zu Schiff mehr oder weniger spielen überhaupt keine Rolle. Es handelt sich ja um den größten Kontinent der Erde, den man in einer Fahrt durchqueren soll. Dann denkt man wieder an das Zunächstliegende, an die europäische Reise bis zum Ural. Wenn der sibirische Zug auch bereits in Moskau seinen Anfang nimmt, erwartet man das Seltsame und Überraschende doch erst nach dem Überschreiten dieses Gebirges.

Indessen gibt es auch bis dahin genug zu sehen. Man verschläft Tula, die Hauptstadt des gleichnamigen Gouvernements, aus der die bekannten Stahl- und Eisenwaren hervorgehen, und gelangt am Sonntag früh nach der Kreisstadt Rjashsk, die einen Kreuzungspunkt für die Bahnen nach Rjasan und Koslow bildet. Beim ersten Frühstück kommt man sich im Speisewagen schon etwas näher.

Die Gegend hinterlässt einen sehr behaglichen Eindruck. Wogende Getreidefelder umgeben uns, und dazwischen liegen große Dörfer, die in ihrer Bauart an das Leben in Südrussland erinnern. Vor allem steht auch die Pferdezucht in dieser Gegend auf anerkannter Höhe. Hinter Morschansk, wo die Bahn auf einer eisernen Gitterbrücke über die Zna eilt, entfaltet sich dasselbe Bild der Fruchtbarkeit im Wechsel von Feldern, auf denen das Korn bereits in voller Reife steht, und anmutig sich hinziehenden niedrigen Hügelketten.

Leider macht uns die Julihitze viel zu schaffen. An diesem Sonntag steigt unser Thermometer mittags bereits auf fünfundzwanzig Grad Reaumur. Wir wollen etwas lesen und schreiben, aber es ist unmöglich, denn alsbald fallen uns die Augen zu und die Hände in den Schoß. Erst der Abend bringt ein wenig Kühle, wenn wir nach der ansehnlichen Stadt Pensa kommen, wo dem Dichter Lermontow, der den Kaukasus in so genialen Schöpfungen verherrlicht hat, in dem schattigen Square neben der Kathedrale ein bronzenes Standbild errichtet ist. Nun heißt es aber aufpassen, um die schönen Partien an der Wolga nicht zu verschlafen. Zu diesem Zweck lassen wir uns in der Nacht von Sonntag auf Montag bereits um zwei Uhr des Morgens wecken. Unter dem leicht bewölkten Himmel ziehen bei einer silbergrauen Beleuchtung, die unserer erwartungsvollen Stimmung entspricht, mehrere kleinere Stationen, an denen wir nicht halten, vorbei. Schon gehen die Bauern mit Spaten und Hacken zu ihren Feldarbeiten aus. Ab und zu trabt ein Pferdchen in der Deichsel an uns vorbei. Überall erwacht die Natur zu frischem Leben, regen sich die Menschen zu erneuter Tätigkeit.

Unser Zug ist bereits an der Grenze des Gouvernements Simbirsk angelangt und rollt am linken Ufer des Flusses Sysran einher. Er erreicht die Kreisstadt gleichen Namens und kommt dann in die Höhe des rechten Wolga-Ufers. Der heilige Strom der Russen, der das Reich in seiner ganzen Ausdehnung durchfließt, der in der Geschichte und Sage des Landes eine so große Rolle spielt und in Dichtungen und Liedern so vielfach verherrlicht wird, liegt als spiegelglatte Fläche vor uns. Wir schauen auf ihn aus den Fenstern unseres Zuges tief herab, der an dieser Stelle ganz langsam fährt. Die Ufer, auf denen das Geleise gelegt ist, sind hoch und fallen steil zum Fluss hin ab. Sie bestehen außerdem nur aus lockerer Erde, sodass stärkere Erschütterungen die Massen leicht herabrutschen lassen können. Der Laie hat das Gefühl, dass an dieser Stelle eine Untermauerung der Ufer unumgänglich geboten ist, um bei Überschwemmungen und Regengüssen schweres Unglück zu verhüten. Die außerordentliche Steigerung des Verkehrs, die sich in jüngster Zeit auf dieser Strecke bemerkbar machte, hat die Gefahr noch wesentlich vermehrt, und die russische Behörde sollte den Passagieren das beruhigende Gefühl verschaffen, dass für ihre Sicherheit alle nötigen Vorsichtsmaßregeln getroffen sind.

Auf den Fluten des mächtigen Flusses erblicken wir schwer arbeitende Schleppdampfer, die Holzflöße von solcher Länge stromaufwärts ziehen, dass man sie für schmale Inseln halten könnte. Damit man die Ausdehnung dieser Flöße schon von weitem erkennen kann, sind zur Vermeidung von Zusammenstößen mit anderen Fahrzeugen am Ende ein paar flatternde Fähnchen angebracht. An einer Anlegestelle bemerken wir zwei jener großen Wolgadampfer, die nach dem Muster der amerikanischen Mississippidampfer in drei Etagen wie ein richtiges Haus übereinander gebaut sind und den Passagieren in den Kajüten und Speisesälen alle nur wünschenswerten Annehmlichkeiten bieten. Sie fahren von Twer die ganze Strecke bis hinunter nach Astrachan, wo sich das Wolgadelta zum Kaspischen Meer bildet. Am Ufer sind große Bassins für Petroleum und Naphtha aufgestellt, mit dem in Südrussland sowohl die Lokomotiven wie die Dampfschiffe geheizt werden. Auch bei unseren Maschinen bediente man sich längere Zeit dieses Materials. Es hat nur den Übelstand, dass es einen nicht angenehmen, brenzligen Geruch verbreitet, der beim Öffnen und Schließen der Tür in den Speisewagen dringt.

Nach einer halben Stunde erreichten wir die Station Batraki, während der Sonnenball sich herrlich über den Horizont erhob. Dann lag, während wir noch immer am Ufer blieben, etwa zwei Kilometer entfernt die Alexanderbrücke in ihrer ganzen Länge vor uns da. Sie wurde 1880 vollendet und zieht sich mit ihren dreizehn Öffnungen in einer Ausdehnung von vierzehnhundert Meter über die Wolga. Sie bietet dabei mit ihren steinernen Pfeilern und den eisernen Querlagen, aus denen sie sich zusammensetzt, einen imponierenden Eindruck. Dann macht der Zug, indem er sich vom Ufer etwas entfernt, einen Bogen und rollt nun langsam über die Brücke zwischen den gegossenen, gehämmerten und vernieteten, kunstvoll miteinander verbundenen Platten und Stäben hindurch. Sechs Minuten lang dauert diese Fahrt auf der Brücke, von der wir zu beiden Seiten die Ufer der Wolga erblicken, die tief zu unsern Füßen einherrollt. Auf der einen Seite steigen die Hügel sanft auf und nieder, während die Ufer sich auf der andern flach hinziehen.

Ein paar Stunden Schlaf und dann wieder hinaus auf die Plattform des Zuges, wo uns Samara mit der 1894 vollendeten, weithin sichtbaren Alexander-Newski-Kathedrale begrüßt. Auf den Höhen, welche die Stadt umgeben, sind die Kumyss-Anstalten angelegt für die Aufnahme von schwächlichen, blutarmen oder gar zu Schwindsucht neigenden Patienten, deren Kräfte sich beim Genuss des aus Stutenmilch zubereiteten Getränks oft in überraschend kurzer Zeit heben.

Abends um halb neun Uhr kommen wir nach Ufa, einer Stadt, die Ende des sechzehnten Jahrhunderts zur Unterwerfung der Baschkiren gegründet wurde und die Hauptstadt des gleichnamigen Gouvernements bildet. Unser elektrisch beleuchteter, prächtig eingerichteter Zug fährt in die dunkle Halle ein, wo sich eine kaum zu unterscheidende Menge von Bauern in zerlumpten Kleidern und zweifelhaften Existenzen verschiedenster Gattung eingefunden hat. Man muss sich beim Aussteigen in Acht nehmen, um nicht über einen der vielen Gegenstände zu stolpern, die auf dem Perron umherliegen, oder sich an einem Laternenpfahl zu stoßen.

In einer Ecke vernehmen wir lautes Schwatzen in russischer, französischer und deutscher Sprache und übermütiges Gelächter. Eine Truppe von dreißig Chansonettensängerinnen wird hier unter der Anführung einer höchst verdächtigen alten, dicken Dame befördert, um die Reise nach der Mandschurei anzutreten. In Charbin, wo die sibirische Bahn einen Strang nach Wladiwostok und einen anderen nach Dalny entsendet, sollen diese Schönen ihre Künste zeigen und später auf einem Schiff nach Amerika »verstaut« werden. Sie bekommen täglich fünfzig Kopeken Gehalt, was gerade für die Strümpfe ausreichen dürfte. Alles Übrige müssen sie sich selbst verdienen.

In Ufa wurde bekanntlich vor kurzem der Gouverneur, als er sich allein im Stadtpark erging, meuchelmörderisch erschossen. Vielleicht befindet sich der Mörder, den man noch nicht gefasst hat, in dieser unheimlich lauernden und beobachtenden Menschenmenge, die sich an unsern Zug heranzudrängen versucht. Die Kondukteure tun das Ihrige, um die Lästigen zurückzuweisen, aber es hält schwer, jeden Einzelnen im Auge zu behalten, der nur zu leicht im Dunkeln auf den Zug hinaufklettern, die Gänge absuchen und auf der anderen Seite im Dunkeln wieder verschwinden kann. Wir lassen daher unsere Coupés schließen und betrachten das Schauspiel aus angemessener Entfernung, bis das dritte Zeichen zur Abfahrt ertönt.

Am Dienstag erreichen wir das bewaldete Hügelland des Ural. Eine Reihe landschaftlich fesselnder Bilder zieht an uns vorüber mit weiten Weideplätzen, auf denen ab und zu kleinere Ansiedlungen sichtbar werden. Der Horizont erweitert sich und wird begrenzt von vier bis fünf verschiedenen Bergrücken, die sich in mannigfaltiger Färbung und Beleuchtung hintereinander aufbauen. Dann verengt sich die Straße, durch die wir fahren. Die Granitfelsen rücken an den Bahnkörper unmittelbar heran und lassen kahle, steile, graue Wände zu beiden Seiten aufragen.

Besonders hübsch macht sich die Lage der Kreisstadt Slatoust im Gouvernement Ufa, wo sich seit 1811 eine von deutschen Meistern aus Solingen, Remscheid und Klingenthal angelegte staatliche Fabrik zur Herstellung kalter Waffen befindet. Auf dem Bahnhof werden in einer Bude Dolche, Messer, Spazierstöcke, Briefbeschwerer und gröbere Arbeiten aus Gusseisen in guter Ausführung und zu billigen Preisen feilgehalten.

Zehn Werst weiter, hinter Urshumka, erblicken wir zur rechten Hand auf einem Hügel einen Obelisken von Granit, der in russischer Schrift auf der einen Seite den Namen »Europa«, auf der anderen »Asien« trägt. Wir sind auf dem höchsten Punkte der Strecke von Samara nach Tscheljabinsk angelangt. Unser Zug rollt ohne

Pause über die Grenze der beiden Kontinente hinweg, aber wir fühlen in unserer Phantasie etwas Unaussprechliches, die Ahnung einer anderen, unermesslichen Welt, die sich vor uns auftut, die Nähe des gewaltigen Ländergebietes, wo sich die Menschheit wahrscheinlich zuerst dem Zustand tierischer Rohheit entrissen hat.

Mehrere Seen öffnen sich vor unseren Augen. Der größte von ihnen ist der Ilmenskij-See, in dessen Nähe sich Goldgruben befinden. Dann folgt nach mehreren Stunden eine Station, die nicht nur für die Auswanderer von Wichtigkeit ist, sondern auch für uns eine besondere Bedeutung bekommen sollte.

Tscheljabinsk wird als Ausgangspunkt der sibirischen Bahn betrachtet, obwohl die Züge, die von hier in östlicher Richtung abgehen, zunächst das Gouvernement Orenburg kreuzen und damit in geographischem Sinne wieder europäisches Gebiet berühren. Aber den Eindruck, den man von dem Leben auf der Station und in der vier Werst entfernt liegenden Stadt empfängt, trägt ein ganz asiatisches Gepräge. Etwa zwanzig Gleise liegen nebeneinander, und unaufhörlich ächzen und pfeifen die Lokomotiven, welche die Waggons unter lautem Rasseln hin und her schieben.

Während unser sibirischer Zug langsam in die Station fährt, verwickelt sich die Menge der Zuschauer zu einem dichten Knäuel, in dem sich Einzelnes schwer unterscheiden lässt und nur die rote Mütze des Bahnhofsvorstehers als ruhender Punkt in der Erscheinungen Flucht zu erkennen ist. Tataren, Baschkiren und Sarten erscheinen in zerlumpten Kleidern vor uns. Russische Bauern tragen ihre geringen Habseligkeiten in einem Bündel unter dem Arm. Bettler und Kranke drängen sich an die Passagiere, während die Türen der Coupés geöffnet werden.

Wir sollen fünfzig Minuten Aufenthalt haben, Zeit genug, um das Leben, das sich auf diesem Punkt an der Grenze von Europa zu Asien abspielt, genau beobachten zu können. Hier macht alles Halt, was in dem Neuland jenseits des Urals sein Glück versuchen will oder mit zertrümmerten Hoffnungen von dort wieder zurückkehrt.

In dem Wagenpark, der auf den Gleisen aufgestellt ist, unterscheidet man Coupés für den Transport von Gefangenen, die hinter vergitterten Fenstern und Türen sitzen und von Soldaten mit aufgepflanztem Gewehr bewacht werden, sowie vollständig eingerichtete Sanitätswagen. Ein unangenehmer Apothekengeruch entströmt ihnen. Man findet hier auch einen Wagen, der in eine regelrechte russische Kirche umgewandelt ist, um den Gläubigen sogar während der langen Reise den Ausdruck ihrer religiösen Empfindungen zu ermöglichen. Ein Gotteshaus in einem Eisenbahnzug, mit einem Altar, Muttergottesbild und brennenden Kerzen, mit Männern und Frauen, die sich unaufhörlich verneigen und bekreuzigen, bildet in jedem Fall eine der originellsten Errungenschaften des modernen Verkehrslebens.

Wir überlegen, wie wir die lange Zeit auf der Station möglichst nützlich anwenden können. Zeitungen gibt es überhaupt nicht, und von der Welt und ihrem Lauf sind wir hier völlig abgeschnitten. Dafür hat sich der Handel mit Postkarten auch im Ural eine Filiale zu verschaffen gewusst. Wir kaufen ein paar Dutzend davon, die von den Bergen, Feldern und Seen nur eine mäßige Vorstellung geben, und senden sie in die Heimat ab. Aber der Aufenthalt im Wartesaal ist unerträglich, denn überall sitzen und lagern in den unglaublichsten Stellungen an den Tischen und auf der Erde Auswanderer mit Kisten, Paketen, Traglasten. Die Atmosphäre ist von einem unerträglichen Geruch erfüllt, und wir eilen ins Freie.

Da meldet uns der Stationsvorsteher, dass neun Werst vor uns sich ein Eisenbahnunglück ereignet habe. Ein Güterzug, der aus der Stadt Kurgan einen großen Buttertransport nach Russland schaffen sollte, sei entgleist. Einer von den beiden Lokomotiven sei der Kessel geplatzt. Sie habe beim Umstürzen die andere mit sich gerissen, sodass sie nun beide neben dem Fahrdamm liegen. Zwölf Wagen seien völlig zertrümmert und, was das Traurigste dabei, neun Menschen, Zugführer und Kondukteure und Bauern, getötet worden. Drei Stunden sei die mindeste Zeit, die wir in Tscheljabinsk zubringen würden.

Wir suchen sie in der Stadt, die eine halbe Meile von der Station liegt, auf irgendwelche Weise totzuschlagen. Auf ungepflasterten, schmutzigen Straßen fährt uns der Kutscher durch ein Birkenwäldchen nach der Stadt, wo es außer einem Volkstheater in antikisierendem Stil nur wenig zu sehen gibt.

Dergleichen Bühnen findet man gegenwärtig in vielen größeren Städten Russlands. Sie verfolgen den Zweck, das einfache Volk von Völlereien und vor allem von dem verderblichen Schnapsgenuss fern zu halten, ihm eine harmlose Zerstreuung zu gewähren und, wenn auch zunächst mit bescheidenen Mitteln, es an künstlerische Genüsse heranzuziehen. Statt des Alkohols, der ganze Generationen verwüstet und das Volk körperlich und sittlich zugrunde richtet, fließt hier der wohlschmeckende, duftende, Leib und Seele erwärmende Tee in Strömen. In Petersburg lernte ich in dem »Narodnij Dom« (Volkshaus) ein Unternehmen dieser Art im größten Stil kennen, und es scheint, dass dieses Vorbild auf ganz Russland einen wohltätigen Einfluss ausgeübt hat.

Wir unternehmen eine Rundfahrt durch die ungepflasterten Straßen der Stadt und machen einem Geschäft, in dessen Schaufenstern wir die beliebten bunten Uralsteine finden, einen Besuch. Die Verkäuferin zeigt uns allerlei wertlose Fassungen, während wir die einfachen Steine besitzen wollten, um sie zu Hause künstlerisch formen zu lassen. Die Verkäuferin scheint dergleichen Sachen nicht zu führen, und schon fassen wir den Türgriff, um uns wieder zu entfernen. Da bringt sie einen ganzen Kasten mit den gewünschten Sachen in allen nur denkbaren Farben und Formen herbei, die in der

Tat niedlich aussehen, sehr billig sind und in Folge dessen reißenden Absatz finden. Der Kutscher macht uns auf ein Restaurant aufmerksam, in dem wir uns erfrischen können. Wir betreten eine Holzbude und werden vom Kellner durch eine Reihe von Zimmern geführt, die einen entsetzlich muffigen Geruch ausströmen. Schließlich gelangen wir zu einem Büfett mit einer Auswahl halb verfaulter Delikatessen als Horsd'œuvre. Wir machen schleunigst kehrt und fahren wieder zur Station zurück, um den Zug nicht zu versäumen, der nach unserer Meinung bald weiterfahren muss. Von dem Oberkondukteur erfahren wir jedoch, dass die Aufräumungsarbeiten an der Unglücksstätte erst gegen Abend beendet sein können. Die Sache wird immer unheimlicher. Um unsere Angehörigen und Freunde zu beruhigen, setzen wir Telegramme auf, in denen wir mitteilen, dass unser Luxuszug von der Katastrophe unberührt geblieben ist. Aber die Telegraphistin macht in ihrem Büro ein verdutztes Gesicht, als sie auf der Adresse den Namen »Charlottenburg« liest. Ich erkläre ihr, dass es sich um Charlottenburg bei Berlin handelt. Das sei ihr nicht unbekannt, erwidert sie, aber auf der Station würden keine Depeschen nach dem Ausland befördert. Wo also denn? Im Telegraphenamt, das sich in der Stadt befindet. Ich habe keine Lust, den Weg auf den holprigen Straßen nochmals zurückzulegen, und ersuche einen mir unbekannten Herrn, der mir seine Dienste anbietet, das Telegramm für mich zu besorgen.

Tscheljabinsk ist durch den Bau der sibirischen Bahn, deren Eingangstor die Stadt bildet, zu neuem Leben erweckt worden und zählt gegenwärtig zwanzigtausend Einwohner. Aus einem unbedeutenden Ort ist sie zu einem wichtigen Mittelpunkt des Verkehrs zwischen Europa und Asien geworden. In den Schuppen stehen tausende von Güter- und Personenwagen. Die russischen Kolonisten müssen hier Halt machen, um sich der Prüfung ihrer Pässe zu unterwerfen und Anweisungen auf den Erwerb von Ländereien zu empfangen. In den Schuppen finden wir Küchen, Baderäume, Krankenstuben sowie lange Tische und Bänke für das Einnehmen von Mahlzeiten. Hier herrscht ein beständiges Kommen und Gehen, Fragen und Antworten, eine Mischung von Geduld und Verzweiflung bei den Bauern, die mit ihren Frauen und Kindern, ihren zusammengeballten Habseligkeiten sich im fernen, fremden Lande ein neues Heim gründen wollen.

Wir liegen auch am Abend mit unserem Zuge fest und erfahren nichts Bestimmtes, wann wir endlich erlöst werden dürften. Der Postzug setzt sich in der Richtung, die für uns versperrt ist, in Bewegung und erreicht die Unglücksstätte. Dort steigen die Passagiere um und bedienen sich anderer Wagen, die von der entgegengesetzten Seite von der nächsten Station herangeschoben werden. Bei unserem Luxuszuge ist dies Verfahren aber nicht durchzuführen, da sich so schnell keine Ersatzwagen beschaffen lassen.

Auch unsere Dämchen, die wir in Ufa verloren hatten, finden sich in Tscheljabinsk wieder ein, trippeln mit hochgezogenen Röcken unter aufgespannten Regenschirmen durch den aufgeweichten Boden und begeben sich in den Wartesaal. Ein paar von ihnen besehen sich unsern Zug und werden von Mitreisenden, die für billige Reize empfänglich sind, zu einer Flasche Sekt eingeladen. Alsbald hört man ausgelassenes Lachen und helles Gläserklingen. Die Bauern recken die Hälse und betrachten staunend, was im Innern des Zuges vorgeht. Aus dem Tage ist die Nacht geworden, ohne dass wir uns in Bewegung gesetzt haben. Auch am nächsten Morgen, Mittwoch, liegen wir noch fest. Die Katastrophe muss allerdings sehr ernst gewesen sein, wenn man mit der Beseitigung ihrer Spuren so lange zu tun hat.

Unser Gespräch dreht sich natürlich mit Vorliebe um das Vorgefallene. Wir waren geneigt, darin eine üble Vorbedeutung für die Fortsetzung unserer Reise zu erblicken. Unsere Stimmung wurde auch dadurch in keiner Weise gehoben, dass drei Unterbeamte, die mit dem verunglückten Güterzuge gereist waren, sich bei uns einfanden und von den verrenkten Armen und Beinen erzählten, mit denen sie glücklicherweise davongekommen waren. Eine wahrhaft klassische Ruhe bewahrte von uns eigentlich nur eine Exzellenz aus dem russischen Finanzministerium, ein Deutsch-Russe, der bis nach Irkutsk reisen wollte, um dann eine verwickelte Expedition, zuerst zu Wagen, dann zu Ross und endlich auf dem Schiff nach der Lena anzutreten. Er hatte von seiner Behörde den Auftrag erhalten, bei den Unternehmern, die an den Ufern dieses Flusses Goldwäschereien unterhalten, die Steuerschraube schärfer als bisher anzuziehen. Unsere Exzellenz meinte, wir könnten doch froh sein, dass nicht wir, sondern andere von dem Unglück betroffen wurden. Er äußerte ferner, dass bei solchen Gelegenheiten getötet zu werden nicht so schlimm wäre, als mit zerbrochenen und traurig zusammengeflickten Gliedern weiter durchs Leben humpeln zu müssen. Ein schöner Trost, der uns nicht gerade erheiterte.

Vierundzwanzig Stunden sind bereits vergangen, und noch immer wissen wir nicht, wann es weitergehen soll. Ich sitze in meinem Coupé, das mir niemand streitig machen darf, hinter dem Vorhang, der das allzu grelle Sonnenlicht mildert, am Fenster und vertraue die Eindrücke dieser bewegten Stunden meinem Tagebuch an. Ich höre beständig das Pfeifen der Lokomotiven, das Rollen der Eisenbahnwagen, das Gewirr von hundert Stimmen in verschiedenen Sprachen. Auf das Trittbrett des Zuges hat sich ein kleiner Junge hinaufgeschwungen und bettelt um eine Gabe. Ich gebe ihm fünf Kopeken, um Ruhe zu haben. Natürlich erreiche ich dadurch aber nur das Gegenteil, denn in wenigen Minuten kommt ein zweiter und dritter Bettler, sodass es mit dem Arbeiten nichts wird. Nun ist ein voller Tag auf der Station verloren gegangen. Endlich, Mittwochmittag, setzt sich unser sibirischer Zug wieder in Bewegung.

Selbst nachdem die Aufräumungsarbeiten so lange gedauert haben, bekamen wir beim Vorbeifahren noch ein grauenvolles Bild der Zerstörung zu sehen. Die zweite Lokomotive hatte sich, als die Explosion erfolgte, wie ein wild gewordenes Ungetüm aus der Urwelt unter dem gewaltigen Druck der Wasserdämpfe mit dem geplatzten Kessel aufgebäumt, war auf den Tender der ersten Maschine gesprungen, hatte jenen von ihr abgerissen und war mit ihm den etwa acht Fuß hohen Fahrdamm hinabgestürzt. In demselben Augenblick war aber auch die erste Lokomotive aus dem Gleise gestoßen und auf die andere Seite des Dammes hinabgeschleudert worden.

Die Waggons lagen mit eingedrückten Seitenwänden und abgebrochenen Rädern neben und übereinander als riesiger Haufen von eisernen Stäben, Platten und Stufen. Die Schienen waren aus dem Unterbau gerissen und wie Draht verbogen. Die unmittelbare Nähe der großen Auswandererstation ermöglichte es in kurzer Zeit, mehrere hundert Arbeiter nach der Unglücksstätte zu befördern. Im Wald und auf freiem Feld war ein ganzes Lager für die Arbeiter errichtet worden, die Zelte aufgeschlagen hatten und mit Pferden und Wagen herbeigeeilt waren, um den Verunglückten zu helfen und die Spuren der Katastrophe zu beseitigen.

Unser Zug schlich vorsichtig über die Stelle hinweg, wo noch alles an die traurige Begebenheit des vorausgegangenen Tages erinnerte. Zur Beruhigung konnte uns allerdings der Umstand dienen, dass es sich hierbei nicht um einen Mangel bei der Ausführung der Bahn, sondern um die unglaubliche Leichtfertigkeit eines wahrscheinlich angesäuselten Lokomotivführers handelte.

Von Tscheljabinsk nach Irkutsk

Die westsibirische Linie umfasst die Strecke von Tscheljabinsk bis zum Übergang über den Ob bei Kriwoschtschekowo, die mittelsibirische reicht von hier bis nach Irkutsk. Der Luxuszug braucht für diese beiden Strecken die Zeit von einem Mittag bis zum Morgen des darauf folgenden fünften Tages. Hinterlässt die Fahrt über den Ural eine Fülle gefälliger und romantischer Eindrücke, die an den Harz oder Thüringen erinnern, so verändert sich der Charakter der Landschaft bis Irkutsk völlig. Die Bahn durchzieht auf einer Strecke von 2250 Kilometern ausschließlich flaches Gebiet, dessen Charakter durch Wald und Steppe bestimmt wird. Die Bahn würde keinerlei Schwierigkeiten zu überwinden haben, wenn die mächtigen sibirischen Ströme nicht zu lang gestreckten und kunstvollen Brückenbauten genötigt hätten.

Gerade die Flüsse waren es aber, die den Beginn der Arbeiten an verschiedenen Stellen erlaubten, sodass die Linie mit einer Schnelligkeit hergestellt werden konnte, die ohne Vergleich dasteht.

»Von den Angriffspunkten aus«, sagt Wiedenfeld in dem Buche, auf das wir uns schon vorher bezogen, »wird im neuerdings so genannten teleskopischen Verfahren vorgerückt, wie es zuerst in großem Umfang beim Bau der amerikanischen Pazifikbahn ausgebildet worden ist und jetzt bei allen durch unwirtliche, wegelose Gegenden führenden Erschließungsbahnen angewendet wird; der zuerst oberflächlich hergestellte Schienenweg bildet die Zufuhrstraße für die weiteren Teile, sodass der teure Landtransport fast ganz vermieden werden kann. Auch das Baupersonal wohnte bei der Erbauung der sibirischen Bahn, hierin dem Bau der transkaspischen Bahn folgend, zu großem Teil in einem Eisenbahnzuge, der mit dem Fortschreiten des Baues von der Lokomotive des Materialienzuges während des Entladens vorgeschoben wurde; man sparte dadurch erheblich an Wagen und hatte durch die Ausnützung der doch unter Dampf stehenden Lokomotive nur geringe Kosten für die Beförderung des Wohnzuges aufzuwenden.«

Von Tscheljabinsk ist die Anlage der sibirischen Bahn bis zu ihrem Endpunkte eingleisig, und es bedarf keiner besonderen technischen Vorbildung, um zu erkennen, dass sie, namentlich auf der Strecke bis Irkutsk, zu schnell und ohne genügende Berücksichtigung des lebhaften Verkehrs gebaut ist, der sich auf ihr alsbald entwickeln sollte. Die Zahl der Ausweichstellen ist allerdings eine so große und der Aufenthalt auf den Stationen, wo ein Zug von der entgegengesetzten Richtung abgewartet wird, eine so lange, dass damit eine Gefahr für die Sicherheit des Verkehrs nicht verbunden ist. Die Konstruktion der Brücken über die sibirischen Ströme, die aus dem Innern Asiens hervorbrechen und sich den Weg zum Nördlichen Eismeer bahnen, verdient umso mehr Anerkennung, als sie mit großen Schwierigkeiten verbunden war. Das Bett dieser Flüsse schwillt im Frühling außerordentlich an, tritt über die flachen Ufer und überschwemmt das Land in weitem Umkreise. Wegen der Schifffahrt musste man hohe steinerne Pfeiler in dem starken Gefälle des Wassers errichten und die Bogenspannung der Brücken ungemein weit ausführen. Auch diese entsprechen dem eingleisigen Betrieb der Bahn, und es dürfte große Mühe verursachen, sie später für ein zweites Gleis zu verbreitern. Modelle von ihnen waren in der russischen Abteilung der letzten Pariser Weltausstellung mit der Anlage der Caissons, die in die Flüsse gesenkt wurden, den Granitpfeilern und den eisernen, vergitterten Bogenführungen zu sehen.

Die Brücke über den Tobol bei Kurgan ist 470, die über den Ischim bei Petropawlowsk 235 Meter lang. Unmittelbar vor Omsk führt eine 685 Meter lange Brücke über den Irtysch. Noch hundert Meter länger ist die Eisenkonstruktion, die bei Kriwoschtschekowo über den Ob errichtet ist. Am imponierendsten macht sich der sechs Bogen umspannende Brückenbau bei Krasnojarsk, der sich hinter der hübsch gelegenen Stadt in einer Länge von 925 Metern über den Jenissei hinzieht.

Daneben finden sich aber auf der west- und mittelsibirischen Strecke über Bäche und schmale Schluchten auch eine Anzahl Holzbrücken, die beständig ausgebessert werden müssen, um den lebhaften Eisenbahnverkehr aushalten zu können. Sie werden aber bereits in großer Anzahl in eiserne umgewandelt, sodass auch dieser Mangel, der sich übrigens bei dem Bau der amerikanischen Pazifikbahn ebenfalls bemerkbar gemacht hat, bald beseitigt sein wird.

In ähnlicher Weise sucht man auch den Unterbau der Gleise an solchen Stellen, wo er sich als zu schwach erwiesen hat, zu verbessern. An einzelnen Strecken hat man mehrere Werst lang ganz neue, höhere Dämme neben den alten niedrigen aufgeschüttet, die bei starken Regengüssen leicht unterspült wurden.

Von den Naturgewalten, mit denen man beim Bau der sibirischen Bahn zu kämpfen hatte, konnten wir uns später in der Mandschurei ein Bild machen. Dort hatte bei der Station Schache ein furchtbares Unwetter getobt, mit unaufhörlichen Regengüssen einen kleinen Fluss anschwellen lassen und dadurch einen Damm, der sein Bett einschloss, zerrissen. Die Gegend wurde in wenigen Stunden meilenweit unter Wasser gesetzt, das massive Stationsgebäude zum Teil aus dem Fundament gehoben, zum Teil abgebröckelt und zerbrochen. Ein ganzes Dorf war dabei zerstört worden, und die armen Bewohner wateten bis an die Hüften im Wasser, um zu retten, was möglich war.

Aber schon früher, hinter Omsk, waren wahre Ströme von Regen herniedergestürzt, die uns zwar gegen Hitze, Staub und Mücken schützten, aber für die Sicherheit der Fahrt bedenklich zu werden schienen. Die Dämme wurden in kurzer Zeit derartig ausgewaschen, dass die Schwellen zum Teil freilagen und man mit dem Spazierstock oder Regenschirm in den lehmigen, weichen Boden tief hineinstoßen konnte. Der Regen strömte immer heftiger hernieder, sodass man weder auf den Stationen spazieren gehen noch auch durch die beschlagenen Fenster ins Freie sehen konnte.

Unsere Petersburger Exzellenz, welche den Goldsuchern an der Lena in ihre Geschäftsbücher sehen sollte, macht ein trübes Gesicht und spricht von der Möglichkeit, dass wir unter der Last des Zuges auf einem Boden, der nicht einmal durch Schotterung befestigt ist, recht ungemütlich abrutschen könnten. Aber schneller, als wir es hoffen durften, lacht uns wieder die Sonne, und auch in der Landschaft vollzieht sich eine charakteristische Veränderung. Die Heide, die so lange vorgeherrscht hatte, bedeckt sich mit Sträuchern. Die Bäume treten erst vereinzelt, dann gruppenweise hervor, bis sich der Birkenwald zu beiden Seiten der Bahn schließt.

Bei der Anlage der sibirischen Bahn fällt es auf, dass sie die größeren Städte, die dadurch miteinander verbunden werden, nicht in allen unmittelbar berührt, sondern zwischen ihnen und den Stationen einen oft beträchtlichen Zwischenraum lässt.

Während der Fahrt hat man das Gefühl, dass der Schienenweg bis nach Irkutsk in einer einzigen geraden Linie angelegt ist, die von Westen nach Osten führt. Mehrere Meilen weit erblickt man auf den Ausweichestellen nach beiden Richtungen das Gleis als eine immer mehr zusammenlaufende Doppellinie bis zum Horizont. Wird in der Nacht ein Zug erwartet, so erkennt man die Lichter der Lokomotive, die entgegenkommt, als kleine, im Dunkeln aufblitzende Punkte oft zwanzig Minuten lang, bevor sie in die Station einrollt.

Erst auf der Karte bemerkt man, dass diese anscheinend gerade Linie eine Menge Schwingungen macht und langsam auf und nieder steigt, ohne dass die Passagiere es merken. Hinsichtlich der Annäherung an die Städte hat man die Entscheidung nur davon abhängig gemacht, inwieweit sich Schwierigkeiten, die mit der Bodenformation und dem Lauf der Flüsse zusammenhängen, am besten überwinden ließen. Bald musste man einen Sumpf umgehen, bald erwies sich die Überbrückung der Ströme in unmittelbarer Nähe der Stadt als schwierig.

Bei kleineren Ortschaften hat man es nicht für lohnend erachtet, sich bei der Anlage der Bahn nach ihnen zu richten, sondern angenommen, dass sie, so weit es ihre Entwicklungsfähigkeit erlaubt, ihr allmählich von selbst zustreben werden. In anderen Fällen hat man es für zweckmäßiger gehalten, lieber Zweigbahnen zu bauen, anstatt mit der Hauptlinie einen Umweg zu machen. Auf diese Weise entgeht den Passagieren der Anblick mehrerer Städte, die für die Entwicklung Sibiriens von Bedeutung sind.

Nur die lange Reihe von Baracken, die für die Auswanderer aufgeschlagen sind, und die Menge von Männern, Frauen und Kindern, die mit Säcken, Körben und Bündeln ein armseliges Nachtquartier in den Schuppen oder im Freien beziehen, lassen darauf schließen, dass sich hier ein Mittelpunkt für die Landverteilung und Ansiedelung befinden muss. Als charakteristisch fällt es ferner auf, dass auf jeder Station eine Annahmestelle für die vom Staate eingeführten Sparkassen eingerichtet ist. Sie haben großen Anklang bei der russischen Bevölkerung gefunden. Ihre Einnahmen erfahren von Jahr zu Jahr eine bedeutende Steigerung und liefern zum Teil die Mittel für den weiteren Ausbau der sibirischen Bahn.

Schon Tscheljabinsk liegt, wie erwähnt, von der eigentlichen Stadt entfernt und wird mit ihr durch ein Birkenwäldchen verbunden. Da es sich hier um einen lebhaften Kreuzungspunkt der Eisenbahn handelt, wo die Auswandererzüge zusammengestellt werden, war es wichtig, ein offenes Terrain zu finden, auf dem man sich mit der Anlage der Gleise, den Wagenparks, den Maschinenwerkstätten, den Arbeiter- und Auswandererbehausungen, je nachdem der Verkehr sich steigert, nach allen Richtungen frei entwickeln konnte.

Kurgan hat über zehntausend Einwohner und liegt am rechten Ufer des Tobol. Der Name der Stadt erinnert an die runden, zur Form eines Hügels oder Kegels aufgeschichteten Gräber, die sich im südlichen und östlichen Russland, vor allem aber in Sibirien und Mittelasien finden. Im Innern sind sie mit Stein oder Holz ausgebaut und enthalten Skelette von namhaften Heerführern und Fürsten aus längst entschwundener Zeit. Der Schmuck von Bronze, Silber oder Gold, mit dem man die Toten in die Erde senkte, sollte ihnen als Zeichen weltlicher Macht und Herrlichkeit bleiben, bis unsere Zeit, von Forschertrieb oder Gewinnsucht beseelt, den Toten die Ruhe störte, genauso, wie es bei unsern Hünengräbern der Fall war. Eine schöne Sage steht mit dieser Stadt in Verbindung. Es heißt, ein reicher Tatarenfürst habe seiner schönen und zärtlich geliebten Tochter nach ihrem Tode einen solchen Kurgan errichten lassen, der von rohen Händen wiederholt nach Schätzen durchwühlt wurde. Die Verstorbene habe den Schimpf, der ihr angetan wurde, nicht ertragen können. In einer klaren Sommernacht habe sie sich plötzlich aus dem Grabhügel erhoben, sei in einem silberglänzenden Wagen durch die Luft davongeflogen und dann in einem benachbarten See verschwunden.

Kurgan bildet einen wichtigen Platz für den Transport der Butter, die in dieser Gegend gewonnen wird. Man erblickt auf den Stationen ganze Reihen von Wagen, in denen die Butter, in Eis verpackt, nach dem europäischen Russland verschickt wird. Sie gelangt dann über Libau oder Petersburg nach Kopenhagen, wo sie besonders in England als dänische Butter regen Absatz findet.

Ebenso weit von der Eisenbahnstation ist Petropawlowsk entfernt. Die Stadt wurde im Jahre 1752 zum Schutz gegen die Überfälle der Kirgiskaisaken am Ufer des Ischim angelegt und auf den Namen der beiden Apostel Peter und Paul getauft. Bald entwickelte sich hier ein wichtiger Sammelpunkt für die Handelsartikel, die aus Mittelasien von der Bucharei bis nach China eingeführt wurden.

Unter den zwanzigtausend Einwohnern befinden sich fünfunddreißig Prozent Mohammedaner. Ein besonderer Tauschhof wurde eingerichtet, der aus hundertsiebenunddreißig kleineren steinernen Buden besteht. Sie sind durch ein großes Dach miteinander vereinigt und öffnen ihre Läden nach dem innern rechtwinkligen Platz dieser merkwürdigen Anlage, wo die Erzeugnisse Russlands gegen die Asiens ausgewechselt werden. Außerdem besitzt Petropawlowsk große Schlächtereien sowie Anstalten für die Verarbeitung von Tierprodukten: Gerbereien, Wollwäschereien, Talgsiedereien usw. Kurgan, die erwähnte große Station für die Butterausfuhr, und Petropawlowsk sind gegen zwei Kilometer von der Stadt entfernt.

Um nach Omsk zu gelangen, muss man sich einer Zweigbahn bedienen, die vom Bahnhof nach der über drei Kilometer weiter gelegenen Hauptstadt des früheren Generalgouvernements Westsibirien mit ihren fünfzigtausend Einwohnern führt.

Die Gründung und Entwicklung von Omsk fällt in die spätere Zeit der Kolonisierung von Sibirien. Erst zu Anfang des 18. Jahrhunderts erkannte man die Bedeutung des Punktes, wo der Om sich in den Irtysch ergießt. Die Nachrichten, die über den goldhaltigen Boden dieser Gegend in Petersburg einliefen, veranlassten Peter den Großen, dorthin eine Expedition auszurüsten. Die ersten hölzernen Befestigungen wurden im Jahre 1717 am linken Ufer des Om angelegt, erwiesen sich aber bald als unzureichend. Es wurde daher im Jahre 1765 eine neue Festung nach dem Vauban'schen System und an der jetzigen Stelle, dem rechten Ufer des Om, angelegt.

Die Stadt besteht auch gegenwärtig mit wenigen Ausnahmen – das Kadettenhaus ist ein Steinbau – aus hölzernen, einstöckigen

Häusern. Eine Brücke verbindet die beiden Teile der Stadt miteinander. Der Boden ist sandig und salzhaltig, die Luft trocken, das Klima im Allgemeinen ungesund. Die Temperatur ist starken Schwankungen unterworfen. Heftige Winde und viele Niederschläge machen den Aufenthalt in dieser Gegend wenig angenehm.

Omsk bildet gegenwärtig den Sitz für die Verwaltung des Steppen-Generalgouvernements und des Gebiets Akmolinsk. Unter den dreizehn griechisch-katholischen Kirchen verdient die Nikolaikirche eine besondere Beachtung, weil sich in ihr eine Fahne Jermaks, des Eroberers von Sibirien, befindet. Sie wurde aus Beresow hierher gebracht und zeigt auf der einen Seite den Erzengel Michael, auf der andern den heiligen Demetrius, beide zu Pferde.

Bemerkenswert ist auch das Museum der kaiserlichen geographischen Gesellschaft wegen seiner Sammlung von Fischen, Vögeln und Säugetieren verschiedener Art, seiner Funde aus der Urzeit, den Gerätschaften der eingeborenen Bevölkerung und der eingewanderten Bauern sowie der Erzeugnisse der Hausindustrie. Durch den Irtysch ist für Omsk eine wichtige Wasserstraße geschaffen. Mehrere Karawanenwege nehmen hier ihren Anfang. Von entscheidender Wichtigkeit für den Zuwachs der Bevölkerung und die geschichtliche Bedeutung der Stadt ist jedoch die sibirische Bahn geworden.

Unsere Gedanken eilen zu der Stätte hinüber, wo in der ehemaligen Festung der große Dichter F. M. Dostojewski von 1849–53 unfreiwillig weilte. Wegen seiner Teilnahme an der Petraschewski'schen Verschwörung verhaftet, zum Tode verurteilt und auf der Richtstätte begnadigt, hatte Dostojewski in Omsk namenlose Leiden zu erdulden. Er wurde beim Brennen und Stoßen von Alabaster mit dem Drehen von Schleifsteinen beschäftigt und musste bei dem Bau einer neuen Kaserne Ziegel über den Festungswall schleppen.

Aber die Schmach, die ihm angetan war, vermochte nicht die geistige Kraft zu brechen, die in ihm lebte, sondern fachte sie nur zu dichterischer Glut an und erfüllte seine Phantasie mit einer Fülle rührender Gestalten, denen er in seinem unübertrefflichen Werk »Memoiren aus einem toten Hause«, worunter das Zuchthaus zu verstehen ist, dauerndes Leben geliehen hat. Man hat die Spuren dieser grausamen Justiz, die Russland über einen seiner geistigen Führer verhängte, verwischt, denn das Haus, in dem Dostojewski als Sträfling lebte, ist nicht mehr vorhanden.

Auch der Anblick von Tomsk wird den Augen des Reisenden entzogen, der sich auf der sibirischen Bahn befindet. Um diese Stadt zu erreichen, muss man auf der Station Taiga die Zweigbahn besteigen, auf welcher der Zug die etwa zehn Meilen weite Strecke in drei und einer halben Stunde zurücklegt.

Bekanntlich ist Tomsk Universitätsstadt, und zwar die einzige in Sibirien, mit einer juristischen und einer medizinischen Fakultät sowie mit wertvollen wissenschaftlichen Sammlungen. Vor allem sind das archäologische, das zoologische und mineralogische Museum sowie das botanische Kabinett im Laufe der Jahre zu wichtigen Pflanzstätten ernster Forschung geworden.

In der Stadt, die zweiundfünfzigtausend Einwohner zählt, ist es einer Anzahl namhafter Gelehrter gelungen, nicht nur den Studenten als Vorbild für gelehrte Forschungen zu dienen, sondern auch Sibiriens Schätze zu verdienter Anerkennung zu bringen, und dadurch dem Unternehmungsgeist neue Bahnen zu erschließen.

Bemerkenswert ist auch die Zusammenstellung der Bibliothek, die mit der Universität verbunden ist. Wir finden darin die umfangreiche Büchersammlung des russischen Dichters Shukowski, bekannt als Erzieher Alexanders II. und hervorragender Übersetzer der deutschen Klassiker, und die Bibliothek unseres verstorbenen Rudolf von Gneist, die nicht weniger als zehntausend Bände und Broschüren aus der von ihm so glänzend vertretenen juristischen Wissenschaft umfasst.

Nach Tomsk sind auch die Bergwerksverwaltung und Goldschmelze, die sich früher in Barnaul befanden, überführt worden. Die Städte, die mit der Eisenbahn unmittelbar verbunden sind, entbehren nicht des landschaftlichen Reizes oder des charakteristischen Aufbaues.

Am wirksamsten macht sich Krasnojarsk, die Hauptstadt des Gouvernements Jenissei, am Ufer des gleichnamigen Stromes, wo sich eine Bevölkerung von siebenundzwanzigtausend Einwohnern niedergelassen hat. Der Jenissei gewährt an dieser Stelle ein imponierendes Bild mit seiner Breite von über einem Kilometer, seinen malerischen Windungen und den Inseln, die aus dem Wasser hervorragen. Außerdem ist der Fluss zu beiden Seiten von bewaldeten Höhen umgeben, die eine beständige Abwechslung bringen.

Krasnojarsk liegt am linken Ufer des Jenissei, der an dieser Stelle einen Nebenfluss, die Katscha, in sich aufnimmt. Die Bahn fährt um die Stadt herum. Man erkennt die Kirchen mit den vergoldeten Spitzen und inmitten der Häuser den Stadtpark, auf den die Bewohner besonders stolz sind, weil er besser als irgendein anderer in Sibirien erhalten und gepflegt ist. Während wir weiterfahren, bleiben wir mit der Aussicht auf die sich immer mehr verkleinernden Häusergruppen noch eine Weile in der Nähe des Flusses und gleiten über ihn dann auf einer langen, eisernen Brücke hinweg, während die Höhenzüge sich uns zur Rechten noch eine Weile fortsetzen.

Die Brücke über den Jenissei ist zweifellos die schönste, die wir beim Überschreiten der sibirischen Ströme überhaupt kennen gelernt haben. In sechs mächtigen Bogen legt sich dieses stolze Bauwerk über den Strom, der kurz vorher, von Bergen eingeengt, mit so raschem Gefälle dahineilt, dass an den granitnen Pfeilern mächtige Eisbrecher angebracht werden mussten.

Eine literarische Überraschung bietet sich etwa eine halbe Meile von der Stadt in dem Landhaus oder, wie die Russen sagen, »Datsche« Tarakanowka. Ihr Besitzer, G. W. Judin, ein eifriger und sachkundiger Bücherinhaber, hat darin eine Bibliothek von mehr als 100 000 Bänden gesammelt. Die Sammlung von Werken über Sibirien lässt erkennen, welchen breiten Raum die Beschreibung von »Neu-Russland« zwischen dem Ural und dem Stillen Ozean in der Literatur aller modernen Kulturvölker einnimmt.

Es folgt ein warmer Sommertag, der uns mit dem Duft des eben gefallenen Regens und der uns begleitenden Wälder erfrischt. Bald werden wir aber von den Moskitos belästigt, gegen die sich die Arbeiter auf der Strecke Netze über das Gesicht ziehen. Zwischen Nischni Udinsk und Tulun hinterlässt die Gegend einen immer mehr kultivierten Eindruck. Wir begegnen kleinen und größeren Dörfern und Ansiedelungen, die von Auswanderern eingehegt worden sind. Die Felder sind beackert oder in Weideplätze umgewandelt.

Dann folgt mit Tulun wieder eine größere Station, wo ein Dutzend Lokomotiven in einem Schuppen stehen und ein Güterzug mit Steinkohle, die in dieser Gegend bis nach Irkutsk hin gefunden wird, uns entgegenfährt. Die Station Sima, zu Deutsch Winter, zeigt uns ein lächelndes Sommerantlitz. Sie bringt uns in die Nähe des Flusses Ja – nicht so auszusprechen, wie die Braut vor dem Traualtar dem Pfarrer antwortet, sondern wie der Esel schreit – und zeigt, dass hier wieder größere Kohlenlager vorhanden sein müssen. Wir beschäftigen uns mit dem Gedanken, ob wir mit unserer Verspätung seit Tscheljabinsk, von der bisher nur zehn Stunden eingeholt sind, den Anschluss an den Expresszug finden werden, der die Fahrt jenseits des Baikalsees fortsetzt. Der Oberkondukteur fragt bei der dortigen Station Myssowaja telefonisch an und erhält die Antwort, dass wir mit Ungeduld erwartet werden.

Sehr hübsch wirkt der Anblick von Irkutsk, wo die Stunde Aufenthalt uns die Möglichkeit gewährt, zu Fuß oder mit einem Wagen die Anlage der Stadt wenigstens in allgemeinen Umrissen kennen zu lernen. Sie liegt wie auf einem großen, uns zugeneigten Teller da, sodass man schon aus dem Coupé ihre ganze Anlage und die Verteilung der Hauptgebäude erkennen kann. Sie werden alle überragt von den fünf Kuppeln und dem frei stehenden Glockenturm der Kasan'schen Kathedrale, in der Mitte eines großen Platzes.

Die Bahnhofsanlage liegt in einer Senkung, und eine lange, hölzerne Brücke, von der man den lebhaften Verkehr mit den ein- und auslaufenden Zügen beobachten kann, führt über die schnell fließende Angara hinweg zur Stadt. Sie besitzt ein sehr inhaltsreiches Museum der kaiserlich geographischen Gesellschaft, das für die Archäologie Ostsibiriens von großer Bedeutung ist und dem auch aus der Flora Chinas wichtige Zuwendungen gemacht worden sind. Das Theater, das im Jahre 1897 vollendet wurde, ist ein überraschend schöner und gelungener Bau, und am Ufer der Angara befindet sich das Haus des Generalgouverneurs.

Drei Stunden fahren wir dann noch am Ufer der Angara einher, bis wir den Baikalsee erreichen, der wegen seiner Lage und Landschaft sowie seiner originellen Verkehrseinrichtungen ein selbstständiges Glied im Rahmen der sibirischen Bahn bildet und infolgedessen eine besondere Beachtung verlangt.

Dass Eisenbahnfahrten von so langer Dauer wiederholt auch außerhalb der Stationen unterbrochen werden, darf niemanden wundernehmen. Die Ursachen hierzu waren verschiedener Natur. Einmal hielten wir, nachdem wir uns eben in Bewegung gesetzt hatten, infolge des Geschreis und der lebhaften Gestikulation eines Bahnbeamten wieder an, der auf eine bestimmte Stelle unseres Zuges hindeutete. Als sie näher untersucht wurde, ergab es sich, dass ein Bauer unter dem Waggon auf einem eisernen Schutzbrett zwischen den Rädern Platz genommen hatte, um die Reise in dieser gefährlichen Lage als blinder Passagier mitzumachen. Er wurde mit einigen derben Schimpfworten davongejagt.

Sehr drollig machte es sich ein anderes Mal, als der Lokomotivführer die Maschine zurückdrehen musste, weil ein Bahnwärter sich mit seiner roten Fahne auf die Schienen gesetzt hatte und, da ihm die Zeit vermutlich zu lang wurde, eingeschlafen war. Ein Stock, der auf seinen Rücken und weiter hinunter geschwungen wurde, brachte ihn wieder zum Bewusstsein seiner Pflicht. Mehrere von den sibirischen Hunden, die auf den Stationen nach Abfällen aus dem Speisewagen suchten, wurden von den Rädern gepackt und sofort getötet.

Eines Abends wurden wir durch einen heftigen Ruck erschreckt und fürchteten, dass einer unserer Passagiere aus dem Zuge gestürzt sei. Die Möglichkeit eines solchen Unfalls war in keiner Weise ausgeschlossen, da die Coupétüren sowohl von den Schaffnern wie von den Passagieren oft lange Strecken offen gelassen wurden, was für das Einströmen frischer Luft ebenso zweckmäßig, wie bei dem Verkehr innerhalb der Züge, in dem sich auch Kinder aufhielten, höchst bedenklich war. In Wahrheit hatte sich aber nur ein Schaf auf das Geleise verirrt und den Ruck hervorgerufen. Ähnliche Störungen, unter denen wir aber nicht zu leiden hatten, sollen durch die Rinderherden hervorgerufen werden, die wir in Gruppen von oft fünf bis sechshundert Stück neben dem Gleise erblickten.

Überraschend war der Blumenreichtum, den man während der Fahrt beobachten konnte. Wir sahen zu beiden Seiten der Bahn eine Fülle von blauen und gelben Primeln sowie zahllose Glockenblumen sprießen, die in mannigfaltiger Zusammenstellung als liebliche Augenweide wirkten. Große Büschel wurden davon, während der Zug auf den Stationen hielt, auf den Feldern gepflückt und schmückten unseren Tisch im Speisewagen bei jeder Mahlzeit.

Die eigentlich charakteristische Blume, die alle anderen an Schönheit und Größe übertraf und die während des größten Teils der Fahrt unsere treue Begleiterin blieb, gehörte der Gattung der

Steinbreche an, mit dem botanischen Namen *Saxifraga crassifolia*. Sie bildet eine der beliebtesten Zierpflanzen Sibiriens und trat in unabsehbaren Beeten schon am Ural zutage, um uns dann bis jenseits des Baikalsees und sogar in die Mandschurei hinein nicht wieder zu verlassen. Diese Blume hat einen hohen, fleischigen, rötlichen Schaft, ihre Blätter sind breit und eiförmig, ihre Blüten von auffallender dunkelrosaroter Farbe. Sie setzen sich derartig an dem Stängel an, dass sie in ihren Abstufungen und Verkleinerungen dem Bau einer chinesischen Pagode nicht unähnlich sehen. Die Russen nennen sie »Honigtau« (Medjanka), trocknen ihre Blumen und machen daraus eine billige Sorte Tee.

Es war ein reizendes Bild, diese Steinbreche überall, auf Wiesen und Anhöhen, in Gräben und Schluchten zu beobachten, wie sie die zarten, rosig schimmernden Köpfchen aus dem Gras und Gestrüpp hervorstreckten und uns freundlich zuzunicken schienen, wenn der Wind darüber hinwegwehte. Wir hatten uns an dieses farbige Leben so sehr gewöhnt, dass wir die Blumen ungern entbehrten, wenn sie auf kürzeren Strecken zu verschwinden schienen.

Aber sie kehrten immer wieder und hörten erst in der Mitte der Mandschurei auf, nachdem sie von ihrer frischen Farbe zuletzt viel verloren hatten und ins Bräunliche hinüberspielten.

Eigentümlich berührten die vielen Waldbrände, die wir in den sibirischen Sommernächten beobachten konnten. Unsagbar schön wirkte der klare Sternenhimmel, den wir nach allen Seiten bis zum Horizont verfolgen durften. Mit einer Schärfe und Deutlichkeit, wie sie dem Stadtmenschen sonst selten zum Bewusstsein kommt, traten die Gruppen der himmlischen Gestirne wie Fackeln aus dem dunklen Firmament hervor, und Freund Jupiter hatte seine Lampe so wirkungsvoll herausgehängt, dass man danach hätte greifen mögen.

Schweigsam und geheimnisvoll zogen weite Waldgebiete an uns vorüber, als lange, schwarze Streifen. Plötzlich brach zwischen den

Bäumen ein Schein hervor, der immer stärker aufleuchtete und aus dem eine dichte Rauchwolke emporwirbelte. Das Element griff schnell um sich. Man konnte erkennen, wie die Flammen von einem Baum zum andern hinübersprangen, bis sie endlich ein ganzes Waldgebiet in wild aufschlagende Lohe verwandelt hatten.

Die Ursachen dieser Waldbrände sind sehr verschieden. Zum Teil werden sie durch die Funken hervorgerufen, die aus den mit Holz geheizten Lokomotiven in weitem Umkreis geschleudert und vom Wind oft weit fortgetragen werden. Zum anderen Teil sind sie die Folge der Trockenheit, die in vielen Gegenden herrscht, wenn die Sonne Wald und Wiesen ausgedörrt hat.

Oft wird aber auch das Gestrüpp mit den Stümpfen abgestorbener Bäume angesteckt, wenn man den Boden für die Landwirtschaft bearbeiten will. Von anderer Seite wurde sogar mit Bestimmtheit behauptet, dass in einzelnen Gegenden die Jäger ganze Strecken im Wald einfach selbst anzünden, damit durch den Brand das Wild hervorgescheucht werde.

Auf dem Baikalsee

Es war vier Uhr morgens. Wir hatten bereits in Irkutsk unsere Koffer gepackt und uns in die Ecke des Coupés gedrückt, um ein wenig Schlaf zu finden, als der Kondukteur nach drei Stunden die Tür öffnete und die Station Baikal meldete.

Die Gepäckträger fanden sich in unserem Zuge ein, banden unsere Sachen mit Stricken zusammen, legten sie sich auf die Schulter und schritten damit eilig über den Bahnsteig. Schlaftrunken, wie wir waren, hatten wir Mühe, ihnen im Dunkel der Nacht zwischen aufgestapelten Waren und andern Hindernissen zu folgen.

Das sechshundert Meter breite Flussbett der Angara lag als schwärzlich zitternde Masse vor uns. Der Mond war bereits untergegangen, und am Himmel blinkten nur noch einzelne Sterne mit mattem Licht. Vor uns lag eine weit ausgedehnte, im Nebel verschwimmende Landschaft, in der sich Einzelheiten nicht unterscheiden ließen.

Wir schritten einige Minuten vorsichtig den Schienenstrang entlang, gingen dann darüber hinweg und erstiegen eine hohe hölzerne Brücke, auf der wir eine Wendung nach rechts machten.

Vor uns lag ein Ungetüm aus Stahl und Eisen von riesigen Dimensionen, aus dem vier dicke, vom Rauch geschwärzte Schornsteine hervorragten. Sie standen nicht in einer Linie nebeneinander, sondern zu zweien, sodass sie ein Quadrat begrenzten. Mächtige, tiefschwarze Wolken wirbelten daraus empor, blieben eine Weile in der dicken Luft hängen und zerteilten sich langsam im Nebel.

Wir befanden uns auf dem langen Promenadendeck des Trajektdampfers »Baikal«, der uns über den gleichnamigen See an das gegenüberliegende Ufer nach Myssowaja bringen sollte, wo ein anderer Eisenbahnzug auf uns wartete, um uns durch die Mandschurei zu fahren. Die Nacht war noch nicht gewichen und von dem Wasserspiegel nur ein kleiner Teil zu erkennen.

Die Sonne war hinter den Bergen versteckt, die uns von allen Seiten umgaben. Man konnte aber nicht unterscheiden, wo die Grenze zwischen den Höhenzügen und den Wolken lag, die in der fahlen Beleuchtung des Morgens sich wie weit ausgedehnte Schneeflächen ausnahmen.

Auf dem Promenadendeck, das vom Tau und Dampf der Maschinen benetzt war, suchten wir die Glieder nach der achttägigen Eisenbahnfahrt wieder geschmeidig zu machen, wobei wir die Überzieher fest zuknöpften und die Kragen hochschlugen, um ein leichtes Frösteln zu überwinden, das durch den ganzen Körper rieselte. Allerlei Gestalten, Chinesen, Japaner, Arbeiter und Schiffsleute, huschten unbestimmt an uns vorüber.

Inzwischen begannen von der Station her Signale herüberzutönen und Eisenbahnwagen heranzurollen. Sie näherten sich unterhalb der erwähnten Holzbrücke auf einer schmalen Landzunge unserm Dampfer, bis sie an einem eisernen Tor Halt machten, das mit dem russischen Doppeladler geschmückt war. Darunter befand sich eine Klappe, die an schweren eisernen Ringen hing und durch Gewinde höher und niedriger gestellt werden konnte, um, wie es der wechselnde Wasserstand des Baikalsees erforderte, eine horizontale Verbindung mit dem untern Raum des Trajektdampfers zu bilden. Dort befand sich im Bauch des Schiffes eine riesige Halle mit den drei nebeneinander laufenden Geleisen.

Der Güterzug kam über die Brücke durch das eiserne Tor gefahren und schob zuerst acht beladene Güterwagen auf das mittlere Gleis des Dampfers, kehrte dann zurück und beförderte rechts und links davon noch je sechs andere Waggons, sodass der Raum völlig ausgefüllt war. Nicht weit davon ragte aus dem Wasser das große Dock für die Reinigung und Reparatur des Dampfers empor. An dem uns zunächst liegenden Ufer war, unmittelbar am See, unter schroff aufragenden Bergen eine schmale Straße herausgesprengt, auf der ein langer Güterzug stand.

An diesem Ufer war vierzehn Tage vorher die »Baikal« im Nebel, kurz bevor sie landen sollte, in eine falsche Fahrrichtung geraten und auf eine Untiefe aufgelaufen, wie es mir der russische Verkehrsminister, Fürst Chilkow, bereits in Petersburg mitgeteilt hatte. Die Schiffsleute erzählten uns ausführlich, wie es vier Tage angestrengter Arbeit bedurfte, bis man das riesige Schiff wieder flottmachte. Von dem Versuch, es mit Stahltrossen herunterzuziehen, kam man bald ab, da auch die stärksten von ihnen rissen. Es war sehr umständlich, die schwer beladenen Güterwagen einzeln aus dem Innern des Schiffes herauszuschaffen und dadurch den ungeheuren Druck abzuschwächen, mit dem sich die Eisenmassen an dieser Stelle in dem See festgebohrt hatten. Auch wusste man nicht, ob der Versuch überhaupt gelingen würde. Aber allmählich hob sich der Dampfer, und als die Schraube wieder zu arbeiten anfing, rückte er von der Stelle. Als er ins Dock geschleppt wurde, stellte es sich heraus, dass er keinen Schaden genommen hatte und sofort wieder in den Dienst gestellt werden konnte.

Unsere Überfahrt über den See war weder bei der Hin- noch bei der Rückreise mit irgendwelchen Schwierigkeiten verknüpft.

Die »Baikal« setzte sich in Bewegung, als die ersten Strahlen der aufgehenden Sonne durch die dunstige Atmosphäre drangen und die Berge klarer hervortreten ließen. Sie bilden für das Auge zwei bis drei Reihen durcheinander geschobener stumpfer Kegel, deren Spitzen derartig nebeneinander liegen, dass die ganze Linie um den See wie eine aufgerichtete Säge wirkte. In der allmählich fortschreitenden Morgendämmerung hinterließen diese Höhen um den See, auf dem weit und breit sonst nichts zu erblicken war, einen ungemein wilden und menschenfeindlichen, bei dem Verschwimmen der festen Umrisse sogar gespenstischen Eindruck.

Zur Linken wurde unmittelbar am Ufer ein kleines Dorf sichtbar, und darüber trat, während wir uns bereits in voller Fahrt befanden, plötzlich der rot glühende Sonnenball hervor. Er schien über die Spitzen der Berge mit rasender Eile hinwegzurollen und sie dabei zum Schmelzen zu bringen, denn das Licht verwandelte den Höhenzug auf weite Strecken in eine dunkel leuchtende flüssige Masse.

Die Berge waren etwa vierzehnhundert Meter hoch, ungleichmäßig bewaldet und sogar im Juli an einzelnen Stellen noch mit Schnee bedeckt. In diesem Rahmen lag der Baikalsee glatt und ruhig wie ein Spiegel.

In Wahrheit verbinden die Schiffer, die ihn oft befahren haben, ganz andere Vorstellung mit ihm, und in den Schilderungen, die über ihn vorliegen, ist er wegen seines überraschenden und tückischen Charakters nicht gut davongekommen.

Der Baikalsee wird an Umfang unter den Süßwasserseen nur noch von den kanadischen Seen und dem Viktoria-Nyana übertroffen. Die Russen haben hundertsiebzig größere und kleinere Flüsse gezählt, die sich in ihn ergießen. Hingegen hat dies mächtige Wasserbecken nur einen einzigen Ausfluss, die Angara, die ihrerseits wieder dem Jenissei zuströmt. Sie wäre dazu geschaffen, eine vortreffliche Wasserstraße zu bilden, bietet aber mit ihren Stromschnellen der Schifffahrt große Schwierigkeiten.

Der Baikalsee hat die Form einer Sichel, die sich von Nordwest nach Südwest hinzieht, ist achtzig Meilen lang und an einzelnen Stellen bis zu zehn Meilen breit. Über seine Tiefe sind überraschende und zum Teil wohl auch übertriebene Angaben gemacht worden, da man nicht überall in der Lage war, sie genau festzustellen. Eine Eigentümlichkeit des Sees ist das kristallklare Wasser, das er trotz der zahlreichen Zuflüsse aus den Bergen aufweist und das man ohne weiteres zum Trinken benutzen kann. Auch zeichnet er sich durch seinen Reichtum an Fischen aus, von denen sich eine merkwürdige Art bisher sonst nirgends hat nachweisen lassen.

Das ist der Spinnen- oder auch Ölfisch (*Comephorus baikalensis*), ein seltsamer Bursche sowohl wegen seines Aussehens wie des Lebens, das er führt. Er ist etwa fünfundzwanzig Zentimeter lang, und aus seinem unverhältnismäßig großen Kopf, der etwa ein Drittel der Länge des ganzen Tieres ausmacht, stehen ein Paar riesige, wie hinter Brillen glotzende Augen hervor. Während ihm die Bauchflossen fehlen, sind seine Brustflossen sehr groß und aus langen haarförmigen Fäden zusammengesetzt.

Dieser Fisch hält sich nur an den tiefen Stellen des Sees auf, lebt also unter einem gewaltigen Atmosphärendruck, dem eine ebenso große Spannung im Innern des Tieres entspricht. Kommt der Fisch bei Stürmen einmal an die Oberfläche, so zerreißt er in der Luft wie ein Gummiballon, in den man zu stark hineinbläst. Die Folge davon ist, dass man den Spinnenfisch des Baikalsees noch niemals lebend angetroffen hat. Die zerrissenen Exemplare werden gesammelt und zur Ölgewinnung benutzt.

Auch eine bestimmte Robbenart, deren Fell man zu Pelzen verarbeitet, weisen die Naturforscher nur diesem See als eigentümliche Erscheinung der Tierwelt zu.

Beim Ausbau der sibirischen Bahn und ihrer Fortsetzung von Irkutsk in östlicher Richtung bildete der Baikalsee so große Schwierigkeiten, dass man eine Reihe von Jahren gar nicht wusste, wie man ihrer Herr werden sollte. Schon die hohen Dämme, die man am Ufer der Angara errichtete und mit Mauern stützte, um gegen Überschwemmung gesichert zu sein, kosteten viel Zeit und Geld. Dann beschäftigten sich die Ingenieure mit der Frage, wie die Eisenbahn um das südliche Ufer des Baikalsees gelegt werden könne. Man unternahm jahrelang Terrainstudien, um die zweckmäßigste Linie ausfindig zu machen, konnte aber zu keinem bestimmten Entschluss kommen.

Die schroff zum Ufer abfallenden Berge machten die Anlagen von vielen Tunneln notwendig, wie man sie in Sibirien noch gar nicht gebaut hatte, wo die Ungunst des Klimas und der Mangel an Arbeitsmaterial ganz andere Verhältnisse hervorrufen als bei ähnlichen Bohrungen in Europa. Schon der Kostenpunkt hatte etwas Abschreckendes und riet zur Vorsicht, nachdem die Bahn auf der bisher fertig gestellten Strecke bereits große Summen verschlungen hatte. Vor allem konnte man sich aber über die Strecke nicht einigen.

Es standen sich zwei Pläne gegenüber, den Schienenstrang entweder von der Station Baikal unmittelbar am See nach dem Dorfe Kultuk zu legen oder ihn bereits von Irkutsk ausgehen zu lassen und am Ufer des Irkut demselben Ziele zuzuführen. Eine Anzahl von Konstruktionen wurde entworfen. Die Ingenieure mussten die Gegend immer wieder bereisen.

Aber aus den Vorschlägen und Gutachten, die eingereicht wurden, wuchs kein bestimmter Plan hervor. Während dieser hin und her schwankenden Überlegungen drängte alles dazu, den Anschluss mit der Ussuribahn herzustellen und so, wenn auch zunächst mit Zuhilfenahme der Flussverbindung auf der Schilka und dem Amur, den Weg nach Wladiwostok und dem Stillen Ozean zu erreichen.

Während man überlegte, was zu tun sei, kam der russische Verkehrsminister, Fürst Chilkow, unter dessen Leitung die sibirische Bahn ausgebaut wurde, auf einen ganz anderen Gedanken. Bei seinen Reisen durch Amerika hatte er das System der Trajektdampfer, wie es namentlich in den Vereinigten Staaten angewendet wird, genau studiert.

Über den Mississippi, Missouri, Ohio und andere Ströme hat man, bevor man sich zum Bau fester Brücken entschloss, zuerst ganze Eisenbahnzüge mittels solcher Dampfer befördert, um den Reisenden das Umsteigen und der Verwaltung das umständliche Geschäft des Umladens von Gütern zu ersparen.

Die bedeutendste Anlage dieser Art findet man in der Bai von San Francisco, wo die Fährschiffe vier Eisenbahnzüge nebeneinander aufnehmen können. Ein ähnlicher Trajektdampfer wurde nun auch für den Baikalsee auf der Armstrong'schen Fabrik in England aus Siemens-Martin-Stahl hergestellt. Er musste jedoch derart konstruiert werden, dass er gleichzeitig auch als Eisbrecher dienen konnte.

Natürlich gab es keine Möglichkeit, ihn so, wie er gebaut war, mit seiner Länge von zweihundertneunzig Fuß und seiner durchschnittlichen Breite von siebenundfünfzig Fuß in das Innere von Sibirien zu versenden. Man lieferte ihn in seinen einzelnen Teilen in Petersburg ab und schaffte diese dann auf der Eisenbahn bis nach Krasnojarsk an die Ufer des Jenissei. Von dort wurden die Stücke mit Lastfuhrwerken wieder zusammengesetzt. Der Dampfer erhielt den Namen nach dem See, den er in gerader Linie bis nach Myssowaja zu durchkreuzen hatte. Die Überfahrt dauert auf einer Strecke von sechsundsiebzig Kilometern, die ungefähr der Länge des Genfer Sees entspricht, dreieinhalb bis vier Stunden. Es werden keine Personen-, sondern nur Güterwagen in der vorher angegebenen Weise verladen.

Ist das Wetter günstig, so kann man alle drei Gleise in dem unteren Schiffsraum benutzen. Bei Sturm und starker Wellenbewegung entsteht aber die Gefahr, dass die drei Reihen Waggons durcheinander geschüttelt werden. Um die heftigen Schwankungen zu vermeiden, die auch für die Sicherheit der Fahrt bedenklich werden können, beschränkt man sich in solchen Fällen auf das mittlere Gleis.

Die »Baikal« wird durch fünfzehn zylindrische Kessel geheizt und enthält drei Maschinen. Zwei von ihnen setzen die hinten liegenden Schrauben in Bewegung, und eine dritte dient dazu, den an der Spitze des Dampfers befindlichen Eisbrecher auf die Schollen hinaufzuschieben und sie dadurch zu zertrümmern.

Die Konstruktion ist eine derartige, dass selbst eine Eisschicht von drei Fuß Dicke zerbrochen und die Fahrstraße bis in die Wintermonate hinein offen gehalten werden kann.

Im Speisesaal des Dampfers waren große Fotografien ausgestellt, aus denen man erkennen konnte, wie der Dampfer sich, von Schneenebeln umhüllt, durch die starre Decke des Sees eine Gasse bahnt, wie die Schollen zuerst abgebrochen und heruntergedrückt, dann zu beiden Seiten in mächtigen Bruchstücken aufgetürmt werden.

Um die Gewalt des Anpralls gegen die Eismassen zu verringern, hat man das Schiff mit einem Gürtel von hölzernen Keilen und Balken umgeben.

Außerdem ist noch ein zweiter, kleinerer Dampfer, die »Angara«, erbaut worden, die ebenfalls als Eisbrecher dient.

Da die Schiffe täglich hin und her fahren, kann man die Fahrstraße auf dem See auch während des Winters lange frei halten. Drohen die Dampfer schließlich aber einzufrieren, so werden die Passagiere mit Schlitten über den See geschafft.

Die Fahrt wird unterwegs einmal unterbrochen, da sich mitten auf dem Eise eine Frühstücksstation befindet. Dort ist eine Bude aus Holz errichtet, in welcher das Wasser im Samowar brodelt und die Kohlsuppe im Kessel geradeso wie auf dem festen Lande aufgekocht wird. Auch an sonstigen Speisen und Getränken fehlt es nicht, und die Fahrgäste haben reichlich Gelegenheit, sich für die Fortsetzung dieser originellen Schlittenpartie zu stärken. Freilich, immer geht diese winterliche Expedition, mögen die Pferde noch so munter ausgreifen, nicht ganz gemütlich ab. Besonders gegen den Frühling entstehen im Eise oft lange Risse, die sich schon von weitem durch einen kurzen, starken Knall wie beim Abfeuern einer Kanone bemerkbar machen.

An Stellen, wo man keine Dampffähren hat, pflegen die Fuhrleute sich auf tollkühne Art zu helfen, falls es ihnen unmöglich ist, um den Riss im Eise, der oft meterbreit ist und eine lange Ausdehnung hat, herumzukutschieren.

Sie schlagen um die Stelle, auf welcher sich der Schlitten befindet, mit Beilen eine offene Rinne aus und gewinnen dadurch eine im Wasser frei schwimmende Scholle. Diese Scholle stoßen sie dann als bewegliche Brücke samt dem Schlitten über den Riss so weit hinweg, bis sie auf der anderen Seite die feste Eisdecke wieder berührt. Gelingt es, über die gefährliche Spalte auf diese Weise hinwegzukommen, so kann der Kutscher die Fahrt auf der glatten Fläche wieder fortsetzen. In früherer Zeit sollen aber bei solchen Experimenten wiederholt Schlitten im Baikalsee einfach verschwunden sein.

Obwohl die »Baikal« wie die »Angara« sich für die Überfahrt bewährt haben, genügen diese Verkehrsmittel doch nicht auf die Dauer der Beförderung von Personen und Gütern, wie sie von der sibirischen Bahn verlangt werden. Sie dient nicht nur Handels- und Kolonisationszwecken, sondern hat vor allem auch wichtige strategische Aufgaben zu erfüllen. Russlands Politik im östlichen Asien erfordert es, dass schon in Friedenszeiten immer größere Truppenmassen nach der Mandschurei entsendet werden müssen, um für alle Fälle gerüstet zu sein.

Und was würde an Transportmitteln nicht erst alles erforderlich sein, wenn die Spannung zwischen Russland und Japan, die von Monat zu Monat an Schärfe zunimmt, zu einem Kriege führen sollte! Die sibirische Bahn verfügt über ein kolossales rollendes Material. Ich habe bei der Hin- und Herreise, so weit es irgend möglich war, auf die Nummern der Waggons, die allerdings keine sichere Berechnung zulassen, genau Acht gegeben. Dabei bin ich bei den Personenwagen auf die Zahl 295 943, bei den Güterwagen auf die Zahl 801 360 gestoßen. Am Baikalsee würde in jedem Fall, so wie die

Verhältnisse augenblicklich liegen, eine höchst unangenehme und vielleicht folgenschwere Stockung des Betriebs eintreten, wenn es sich um eine energische Vorwärtsbewegung nach dem Osten zu Angriff oder Abwehr handeln sollte.

Man ist daher im Jahre 1900 doch zu dem Entschluss gekommen, die Eisenbahn um den Baikalsee in Angriff zu nehmen, so schwierig die Voraussetzungen für die Arbeit auch lagen. Die Strecke, die nunmehr geschaffen wird, bringt durchaus nicht, wie man gelegentlich behaupten hört, eine Abkürzung des Weges mit sich. Im Gegenteil! Die Eisenbahn hat einen mehr als dreimal so langen Weg wie der Dampfer, nämlich 257 Kilometer, zurückzulegen, und wird dazu nicht wie dieser vier, sondern bei der Langsamkeit der Fahrt, die hier geboten ist, etwa zehn Stunden brauchen. Die Bahn, die um das südliche Ufer des Baikalsees läuft, wird in zwei Teile zerfallen. Der eine, westliche, umfasst die Strecke vom Ausfluss der Angara bis zur Station Kultuk und besteht aus Felsenrücken, die in einer Höhe bis gegen vierhundert Fuß unmittelbar aus dem Ufer aufsteigen und dabei eine Anzahl Einbuchtungen und Vorgebirge bilden.

Die Bahn muss jene auf Brücken überschreiten und diese mittels Tunnel durchfahren, wobei starke Krümmungen notwendig sind. Der andere, östliche, Teil dieser Linie durchschneidet zuerst mehrere Vorgebirge, tritt dann, während die Berge sich vom Ufer entfernen, auf eine breite Terrasse, nähert sich wieder dem See und erreicht über eine größere Anzahl von Brücken die Station Myssowaja.

Bis zur Bucht von Tanchoi, auf einer Ausdehnung von dreiundfünfzig Kilometern, ist die Bahnanlage bereits fertig und für den Güterverkehr eingerichtet, während man sie in ihrem ganzen Umfang zu Beginn des Jahres 1905 zu eröffnen hofft. Nach den Berechnungen des Ingenieurs Sawrimowitsch, der das ganze Unternehmen leitet, werden sich die Gesamtkosten mindestens auf fünfundsiebzig Millionen Mark belaufen. Wie groß die Ausgaben sind, die durch die ganze sibirische Bahn verursacht wurden, lässt sich natürlich nur in abgerundeten Zahlen angeben. Man nimmt aber an, dass sie mit allem, was zu ihrer völligen Fertigstellung noch gehört, hinter zwei Milliarden Mark nicht wesentlich zurückbleiben wird.

Aller Wahrscheinlichkeit nach werden die meisten Passagiere im Lokalverkehr auch später die Dampferfahrt der Eisenbahnfahrt wenigstens in der schönen Jahreszeit vorziehen. Aber für den durchgehenden Militär- und Güterverkehr, namentlich aber für die Beförderung von Massen ist es naturgemäß von größter Bedeutung, von Wind und Wetter auf dem Baikalsee und anderen Zufälligkeiten, die beim Dampferbetrieb unvermeidlich sind, unabhängig zu sein. Es sollen auf der Linie um den See im Ganzen elf Stationen eingerichtet werden. Die Arbeiten werden namentlich in letzter Zeit mit größtem Eifer betrieben, aber trotzdem gehen sie für die Wünsche des Zaren und seiner Minister noch immer nicht schnell genug vonstatten.

Bis auf weiteres werden die Güterwagen in Myssowaja auf dieselbe Weise ausgeladen, wie sie an der Station Baikal auf den Dampfer geschafft wurden. Wir finden dort dieselbe spitze Landzunge mit dem eisernen, vom Doppeladler gekrönten Tor und der verstellbaren Klappe.

Ganz ungenügend sind die beiden Stationsgebäude am westlichen und östlichen Ufer des Sees, unansehnliche, unbequeme, kleine Holzgebäude, die wahrlich nicht vermuten lassen, dass hier die Straße für einen sich beständig steigernden Weltverkehr liegt. Es ist für die Passagiere kein geeigneter Warte- und Gepäckraum vorhanden. Zu hunderten liegen die Auswanderer auf der Erde und verzehren ihre Vorräte in Gestalt eines großen Laibes Brot mit einem Hering oder einer Gurke, wobei sie allerlei Gerätschaften herbeischleppen, in denen sie sich ihren Tee zubereiten. Die Bahnverwaltung dürfte froh sein, wenn sie auch dies wichtige Verbindungsglied zwischen dem Osten und dem Westen der sibirischen »Magistrale« eingefügt hat.

Der Baikalsee bleibt nach wie vor ein unheimlicher Geselle, denn er ist offenbar vulkanischen Ursprungs, und in der Schmiede des Feuergottes, der dies gewaltige Wasserbecken geschaffen und die Berge durcheinander geworfen hat, scheint das Element noch immer nicht erloschen zu sein. Man nimmt an, dass die Stürme und heftigen Wellenbewegungen, die auch bei sonst ruhigem Wetter entstehen, die heißen Quellen in den Bergen und das plötzliche Auftauen des Eises an einzelnen Stellen im Winter sich nur auf diese Weise erklären lassen. In Irkutsk meint man, dass man nur auf dem Baikalsee aus tiefem Herzen beten lerne. Schon den Mongolen galt er als das »heilige Meer«, dem man sich mit ehrfürchtiger Scheu nahte.

Mit seiner genaueren Durchforschung, namentlich in den nördlich gelegenen Teilen, hat es noch gute Wege. Nach Fertigstellung der Bahn, die gegenwärtig um seine Ufer gelegt wird, dürften Handel und Wissenschaft sich des eroberten Terrains ebenfalls bemächtigen und Unternehmungen ins Leben rufen, vor denen man bisher zurückschreckte.

Die internationalen und russischen Schlafwagenzüge werden in nicht zu langer Zeit ohne Unterbrechung von Moskau bis an den Stillen Ozean durchgeführt werden, sodass die Passagiere auf einer Strecke von 8700 Kilometern und während einer Fahrzeit von vierzehn Tagen ihren Platz im Coupé nicht mehr zu wechseln brauchen.

Durch die Mandschurei

Jenseits des Baikalsees, der mit seinen schönen Ufern unseren Blicken erst langsam entschwindet, erreicht der sibirische Zug nach drei Stunden das breite Tal der Selenga und beginnt allmählich zu steigen. Während der Fluss sich verengt, fahren wir über ihn auf einer fünfhundert Meter langen Brücke hinweg.

Bald erreichen wir Werchne-Udinsk, von wo eine Poststraße in südlicher Richtung bis an die chinesische Grenze nach Kiachta führt. Dort befindet sich der Hauptsitz des Teehandels von China nach Russland, und über diesen Punkt wird auch die neue Eisenbahnverbindung gelegt, die auf kürzerem Wege als durch die Mandschurei, nämlich durch die Wüste Gobi, nach Peking führen soll. Der sibirische Zug überschreitet mehrere Flüsse, in deren Tälern hier eine Zementfabrik und dort ein Eisenwerk auftaucht, und erreicht in einer Höhe von 1037 Metern den Rücken des Jablonowygebirges. Der Charakter der Landschaft ist wildromantisch. Zwischen kahlem, schroff aufragendem Gestein erblicken wir einen Tunnel, der mit seiner Inschrift daran erinnert, dass sich hier die Wasserscheide für den Lauf der Ströme befindet.

Die Russen haben dafür einen pathetischen Ausdruck gefunden, indem sie auf die eine Seite des Portals die Worte »Zum Stillen Ozean« (K Welikomu Okeanu) und auf der anderen die Inschrift »Zum Atlantischen Ozean« (K Atlantitscheskomu Okeanu) anbrachten. In Tschita, der Hauptstadt des Transbaikalgebietes, werden wir durch umfangreiche Maschinenwerkstätten überrascht und sehen die Leute an einem neuen, massiven Stationsgebäude arbeiten. Wir folgen zwei Stunden lang dem Lauf der Tschita, des gleichnamigen Flusses, mit seinen zahlreichen Windungen zwischen ununterbrochenen Höhenzügen.

Wiederholt stoßen wir auf militärische Abteilungen, und das Gespräch dreht sich um die Truppenmassen, die im Laufe der letzten Zeit in der Mandschurei zusammengezogen worden sind. Wir hatten kaum Zeit, alles zu beobachten, was sich nun vor unseren Augen in dieser Beziehung abspielen sollte.

Die Grenze Chinas, die bei der Station Mandschuria anfängt, hätten wir fahrplanmäßig mittags erreichen müssen. Stattdessen trafen wir aber wegen der Verspätung, die erst zur Hälfte eingeholt war, am nächsten Tag in aller Frühe dort ein. Nach unseren Uhren war es sogar erst zwei Stunden nach Mitternacht, aber sie mussten es sich gefallen lassen, dass wir den Zeiger auf dem Zifferblatt sechsmal vorwärts herumdrehten, da wir fortan nicht mehr nach Petersburger, sondern nach der Zeit von Charbin rechneten, die jener so viel Stunden vorauseilt.

Die Station, die früher Nagadan hieß, soll mit ihrem neuen Namen daran erinnern, dass sie den Anfang der chinesischen Ostbahn bildet, und die Passagiere auf die Umgestaltung aller Verkehrseinrichtungen vorbereiten, die durch den Schienenstrang der Russen hervorgerufen wird.

Beim Verlassen des Zuges erblicken wir eine weite, tote, dünn bewachsene Ebene, die von flachen Bergzügen am Horizont eingerahmt ist. Ein paar niedrige, gelb angestrichene Holzhäuser, denen ein grünes Dach aufgesetzt ist, dienen als Wartehalle, Kasse und Güterschuppen. In dem Raum, wo man nicht nur nach Wladiwostok und Dalny, sondern auch nach Moskau und sogar nach Petersburg Billetts erhält, ist alles unsagbar einfach eingerichtet, als handele es sich um eine Haltestelle auf einer Klingelbahn.

Wir sitzen in einem Dorf auf Bänken, an einem ungedeckten Tisch, und lassen uns von einem Chinesen, dem ersten, der auf unserer Reise das Amt des Kellners ausübt, den überall gut zubereiteten Tee, leidlich frisches Brot und etwas Butter bringen, die wir wegen ihres verdächtigen Geruches kaum mit den Lippen berühren und dann vorsichtig beiseite schieben. Der schöne Morgen lockt zu einem Dauerspaziergang zwischen dem Dutzend Schienensträngen, die hier nebeneinander laufen und daran erinnern, wie lebhaft der Verkehr sich an diesem Platz in der letzten Zeit gesteigert hat.

Ein gemütlicher Österreicher, der alles mit den Augen seines Wienertums ansieht, kann kaum Worte der Verwunderung dafür finden, dass das »Kaffeehaus«, womit er den Speisewagen im Zuge meinte, noch immer nicht geöffnet ist. Neben dem Schuppen wächst bereits ein großes, mehrstöckiges steinernes Gebäude, das vorläufig von Gerüsten bekleidet ist, für die Verwaltung der Station aus der Erde. An der hastigen Arbeit der Kulis merkt man, dass alles schnell unter Dach und Fach gebracht werden soll.

Das Gebiet, das wir durchfahren, ist reines Steppenland. Die niedrigen Höhenzüge, die wir vorher gesehen haben, verschwinden vollständig, und es bleibt nichts anderes übrig als eine gleichmäßige, gelblich grün schimmernde, von der Sonne vertrocknete Grasfläche. Fast könnte man glauben, in einem Boot über ein ruhiges Meer zu fahren.

Aber alsbald erkennt das Auge, welche fieberhafte Tätigkeit auf der ganzen Strecke in der Mandschurei entfaltet wird, nicht nur, um den Verkehr sicher zu gestalten, sondern vor allem um militärische Vorkehrungen zu treffen, die ganz bestimmte Ziele verfolgen.

Alle vier oder fünf Werst bemerken wir steinerne Wachtgebäude für Soldaten, die wie auf Vorposten in einem Feldzug stehen, daneben Wirtschaftsräume, Schuppen für Pferde und Pulvermagazine, die durch ein flatterndes Fähnchen kenntlich gemacht sind. Chinesische Arbeiter, die weiter nichts als einen bunten Lappen um die Hüften geschlungen haben, sind in kurzen Zwischenräumen zu hunderten zusammengetrieben, um die Gleise an Stellen zu befestigen, wo sich der Boden gelockert hat, und auf einzelnen Strecken neue Dämme aufzuschütten.

In Chorchonte, etwa drei Stunden hinter Mandschuria, tritt der strategische Gedanke, den man mit der Bahn durch die Mandschurei verfolgt, noch deutlicher zutage. Man hat überall, oft unter erschwerenden Umständen, artesische Brunnen bohren müssen, um den Bedarf an Wasser zu decken. Auf dieser Station hat man aber gleich zwei schwere, große, massive Türme erbaut und zwischen ihnen einen so großen Zwischenraum gelassen, dass die Lokomotiven für zwei Züge gleichzeitig Wasser nehmen können.

Die Türme sind mit Schießscharten versehen und so eingerichtet, dass sich fünfzig bis sechzig Mann in ihnen gegen feindliche Angriffe bequem verschanzen können. Man gewinnt sofort den Eindruck, dass die mandschurische Bahn viel sorgfältiger als die west- und mittelsibirische gebaut ist. Schienen, Schwellen und Dämme sind aus besserem Material angefertigt als in jenen Gegenden. Das Bild der Steppe ist durchaus nicht eintönig wegen der wechselnden und oft prächtigen Beleuchtung, die sich vom Sonnenaufgang bis zum Abend auf ihr abspielt und immer neue Bilder an uns vorbeiziehen lässt.

Das Wilde und Ursprüngliche der Gegend, das sich alle paar Stunden merklich steigert, hat sogar etwas ungemein Spannendes. Eine halbe Stunde rast ein wildes Pferd mit flatternder Mähne, sodass es den Boden kaum zu berühren und durch die Luft zu schweben scheint, an unserem Zuge einher, bis es von einem russischen Soldaten eingefangen wird. Ein Zug Kamele trabt an uns vorüber, und auf jedem von ihnen sitzt zwischen den beiden Höckern ein Mann mit roter Bluse und hohen schwarzen Stiefeln, ein Symbol der Herrschaft, welche der russische Bär über diesen Teil von China für alle Zeiten auszuüben gedenkt.

Die Zahl der Kulis wird immer größer. Scheu und neugierig halten sie sich in der Nähe des Zuges auf, und wenn einer von den Passagieren sie in seinem fotografischen Apparat einfangen will, lassen sie sich gutmütig zu einer Gruppe zusammentreiben.

Wir haben schon die zwölfte Station hinter Mandschuria hinter uns, und überall wiederholt sich das Bild rastloser Arbeit, die massive Gebäude und kleine Forts an Stelle der leicht gezimmerten Holzhäuser auf dem früheren Teil der sibirischen Bahn entstehen lässt. Noch sieht man die Höhlen, die aus der Erde geschaufelt wurden und in der ersten Zeit, als die Bahn gebaut wurde, den Kulis und Soldaten zur Wohnung dienten.

Jetzt stehen die Kosaken mit aufgepflanztem Gewehr auf den Wassertürmen, den Dächern, den Anhöhen und überall sonst, so sich ein Ausgangspunkt findet, und beobachten jede Bewegung in der Ferne. Sie geben untereinander Signale, am Tage mit Fahnen, in der Nacht dadurch, dass sie ein mit Pech getränktes Stück Werg, das um eine Stange gewickelt ist, anzünden. Kleinere und größere Trupps von Soldaten lassen sich jeden Augenblick zusammenstellen, wenn Hilfe nottut, ein Überfall erfolgen sollte oder eine Strafexpedition beabsichtigt wird. Originell wirkt der Anblick des ersten Stationsgebäudes, das im chinesischen Stil ausgeführt ist, wovon wir später noch zahlreiche weitere Proben bekommen sollten.

Der Verkehr steigert sich auf dieser Bahn so überraschend, dass man den Russen andere Räume zur Verfügung stellen muss als den Chinesen, deren Ausdünstung, namentlich wenn sie in größerer Zahl versammelt sind, auch von Leuten ohne feinere Geruchsnerven unangenehm empfunden wird.

In Irekte wird eine zweite Lokomotive vor unseren Zug gespannt, da wir die Höhe des Chingangebirges zu ersteigen haben. Die sonst so einsame Gegend wird plötzlich von tausenden von Menschen belebt. Unter unaufhörlichem Keuchen beginnen die beiden Maschinen unseren Zug auf drei Kehrwegen auf das Chingangebirge eintausend Meter hoch hinaufzuschleppen. Das Terrain setzt sich aus Strecken voll schroff aufragenden Gesteins, das unmittelbar vor unserem Zug herabzustürzen droht, und freundlichen, breiten Tälern zusammen.

Hirten, die hinter ihren Kühen und Lämmern zu Pferde traben, Kulis, die in Erdhütten wohnen und sich mit rauchgeschwärzten Gesichtern aus Reisig unter einem Kessel Feuer machen, Arbeiter, die zwischen den stehen gebliebenen Spitzen des ausgestochenen Erdreiches wie die Katzen lagern und zu dem Zuge emporblicken, treten uns in immer dichteren Scharen vor die Augen. Dazwischen sind große Werkstätten und elektrische Anlagen angebracht.

Auf der kleinen Station, die sich auf der Höhe des Gebirges befindet und von wo wir ebenfalls in drei Kehren in südlicher Richtung abwärts gleiten, erscheint ein elegant aussehender Mann, der mit seinem geistvoll energischen Gesicht und seinem schwarzen Vollbart eine auffallende Ähnlichkeit mit meinem alten Freunde, dem Maler Wereschtschagin hat, wie er vor zwanzig Jahren aussah. Es ist der Ingenieur Botscharow, dem man den Bau eines Tunnels durch dies Gebirge anvertraut hat und der damit noch vor Anbruch des Winters fertig zu werden hofft. So bequem der Zug die Anhöhen im Sommer und bei gutem Wetter erklimmt, so beschwerlich und bedenklich mag die Fahrt bei andauernden Regengüssen oder Schneewehen sein.

Botscharow erzählt mir von den Schwierigkeiten, die er überwinden musste, weil die Arbeiten im Winter oft unterbrochen werden mussten. Er befehligt ein kleines Heer von zehntausend Beamten, russischen Arbeitern und Kulis. Der Tunnel wird die Länge von drei Kilometern haben.

Dann geht die Reise wieder über weites Steppengebiet. Die chinesischen Stationsgebäude treten dabei immer zahlreicher und charakteristischer hervor. Sie sind bei den Fenstereinfassungen und auf den ausgezackten Dächern mit allerlei Ornamenten aus dem Reich der Mitte versehen. Auf dem First sitzt meistens eine Reihe von langgeschwänzten Affen oder gierig schnappenden Drachen, die aus Eisen ausgeführt sind und sich in dieser Umgebung sehr drollig ausnehmen. Am dritten Tage nach dem Betreten der chinesischen Grenze kommen wir nach Charbin, einer großen Station, wo der Zug über eine Stunde hält. Zuerst erblicken wir den Fluss Sungari mit einer eisernen Brücke, über welche unser Zug hinwegrollt. Am Ufer lassen zahlreiche Anlegestellen und Güterschuppen und die auf dem Wasser kreuzenden Dampfschiffe und Segelboote die Bedeutung dieses Punktes erkennen.

Wir fahren mit dem Zug einige Minuten weiter und halten dann in Neu-Charbin, einer jener aus dem Boden gestampften Städte, wie sie die russische Regierung in der Mandschurei überall ins Leben zu rufen sucht. Hier vereinigen sich die aus Dalny einlaufenden Züge mit denen, die aus Wladiwostok kommen, und der Verkehr schwillt an diesem Punkte von Jahr zu Jahr mehr an.

Zunächst ist man Zeuge eines tollen Jahrmarkttreibens, das sich in und vor dem hölzernen Stationsgebäude nach allen Richtungen bis zu den Gleisen der ein- und auslaufenden Züge abspielt.

Chinesen in allen möglichen Gestalten und Jahrgängen haben sich zum Schutze gegen die Sonne halb zerrissene moderne Strohhüte auf den Kopf gesetzt oder tragen Regenschirme mit geplatztem Gloriastoff und verbogenem Gestell. Andere drängen sich im Vorraum zum Wartesaal oder liegen zwischen den aufgestapelten Ballen auf der Erde. Inmitten der schreienden und rennenden Menschenmenge stehen ein paar persische Kaufleute in unerschütterlich würdevoller Haltung.

Die russischen Soldaten haben Mühe, die Ordnung aufrechtzuerhalten, und reden dabei die Sprache, die von den Kulis am besten und schnellsten verstanden wird. Sie versetzen ihnen abwechselnd einen Stoß ins Genick, geben ihnen eine Ohrfeige oder bearbeiten sie rückseitig mit der flachen Klinge, ohne dass sich die Opfer dieser schnellen Justiz gekränkt fühlen. Im Speisesaal teilen etwa dreißig Menschen ihre Kohlsuppe mit einer Armee von Fliegen, die trotz allen Fuchtelns und Wedelns nicht von den Tellern zu verscheuchen sind. Auf dem Rücken unserer Freunde schreiben wir Ansichtskarten, aber die Zeitungshändlerin, die sie feilhält, ist so unglaublich dumm und verschlafen, dass uns die Zeit, in der sie ihren Kasten öffnet und ihre Vorräte zeigt, eine Ewigkeit zu sein scheint.

Kurz bevor der Zug sich wieder in Bewegung setzt, gewahren wir auch zwei chinesische Polizeibeamte in roter Jacke, denen vorn auf der Brust in russischer und chinesischer Sprache die Bedeutung ihres Amtes schriftlich bestätigt wird. An einzelnen Stationen geben uns die Chinesen richtige Schaustellungen und führen so lange gymnastische Kunststücke aus, bis wir ihnen einige Kupfermünzen zuwerfen.

Immer wieder fallen die massiven Stationsgebäude mit Steinwänden von fünfundsiebzig Zentimeter Dicke auf, die wie kleine Festungen wirken und in Verbindung mit allem stehen, was man im Kriegsfalle nötig hat. Stallungen, Werkstätten für Waffen aller Art, Wächterhäuser kann man in kurzen Zwischenräumen beobachten. Die Kasernen mit den Truppen, die in immer größerer Anzahl nach dem Osten abgeschickt werden, liegen meistens so weit von den Stationen ab, dass man sie im Zuge nicht sieht.

Offiziell machen die Russen nur auf ein Gebiet von wenigen Werst zu beiden Seiten des Geleises als ihr Eigentum Anspruch, aber wenn sie mehr Land brauchen, wird sich niemand finden, der ihnen das verwehrt. In dem Wort »Räumung der Mandschurei« liegt in jedem Fall eine köstliche Ironie für jeden, der diese lange Reihe von Festungen und befestigten Anlagen auf der chinesischen Ostbahn von Mandschuria bis Dalny beobachtet hat. Im Laufe des Jahres hat die ganze Strecke eine völlig veränderte Physiognomie erhalten, und nun steht sie da als eine in Waffen starrende Heerstraße.

Man kann keinen Augenblick daran zweifeln, dass die Russen die Absicht haben, sich hier für alle Ewigkeit festzusetzen. Jede Werst zeigt die fieberhaft beschleunigten Vorbereitungen für die Möglichkeit eines Krieges.

Bei der Rückkehr begegneten wir innerhalb weniger Stunden fünf Militärzügen, von denen jeder aus einigen vierzig Waggons bestand und die alle in östlicher Richtung an uns vorbeifuhren.

Die Gegend hinter Charbin zeigt die Mandschurei in landwirtschaftlicher Beziehung in sehr vorteilhaftem Licht. Überall erkennt man an der schwarzen Erde die fruchtbare Beschaffenheit des Bodens. Tagelang fahren wir zwischen Feldern mit Weizen, Kartoffeln und Raps einher.

Einen Tag vor Dalny taucht zur Linken Mukden, die alte Hauptstadt der Mandschu-Dynastie, vor uns auf. Man unterscheidet aus der Entfernung eine altersgraue, verfallene Mauer, die sich weit hinzieht, und auf ihr sieben oder acht Wachttürme. Die Bahn schneidet einen großen chinesischen Kirchhof mittendurch. Zu beiden Seiten des Fahrdammes erblicken wir unzählige grün bewachsene Grabhügel, einzeln oder in Gruppen. Die Hügel sind aber nicht wie bei uns lang gestreckt und viereckig, sondern in der Form von Kugelabschnitten aufgeworfen, die einen kegelförmigen Aufsatz tragen und von einem niedrigen kreisförmigen Erdring umgeben sind.

Hier und da sitzen oder stehen auf den Gräbern chinesische Männer und Frauen vor offenen Särgen, während andere auf der gewundenen Straße von der Stadt her angelaufen kommen, um den eintreffenden Passagieren ihre Waren anzubieten. Auch in Mukden gleicht das Stationsgebäude mit allem, was sich darum gruppiert, einem kleinen Fort, bei dessen Anblick man über die wahren Absichten der Russen bei der Besetzung dieses Ländergebietes keinen Augenblick im Zweifel sein kann.

Auf der Station entwickelt sich ein buntes, rein chinesisches Leben und Treiben, in dem die Europäer, die Gendarmen, Bahnbeamte und Fahrgäste, fast verschwinden. Alte Frauen werfen sich auf die Erde und betteln um eine Gabe. Kranke strecken uns in Mitleid erregender Weise ihre verkrüppelten und wunden Glieder entgegen.

Kleine, behände Burschen bieten uns Töpfe mit frischer Milch, bemalte Fächer von geringem Wert, bunte Wedel, wie man sie zum Verscheuchen der Fliegen braucht oder den Pferden auf die Köpfe steckt, Zigaretten, die aus abscheulich riechendem Bauerntabak gedreht sind, Melonen, Bilder und Fotografien aller Art, weiße Mäuse, bemaltes Spielzeug und Holzschnitzereien an.

Ein paar vornehm in Seide gekleidete Mandarinfrauen, die diesem Treiben von weitem zuschauen, merken, dass sich die fotografischen Apparate auf sie richten, wenden sich zum Ausgang des Stationsgebäudes, setzen sich in ihre Wägelchen und entschwinden dem Dunstkreis der Europäer.

Wenn der Zug sich wieder in Bewegung setzt, rollen wir über große Brückenbauten hinweg, unter denen wir sumpfiges, ausgewaschenes Terrain und einen träge hinschleichenden Flussarm erblicken. Zum Schutz der Brücke gegen räuberische Überfälle oder Versuche, sie zu sprengen, sind Kasernen angelegt, und Kosakenpatrouillen sind Tag und Nacht in Bewegung, um die Gegend zu beobachten.

Noch ein halber Tag und wir sind in Daschizjao, wo ebenfalls eine atemlose Bautätigkeit entwickelt wird. Japanische Weiber sind damit beschäftigt, auf einem Neubau, den die Station erhält, sich gegenseitig Ziegelsteine zuzuwerfen, Kulis schleppen auf Karren oder Tragbahren schwere Granitblöcke herbei. Aus der Einrichtung des Speisesaales erkennt man, dass Daschizjao ein wichtiger Punkt der Strecke sein muss. In der Tat zweigt hier die Bahnlinie nach Inkau ab, von wo man die Reise nach Peking fortsetzen kann.

Sie ist vorläufig mit mancherlei Umständlichkeit verbunden, weil man in der Nähe von Niutschwang zuerst den Fluss Laokhe mit dem Dampfer befahren und dann in Shanghai-Kuan in einem Hotel mäßigen Ranges übernachten muss. Aber man bekommt am nächsten Morgen einen interessanten Teil der Chinesischen Mauer zu sehen und erreicht dann über Taku und Tientsin gegen Abend die Hauptstadt des chinesischen Reiches.

Wir verabschiedeten uns von den Gefährten, die nach Peking wollten, blieben in unserem Expresszug und erreichten am nächsten Morgen Dalny, die Endstation der sibirischen Bahn. Die vierundzwanzig Stunden Verspätung, die wir durch den Aufenthalt in Tscheljabinsk erlitten hatten, waren auf die Minute eingeholt, sodass wir die ganze Reise von Moskau nach dem Stillen Ozean anstatt in vierzehn bereits in dreizehn Fahrtagen zurückgelegt hatten. Der russische Kriegsminister Kuropatkin, dem wir auf der Rückreise von Japan mit seinem Extrazug unterwegs begegneten, hatte dazu sogar noch einen Tag weniger gebraucht.

Man kann daraus Schlüsse ziehen, wie sehr sich die Leistungsfähigkeit der sibirischen Bahn in Bezug auf Zahl und Schnelligkeit der Züge steigern muss, wenn man für sie ein zweites Geleise herstellt, was nur eine Frage der Zeit sein kann und auf kürzeren Strecken schon jetzt tatsächlich versucht wird.

Am Endpunkt der sibirischen Eisenbahn

Wer am vierzehnten Tage nach der Abfahrt von Moskau in früher Morgenstunde den Endpunkt der sibirischen Bahn in Dalny erreicht, hat eine Fülle origineller und beständig wechselnder Eindrücke in sich aufgenommen, alle nur denkbaren Unterschiede von Land und Leuten beobachtet und an dem frischen Leben, das aus der Erde sprießt, lebhaftes Interesse gewonnen.

Wie im Traum sind die Berge und Steppen, die Wälder, Flüsse und Seen, die Stationen, Städte, Niederlassungen und Fabriken, Volkstypen, wie Russen, Tungusen, Burjäten und Chinesen, in buntem Durcheinander an ihm vorbeigezogen. Wenn der Zug sich der Ostküste von Asien nähert und auf den Dämmen breite Wasserflächen überschreitet, ruft der Gedanke an den Stillen Ozean eine neue Reihe romantischer Vorstellungen hervor, die bis nach Amerika hinüberreichen. Unwillkürlich erwartet man beim Verlassen des Coupés irgendein wirkungsvolles Schlussbild, das die empfangenen Eindrücke zusammenfassen und krönen könnte.

In dieser Beziehung erlebt der Reisende aber zunächst eine schwere Enttäuschung. Gerade der Endpunkt der sibirischen Bahn macht vorläufig einen ganz unfertigen Eindruck. Hätte der Kondukteur uns nicht daran erinnert, dass wir bereits in Dalny sind, so wären wir auf unsern Plätzen ruhig sitzen geblieben. Nirgends war ein Bahnhof oder eine sonstige Einrichtung zu erblicken, die an einen Weltverkehr erinnert.

Unser prächtiger Zug machte in einer breiten Schlucht, die aus dem lehmigen Boden ausgegraben war, unter einem unansehnlichen Holzschuppen Halt. Mehrere Reihen von Geleisen und Wagen zogen sich zwischen der Böschung hin, hinter der die Stadt zunächst versteckt blieb. Als um die Mittagsstunde ein starker Regenguss herniederfiel, verwandelte sich die ganze Station in einen Tümpel, und die Räder des Zuges standen bis zu den Achsen im Wasser. Wo die Geleise aufhörten, erblickte man eine hölzerne Brücke, die über die Schlucht hinwegführte.

Wir ließen sie rechts liegen und gingen geradezu über eine hohe Treppe zu der neuen, von den Russen gegründeten Stadt Dalny, die einen wichtigen Stützpunkt ihrer Macht im östlichen Asien bilden soll.

Wir schritten durch eine schmale Straße, die sich bis zum Mittelpunkt der Stadt hinzieht und aus lauter kleinen, massiv gebauten Häusern mit hübschen Dächern, Vorgärten und Umfassungsmauern besteht. Nirgends war ein menschliches Wesen zu sehen oder ein Laut zu hören. Ohne die Kulis, die unser Gepäck trugen, hätten wir glauben müssen, in einer ausgestorbenen Stadt angelangt zu sein. Unser Weg führte uns auf einen großen Platz zum Hotel Dalny, das uns als das beste in der Stadt empfohlen worden war und mit seiner großen Veranda in der Tat einladend wirkte. Aber trotz der Depesche, die wir am Abend vorher abgeschickt hatten, meldete sich in dem Gasthaus keine Seele, um uns Zimmer anzuweisen. Der Wirt schlief noch und der Portier war irgendwo unterwegs. Wir ließen unsere Sachen im Korridor abladen und harrten der Dinge, die kommen würden. Endlich gelang es uns, einen Boy in der Küche beim Messerputzen abzufassen, der die bestimmte Versicherung gab, dass in dem Hotel kein Zimmer frei sei.

Das wurde uns bald darauf auch von dem Portier bestätigt, der mit seinem langen, weißen Bart und grauem Schlafrock zunächst wie ein Gespenst einherschlich, dann aber, als er sich mit den Kulis herumprügelte, bewies, dass er ein Paar recht gesunde und kräftige Arme besitze. Er begann auf der Veranda die Vögel zu füttern, während wir betrübt berieten, wo wir ein Unterkommen finden könnten, und dabei immer ängstlich nach den Koffern schielten, die ohne Bewachung in einem Winkel des Korridors aufgeschichtet waren. Wo unsere Depesche geblieben war, wusste kein Mensch zu sagen. In gedrückter Stimmung schlürften wir unseren Tee, den wir nach langem Warten erhalten hatten, und blickten auf den Platz hinaus, auf dem ein Kutscher mit seinem Pferdchen angetrabt kam und sich in der Mitte aufstellte, während die Haustüren noch sämtlich verschlossen blieben.

Zum Glück wirkte eine von unseren Empfehlungen so unmittelbar, dass wir wenigstens unsere Koffer bei einem guten Freunde meiner Reisebegleiter unterbringen, die Sorge um ein Hotelzimmer hinausschieben und daran denken konnten, uns die Stadt anzusehen, die in Russland gegenwärtig in aller Munde ist und diese Beachtung im Wesentlichen auch wirklich verdient.

Wenn man durch die Straßen von Dalny fährt, wird man lebhaft an die Art erinnert, wie in Amerika Städte gegründet werden. Auch dort überlässt man es nicht dem Zufall, wie und wo Menschen zusammenströmen, um ein Gemeinwesen zu begründen, sondern lockt sie zu bestimmten Punkten hin, deren Wichtigkeit man für das weitere Aufblühen der Gegend erkannt hat. Straßen werden angelegt, Häuser erbaut, alle Vorkehrungen für Beleuchtung und Kanalisation getroffen, nicht für die wenigen Bewohner, die bereits vorhanden sind, sondern für die vielen, die erst kommen sollen.

Als der Plan gebildet war, die sibirische Bahn in südlicher Richtung durch die Mandschurei zu führen, wurde die Bucht am Gelben Meere ins Auge gefasst, um an einem eisfreien Hafen einen neuen Mittelpunkt für Handel und Verkehr zu schaffen, das Erworbene zu sichern und zu mehren. Das Ministerium Witte, das für den Ausbau der sibirischen Bahn bereits tief in den Staatssäckel gegriffen hatte, wendete wiederum Millionen auf, um aus dem Nichts eine Stadt zu schaffen und von fern und nah, aus der Heimat und der Fremde Kräfte heranzuziehen, die sie mit den modernen Errungenschaften der Technik versehen konnten.

Wie mit einem scharfen Messerschnitt drang die Eisenbahn in die Küstengegend vor, wo die Bewohner der alten Chinesenstadt sich gleichgültig und feindselig gegen jede Neuerung verhalten hatten.

Wie Kinder aus einem Baukasten Klötze auswählen, sie neben- und aufeinander setzen und im Spiel ihrer Phantasie überlegen, ob nach der Vorlage eine Festungsmauer, ein Turm oder ein Palast herzustellen sei, so wurden am Stillen Ozean im Laufe von drei Jahren ein paar hundert Häuser nach demselben Modell erbaut und zu Wohnungen eingerichtet, die man den Ingenieuren und Beamten zur Verfügung stellte.

Monumentale Regierungsgebäude, Kirchen, Warenhäuser entstanden zu einer Zeit, als noch kein Bedürfnis für sie vorhanden war, nur um den spärlichen Bewohnern das Gefühl beizubringen, dass sie sich in keiner von der Kultur verlassenen Gegend niedergelassen haben. Dalny wurde bei dem chinesischen Dorf Talienwan am Ufer der Viktoria-Bucht angelegt. Der Name der Stadt ist nach dem russischen Eigenschaftswort für »fern«, »weit« gebildet worden, nachdem die Bezeichnung der »Ferne Osten«, »Dalny Wostok«, für die russischen Niederlassungen am Stillen Ozean bereits zu einer feststehenden Bezeichnung geworden war.

Unser erster Besuch galt den neuen Hafenanlagen, die von fieberhafter Tätigkeit zeugen und im größten Stil ausgeführt werden. Bei der Besichtigung der Elektrizitätswerke, die von der bekannten Firma Ganz & Co. in Budapest eingerichtet worden sind, erwies sich ein Vertreter dieser Firma, Oberingenieur Czuk, als ebenso sachverständiger wie gefälliger Führer.

Wir betraten die lang gestreckten Gebäude und betrachteten die darin aufgestellten Maschinen, die, von Kulis bedient, mit ihren

Rädern und Kurbeln in voller Tätigkeit waren. Die Werke liefern sowohl die Beleuchtung für die Stadt wie die Kraft für die Arbeiten in den Docks. Die Anlage der verschiedenen Gebäude und Schuppen wird von einem Schornstein beherrscht, der eine Höhe von sechzig Metern erreicht. Sowohl Witte wie der russische Kriegsminister Kuropatkin waren, als sie sich in diesem Jahre in Dalny aufhielten, von der Vortrefflichkeit der hier geschaffenen Einrichtungen überrascht und drückten den Ingenieuren ihre lebhafte Anerkennung über das aus, was in so kurzer Zeit erreicht worden war. Ein großes Trockendock naht sich seiner Vollendung, und zwei lange Molen ziehen sich weit ins Meer hinaus, auf dem wir in der Ferne mehrere japanische Kriegsschiffe erblickten. Sie hatten in den letzten Tag eifrig Vermessungen vorgenommen und dadurch allerlei Gerüchte über die kriegerischen Vorbereitungen des Inselvolkes hervorgerufen, dessen Haltung Russland gegenüber von Jahr zu Jahr immer herausfordernder wird. Mächtige eiserne Schuppen waren bereits errichtet, und unaufhörlich wurden Waren hin und her geschafft. Ein ganzes Heer von Kulis war gedungen, um die Erde auszustechen und die Ufer zu befestigen. Die Bucht wird durch eine Reihe abgestumpfter Bergkegel begrenzt, die mit der Umgebung des Baikalsees eine leichte Ähnlichkeit haben, nur dass sie niedriger erscheinen und weniger schroff zum Wasserspiegel abfallen.

Der Hauptteil der Stadt gruppiert sich um den Nikolaiplatz, von dem zehn Straßen strahlenförmig ausgehen. Durch die Verbindungen, die zwischen ihnen geschaffen sind, erhält der Stadtplan eine gewisse Ähnlichkeit mit dem Netz einer Spinne. In der Mitte des Platzes erhebt sich an hoch gelegener Stelle eine russische Kirche. Von den Gartenanlagen, die sie umgeben, hat man einen hübschen Blick auf einen anderen Teil des Hafens, dessen Bucht wellenförmig gegliedert ist. In der Mitte der Kirche stehen sich das Hotel Dalny, das Stadthaus und die Wohnung des Hauptingenieurs Sacharow gegenüber. Von diesem rührt der ganze Bebauungsplan für Dalny her, und durch seine Hand sind die Mittel gegangen, die für das Entstehen der Stadt aufgewendet wurden.

Sacharow lebt und fühlt sich dort wie ein kleiner Fürst, und seine Wohnung ist wie ein Palais mit allem nur denkbaren Komfort für seine und seiner Familie Bequemlichkeit wie für den Empfang von Gästen eingerichtet. Eine echt russische »breite Natur«, hat er es verstanden, sich nicht nur in seiner amtlichen Stellung, sondern auch durch persönlich empfehlenswerte Eigenschaften zum Mittelpunkt der Gesellschaft in der jungen Stadt zu machen. Die Feste, die er veranstaltet, dauern oft so lange, dass man ihn vor zwölf Uhr vormittags in seiner Ruhe nicht stören darf. Aber dann ist er für jedermann zu sprechen und voll von Ideen für die weitere Entwicklung seiner Schöpfung, auf welche die Augen von ganz Russland gerichtet sind.

Das Gebäude des Polizeimeisters, die Schule, das Krankenhaus, Warenhäuser, wie das von Kunst und Albers, und die Wohnungen der Ingenieure reihen sich daran. Obwohl sich der rote Ziegelbau bei all diesen Villen und Wohnhäusern wiederholt, die von einer mannshohen steinernen Mauer eingefasst sind, lässt sich doch nicht leugnen, dass das Bild der Stadt ein freundliches ist und an vielen Stellen hübsche perspektivische Wirkungen aufweist. Die gepflasterten Straßen, die breiten Bürgersteige und die Durchblicke, die man hat, lassen überall den Sinn für Zweckmäßigkeit und Ordnung erkennen. Während des Tages kann man allerdings minutenlang spazieren gehen, ohne einer Menschenseele zu begegnen. Auch mit der Sicherheit der Straßen ist es in der Nacht trotz der elektrischen Beleuchtung noch nicht sonderlich bestellt.

Die Wächter müssen durch klappernde Geräusche mit zwei Holzpflöcken zu erkennen geben, dass sie nicht eingeschlafen sind. Die böse Welt behauptet dagegen, dass die Diebe dadurch nur auf die

Stellen aufmerksam gemacht werden, wo niemand aufpasst, und sie ihrem Handwerk ungestört nachgehen können.

Während wir im Hotel Dalny unser zweites Frühstück einnahmen, strömte der Regen in solchen Massen hernieder, dass die weitere Besichtigung der Stadt vorläufig eingestellt werden musste.

Umso größer erschien uns die Sorge, wo unsere Reisegesellschaft mit ihren Koffern die Nacht zubringen sollte, da nirgends, so weit wir auch Umfrage hielten, ein Zimmer frei war. Unsere letzte Hoffnung, in einem Privathotel unterzukommen, das für durchreisende Beamte eingerichtet worden ist, scheiterte ebenfalls, da alle Räume darin besetzt waren. Es wurden nun die verschiedensten Pläne aufgeworfen, umgestoßen und wieder aufgenommen.

Drei von unseren Freunden erklärten, dass sie unter solchen Umständen sofort nach Port Arthur weiterfahren wollten. Aber sie erfuhren, dass die Hotelverhältnisse dort noch viel ungünstiger als in Dalny beschaffen seien. Außerdem wurde uns mitgeteilt, dass die Eisenbahnverbindung zwischen den beiden Städten auf mehrere Tage unterbrochen sei. Infolge des heftigen Regens hätten die steigenden Fluten einen Brückenpfeiler eingerissen, der erst wieder ausgebessert werden musste.

Nun besteht allerdings an den meisten Wochentagen auch eine Dampferverbindung zwischen Dalny und Port Arthur, aber weder durch telefonische Anfrage noch auf andere Weise ließ es sich feststellen, ob und wann ein Schiff dorthin abgeht. Deutsche und russische Kaufleute gesellten sich zu uns und trösteten uns damit, dass man sich in solchen Fällen mit Geduld wappnen und dem Zufall vertrauen müsse.

Nach zwei Stunden klärte sich das Wetter auf, und wir konnten die Besichtigung der Stadt fortsetzen. Wir kamen durch einen hübschen Park, der ebenfalls erst vor kurzem angelegt worden war und auf hügeligem Terrain eine Reihe angenehmer Spaziergänge sowie die Anfänge eines zoologischen Gartens enthält. Wir begaben uns dann über eine Holzbrücke zur Chinesenstadt und blickten in die Schlucht hinab, wo unser sibirischer Zug von mehreren Güterwaggons umgeben war.

In der unmittelbaren Nähe der Brücke soll ein großer Bahnhof errichtet werden, der schon längst ein unentbehrliches Bedürfnis ist. Das Modell, das wir zu sehen bekamen, lässt darauf schließen, dass man an die Ausführung eines Gebäudes mit großen Einfahrtshallen, Wartesälen und Gepäckräumen gehen will, wie man es sonst nur in größeren Städten findet. Auch daraus lässt sich erkennen, dass man eine gewaltige Steigerung im Verkehr auf dieser Strecke erwartet und ihr in jeder Weise rechtzeitig Rechnung tragen will.

Die Chinesenstadt machte uns mit einer Häufung von Unsauberkeit bekannt, wie wir sie kaum für möglich gehalten haben. Alle Buden waren geöffnet, und man konnte die Leute überall bei ihrer Arbeit und beim geschäftlichen Verkehr beobachten.

Der Barbier übte sein Handwerk sogar auf der Straße aus, indem er den Kopf seines langjährigen Kunden in die Waschschüssel tauchte und ihn mit Seife und Wasser, dann mit Kamm und Bürste tüchtig bearbeitete. Eine originelle Szene konnten wir im Laden einer Pfandleiherin beobachten, wo eine Chinesin eine keineswegs einwandfreie Bettdecke nach langen Unterhandlungen für fünfundsiebzig Kopeken versetzte.

Der Schmutz, der überall herrschte, hatte namentlich in den Bäckerläden und Garküchen, an denen wir vorbeikamen, etwas Abschreckendes, und der Geruch von angebranntem Fett stieg uns so widerwärtig in die Nase, dass wir die Zigarette im Munde überhaupt nicht mehr ausgehen ließen.

Bei der Rückkehr ins Hotel wurden wir durch die frohe Botschaft überrascht, dass infolge der plötzlichen Abreise eines Gastes nun doch ein Zimmer frei geworden sei. Gute Menschen, die von unserer Not gehört hatten, waren übrigens in ihrem Eifer zu weit gegangen und in der ganzen Stadt herumgelaufen, um uns zu helfen. Dabei wurden schließlich so viele Zimmer, wenn auch wenig empfehlenswerter Art, aufgetrieben, dass manche von uns drei zur Verfügung hatten und in Verlegenheit gerieten, wie sie den plötzlichen Überfluss nun wieder abschieben sollten. Ich entschloss mich, im Hotel Dalny zu bleiben, das keineswegs ein Ideal von Reinlichkeit darstellt, aber von seiner offenen Terrasse einen Ausblick auf den schönsten Teil der Stadt bietet und namentlich am Abend die Offiziere, Kaufleute und Ingenieure, die auf der sibirischen Bahn oder nach Port Arthur reisen wollen, bis in die späte Nacht zu fröhlicher Geselligkeit vereint.

Der folgende Tag war ein Sonntag. Wir hatten vor dem zweiten Frühstück ein Zusammentreffen im Jachtklub verabredet. Darunter ist ein kleines, freundliches Lokal zu verstehen, das unmittelbar hinter dem Hotel Dalny liegt und von diesem nur durch einen Garten getrennt ist. Es besteht aus einer großen Veranda, die sich, hinter Blumen versteckt, sehr einladend und lauschig ausnimmt, einem Saal, in dem sich ein Büfett befindet, und einem höher gelegenen Raum, der sich als Bühne benutzen lässt, für gewöhnlich aber als Lesezimmer verwendet wird. Die Mitglieder des Klubs bestehen aus den verschiedensten Elementen, aber es scheint, dass die Deutschen oder wenigstens die Deutsch Sprechenden und Verstehenden darin überwiegen. Man trifft sich dort täglich an der von Chinesen bedienten Bar, nimmt eine Erfrischung zu sich und unterhält sich über die Tagesereignisse von fern und nah. Gleichzeitig dient der Klub aber auch als eine Art Börse, wo sich Angebot und Nachfrage begegnen, die Kreditverhältnisse erörtert und geschäftliche Fragen aller Art besprochen werden.

Nach Tisch trifft man sich dann wieder und vereinigt sich zu einzelnen Gruppen, um eine Partie Karten oder Billard zu spielen. Der

Fremde trifft hier Persönlichkeiten aus allen Teilen Deutschlands, meistens jüngere Leute, die von einem romantischen Triebe nach Russland gelockt wurden, nach Sibirien und immer weiter nach dem Osten kamen, um endlich am Stillen Ozean ihr Glück zu versuchen.

Einige von ihnen sind voll Vertrauen, dass es ihnen im Lauf der Zeit gelingen werde, sich eine Lebensstellung zu schaffen und mit dem, was sie erworben und erfahren haben, weiter zu betätigen. Andere betrachten ihr Los als eine Verbannung und werden schon melancholisch, wenn man sie an die Heimat erinnert oder gar das Wort »Berlin« ausspricht.

Dennoch herrscht in diesen Kreisen ein unverkennbar frischer Geist, und wer Kraft und Geschick besitzt, mit seinem Lebensschiff auf den Wellen dieser jugendlich unruhigen, aber verheißungsvollen Entwicklung zu schwimmen, braucht nicht zu verzagen. Der schöne Sonntag hatte auch die holde Weiblichkeit aus den Häusern gelockt, und die Damen zeigten sich in ihren leichten Sommertoiletten zu Wagen und Pferd, auch wenn sie auf dem Zweirad an der Veranda vorbeieilten, von einer so liebenswürdigen Seite, dass man in keiner Weise den Eindruck kleinstädtischer Verhältnisse empfing. Neben dem Stadtpark existiert in Dalny auch noch ein Stadtgarten, der aus frisch gepflanzten Bäumen und Beeten nur eben erst angelegt ist. In dem Musikpavillon spielt am Nachmittag eine Kapelle, und was sehen oder gesehen werden will, findet sich hier zum Spaziergang ein.

Welche Rolle das deutsche Element in Dalny spielt, habe ich mehr als einmal erfahren, niemals aber deutlicher als in dem gemütlichen Heim des Ingenieurs Czerwinski, dessen Frau sich als eine geborene Magdeburgerin zu erkennen gab und ihre Wohnung, so weit es möglich war, ganz und gar im deutschen Geschmack eingerichtet hatte. Dies Haus zeichnete sich auch dadurch vor allen anderen

Wohnungen aus, dass es eine richtige deutsche Laube besaß, in der man, durch die Mauer gegen Staub und durch die herabhängenden Zweige gegen die Hitze geschützt, bei einem erfrischenden Labetrunk ganz vergessen konnte, eine so unendliche Strecke von der Heimat entfernt zu sein.

Die chinesische Amme unterschied sich in ihrem Äußern freilich wesentlich von ihren europäischen Genossinnen, aber an Geduld und Zärtlichkeit, die sie dem erst vor kurzem eingetroffenen Liebling des Hauses zuteil werden ließ, blieb sie hinter ihnen in keiner Weise zurück. Der Koch aus dem Reich der Mitte rückte allerdings mit einer unangenehmen Nachricht für die Hausfrau heraus, indem er erklärte, dass er morgen den Dienst verlassen müsse. Er wiederholte unter Tränen in dem Kauderwelsch, das sich die dortigen Dienstboten im Verkehr mit den Europäern angewöhnt haben, dass »Vater kaputt«, d. h. gestorben, und »Mutter ganz futsch«, d. h. verzweifelt sei, weshalb er durchaus nach Hause müsse.

Umso anmutiger und gemütlicher erschien uns dieses Heim, als die Hausfrau sich dadurch in keiner Weise um ihren guten Humor bringen ließ, sich eine Schürze vorband und im Handumdrehen selbst für die Gaben der Küche und des Kellers sorgte. Die Zeit verging uns in der Laube so schnell, dass bereits alle Sterne am Himmel funkelten und der Wächter seine klappernde Musik ausführte, als wir uns auf den Heimweg machten.

Ein Teil unserer Gesellschaft war bereits am vorausgegangenen Tage bei Sturm und Regen in einem unansehnlichen Schiff nach Port Arthur abgefahren. Nun beschlossen wir, diesem Beispiel ebenfalls zu folgen und uns zu diesem Zweck an Bord des russischen Dampfers »Nowik« zu begeben.

Aber es war wiederum unmöglich, bestimmte Angaben über die Abfahrtzeit zu erhalten. Auf gut Glück fuhren wir in einer Droschke auf holprigem Wege und durch aufgeweichtes Erdreich dem Hafen entgegen. Unterwegs konnte man wieder beobachten, welche Massen chinesischer Arbeiter in Dalny überall angestellt sind, um die Bauten in der Stadt und im Hafen so schnell als möglich zu vollenden. Wir erblickten sie dort in ganzen Scharen, wie sie unter lautem Geschrei, um ihre Kräfte gegenseitig anzuspornen, einen Wagen beluden, Lasten an Stricken herbeischleppten, Winden zogen oder bei den Erdarbeiten beschäftigt waren.

Wie in der Mandschurei bei dem Bau der sibirischen Eisenbahn, lassen sich auch bei Städtegründungen wie in Dalny und Port Arthur die chinesischen Kulis gar nicht entbehren. Sie sind kräftig gebaut, willig und so anspruchslos, dass sie außer dem Topf Reis, den sie erhalten, von den Unternehmern kaum höher als mit zwanzig oder fünfundzwanzig Pfennigen nach unserem Gelde für den Tag bezahlt werden.

Handelt es sich um andere Hilfeleistungen, so können die Dienstfertigkeit und Unwissenheit dieser Burschen die Reisenden allerdings zuweilen zur Verzweiflung bringen. Als wir etwa zehn Minuten vor der Anlegestelle des Dampfers unsere Droschke verließen und zu Fuß weitergingen, um die Pferde auf dem schlechten Wege nicht zu schinden, stürzte sich gleichzeitig ein volles Dutzend dieser braunen Kerle auf unsere Koffer. Wie die Besessenen packten immer zwei bis drei dasselbe Gepäckstück an den Handgriffen, um es sich gegenseitig zu entreißen, sodass wir fürchteten, unsere Reiseausrüstung in lauter Fetzen verwandelt zu sehen. Kräftige Zurufe, Ermahnungen und Drohungen nützten nicht das Mindeste, und das Geraufe nahm einen immer tolleren Charakter an, bis der Kutscher mit der Peitsche wie in einen Haufen bissiger Hunde hineinschlug und uns auf diese Weise vor weiteren Zudringlichkeiten und Belästigungen schützte.

Der Dampfer, mit dem wir von Dalny nach Port Arthur fahren, bleibt in geringer Entfernung von der Küste, und die vier Stunden, die wir an Bord verbringen, vergehen uns ebenso schnell wie angenehm. Zunächst trägt der klare, sonnige Vormittag, der alles mit Licht und Farbe umgibt, dazu bei, uns in gute Laune zu versetzen. Unter den Passagieren tauchen mehrere bekannte Gesichter auf, und es entwickelt sich schnell eine ungezwungene Unterhaltung über die neuen Eindrücke, die wir empfangen haben und alsbald in überraschender Weise vervollständigen sollen. In dem kleinen, aber behaglich eingerichteten Speisesalon hat der Kapitän für ein echt russisches Frühstück Sorge getragen, das sich von der lieblosen Abfütterung in den Hotels und Restaurants von Dalny in angenehmer Weise unterscheidet.

Es gibt eine richtige »Sakuska« mit Schinken, Hering, Oliven, Salaten und dem unvermeidlichen Schnäpschen sowie eine Anzahl sauber und appetitlich zubereiteter Schüsseln.

Die Küste wird durch eine Reihe von Bergen gebildet, die schwach bewaldet sind und schroff zum Ufer abfallen. Unter ihnen erhebt sich der Samson zu der stattlichen Höhe von zweitausend Fuß. Er bleibt während der Fahrt für längere Zeit hindurch sichtbar, verschwindet hierauf eine Weile, taucht dann aber in der Ferne zwischen breiten Felsenspalten als bläulich schimmernder Kegel wieder auf.

Von der Eisenbahn, die beide Städte miteinander verbindet, erblickt man nichts, da sich die Strecke auf der andern Seite der Berge durchs Land hinzieht. Eine Gruppe russischer Beamter und Kaufleute nimmt mit ihren Damen das Frühstück auf dem Promenadendeck ein. Alles ist fröhlich und redselig wie bei einem Eroberungszuge in fremdes Land, das man bereits in der Tasche zu haben glaubt. Soll sich Dalny zu einem neuen Mittelpunkt des Handels entwickeln, zu einem russischen Schanghai, mit dem man das Weltmeer zu beherrschen hofft, so hat Port Arthur die Aufgabe, als starke Festung die junge Schöpfung zu schützen und im Fall eines

Krieges den Feinden die Zähne zu zeigen. So greifen die Interessen der beiden Städte unmittelbar ineinander über, und wer in der einen zu tun hat, muss auch die andere im Auge behalten.

Die Namen von bekannten Offizieren, Beamten, Kaufleuten fliegen im Gespräch hin und her. Man rühmt und verurteilt die Dinge je nach dem Verhältnis, in dem man zu ihnen steht. Allerlei Gerüchte und Klatsch schießen umso üppiger ins Kraut, als die Zeitungen sich nur auf kümmerliche Nachrichten über das, was vorgefallen oder zu erwarten ist, beschränken.

Aber die ruhige Meerfahrt mit den romantischen Küstenbildern, die dabei an den Passagieren vorbeiziehen, nimmt bald ein Ende.

Noch bevor wir Port Arthur erreichen, drängen sich die Bilder rastloser menschlicher Tätigkeit an uns heran. Die ersten Kriegsschiffe werden am Horizont sichtbar und erinnern uns an die Bestimmung, welcher der Hafen dienen soll. Die Höhen an der Küste ragen immer schroffer empor, und wir erkennen schon von weitem, dass sie stark befestigt sind. Immer dickere Rauchwolken wirbeln aus den stählernen Meerkolossen hervor, deren Zahl, je mehr wir an den Hafen herankommen, beständig größer wird. Wir nähern uns noch immer mehr dem Ufer und können bereits jedes Kastell, Waffenlager sowie die Militärposten, die aufgestellt sind, genau unterscheiden. Unser Schiff steuert einem Berg entgegen, der zunächst als eine geschlossene Mauer erscheint, sich aber alsbald teilt und in der Mitte eine schmale Einfahrtstraße zeigt.

Zwischen hohen Bergkegeln, die von Festungswerken bedeckt sind, fahren wir ganz langsam in eine Bucht hinein. Alles greift zu den Operngläsern, um Einzelheiten auf dem Wasser und auf den Höhen zu unterscheiden. Namentlich die russischen Offiziere werden ganz kribbelig vor Begeisterung über die Anlage dieser Küstenfestung, die sie uns auf einer Karte und durch Fingerzeige eingehend erklären, um uns den Glauben beizubringen, dass hier, im äußersten Osten Asiens, ein uneinnehmbarer Konzentrationspunkt der russischen Macht geschaffen sei.

Die Bucht von Port Arthur, in die unser Schiff hineinfährt, hat ungefähr die Form eines Eies und ist, seitdem Russland von diesem Gebiete Besitz ergriffen hat, zum Schauplatz für eine kaum zu entwirrende und auf das Äußerste angespannte Tätigkeit und Unternehmungslust geworden.

Von den Höhen der Berge, die Böschungen hinunter bis zum Ufer des Hafens, und vor allem auf dem Wasser selbst erblickt man ein ameisenartiges Gewimmel von Menschen, Fuhrwerken, Maschinen, Schuppen, Lagerräumen und Schiffen, hört man das Rasseln von Ketten, das Dröhnen von Lasten, das Geschrei von unzähligen Menschen, die sich vorwärts und durcheinander drängen. Die Luft ist aus Nebel, Ruß und Wasserdampf zusammengeballt und verschmilzt mit der Umgebung zu einer einzigen schmutzigen Masse. Langsam arbeitet sich unser Dampfer zwischen den übrigen Schiffen bis zur Haltestelle vorwärts, während unzählige Kulis sich, laut rufend und mit den Armen um sich schlagend, auf Booten und Flößen um uns gruppieren.

Am Ufer sind mächtige Kohlenlager aufgeschüttet, neben denen sich Buden für die Arbeiter mit eingefallenen Dächern und zerbrochenen Fenstern erheben. Aus dem Schlamm und der Verfallenheit des Chinesentums sucht sich modernes Leben überall unter großen Anstrengungen emporzuarbeiten. Altes und Neues hängt vorläufig noch unorganisch miteinander zusammen. Man gewinnt keinen klaren Überblick, wie sich die Kräfte im Einzelnen verteilen und einsetzen, sondern ahnt nur das vorwärts drängende Werden, das die toten Schalen abwirft, um den lebendigen Kern herauszufinden.

Über die Landungsbrücke kommt man zu einer ungepflasterten Straße, wo man vor Staub und Schmutz nur schwer vorwärts gelangt und sich niemand findet, der Rede und Antwort stehen kann.

Die Droschken sind alle besetzt, und auch die letzten Rikschas jagen mit den braunen Jungen, die sie ziehen und schieben, an uns vorbei. Nachdem wir zwischen Wagen und Lastträgern, neben Löchern und Abstürzen eine Weile mehr gestolpert als gegangen sind, erkennen wir, dass sich in dieser Richtung die Chinesenstadt befindet. Wir aber wollen die neue Gründung der Russen kennen lernen und gehen, vor Hitze keuchend, den Weg wieder zurück. An der Landungsbrücke finden wir endlich eine mitleidige Seele, die uns auf die rechte Spur verhilft.

Wir kommen zu einer langen, hölzernen Brücke und werden dabei fast von einer eleganten Equipage überfahren, in welcher ein mit Orden geschmückter Offizier mit einer Dame sitzt, während zwei Kosaken ihm voransprengen. Wir lassen den Bahnhof, von dem die Züge nach Dalny abgehen, rechts liegen und schieben uns ermattet vorwärts, bis es uns endlich gelingt, einer unbesetzten Droschke habhaft zu werden. Wir lassen uns nach dem Hotel Nikobadze fahren, geben dort Handtasche und Überrock ab und erteilen dem Kutscher die Weisung, uns die Stadt zu zeigen.

Port Arthur sieht man auf einem schräg abfallenden Terrain, das an drei Seiten von Bergen eingeschlossen ist und an der vierten mit einer lang gestreckten Uferstraße die Bucht berührt, an zahllosen Stellen als Stadt aus der Erde herauswachsen.

Die Lage entfaltet einen nicht gewöhnlichen, malerischen Reiz, denn auf der gegenüberliegenden Seite der Bucht erheben sich aus breiten Taleinschnitten die Berge ebenfalls zu ansehnlicher Höhe. So weit man um sich blicken kann, sind all diese Bergspitzen mit Forts und befestigten Lagern bedeckt. Der Kutscher macht uns mit unverkennbarem Selbstgefühl darauf aufmerksam, dass an einzelnen dieser Punkte bis zu elfhundert Mann zusammengezogen seien.

Ob diese Angaben im Einzelnen stimmen, lässt sich natürlich nicht entscheiden. Sicher ist aber, dass bei dieser Gründung von

Port Arthur alles in Waffen starrt, als ob eine große kriegerische Entscheidung bereits vor der Tür stehe. Innerhalb dieses Rahmens von Befestigungen, der sich in weitem Umkreis über die Berge hinzieht, gehen die Arbeiten zum Ausbau der Stadt in einem Tempo vor sich, bei dem man das Gefühl hat, als ob jeder ungenützte Tag einen schwer einzubringenden Verlust bedeute.

Was nicht befestigt werden konnte, wird abgetragen, um Platz und Material für Neubauten zu gewinnen. Ganze Straßenzüge bestehen nur aus Gerüsten, und neben den bereits fertig gestellten Häusern schießen die noch im Bau begriffenen wie Pilze aus der Erde. Neben einem Palais ziehen sich Gräben und Pfützen hin. Gefällig tritt aus diesem wüsten Durcheinander von Neugeschaffenem und Halbfertigem das Gebäude der Militärverwaltung hervor. Nicht weit davon hat sich ein Baumeister eine Villa im modernsten Sezessionsstil errichtet.

In imponierender Weise hat sich auch das Warenhaus von Kunst und Albers zur Geltung zu bringen gewusst.

Jeder, der sich im Osten von Sibirien aufgehalten hat, weiß, welchen guten Klang diese Firma für Einheimische und Fremde besitzt und wie viel Anerkennung der Unternehmungsgeist verdient, aus dem sie vor vier Jahrzehnten hervorgegangen ist, um sich seitdem zu immer größerer Bedeutung zu entwickeln.

In Gegenden, wo die europäische Kultur die ersten Furchen zu ziehen begann, gelang es zwei Hamburger Kaufleuten, an der ostasiatischen Küste ein Geschäft zu begründen, das sich nicht damit begnügte, einzelne Bedarfsartikel zu führen, sondern alles zum Leben Notwendige zu einem Basar zusammenstellte und zum Verkauf anbot. Bei Kunst und Albers findet man schlechterdings alles, was man in der Häuslichkeit täglich braucht oder was zum unentbehrlichen Luxus gehört, und die feilgebotenen Artikel entsprechen vom einfachsten bis zum besten Gegenstand jeder denkbaren Preislage.

Die Firma übernimmt aber auch die Lieferung von Maschinen, den Transport von Waren in entfernte Gegenden, den Verkauf von Billetts für die Dampfer sowie Bankgeschäfte und Versicherungen verschiedener Art. Die Firma unterhält ihre Zentrale in Wladiwostok, hat aber ihre Tätigkeit derartig erweitert, dass sie gegenwärtig Filialen in allen größeren Städten Sibiriens und der Mandschurei besitzt.

Wir finden sie in Blagowjeschtschensk, Chabarowsk, Nikolajewsk am Amur, Dalny und nun auch in Port Arthur, wo sie gleichzeitig zwei mächtige Gebäude hat entstehen lassen.

Während das eine als Warenhaus dient, enthält das andere Wohnungen und Erholungsräume für die Angestellten der Firma, die darin volle Verpflegung sowie in einem Klub gesellschaftlichen Anschluss finden. Die frische Jugend, die sich in Sibirien eine Existenz schaffen will, besitzt in sich nicht immer den nötigen Halt, um nach getaner Arbeit öden und wüsten Vergnügungen fern zu bleiben, an denen sich viele aus Mangel an geistiger Anregung nur zu leicht betäuben. Umso rühmenswerter ist es, dass bei Kunst und Albers für die Angestellten auch in dieser Beziehung zweckmäßig gesorgt wird.

Die Firma hält außerdem darauf, dass Fremde, selbst wenn sie ohne Empfehlungen nach Sibirien kommen, von ihren Filialen niemals vergeblich Rat und Unterstützung erbitten. Der jetzige Chef des Hauses, A. Datton, der russischer Kommerzienrat und deutscher Konsularagent ist, erfreut sich wegen seiner umsichtigen Geschäftsführung und seines liebenswürdigen persönlichen Auftretens allgemeiner Beliebtheit, selbst in den Kreisen, wo man es versucht hat, Geschäfte nach ähnlichen Grundsätzen ins Leben zu rufen.

Für die seltsamen Zustände, die gegenwärtig in Port Arthur herrschen, während der Hafen ausgebaut und die Stadt aus der Erde gestampft wird, ist es schwer, ein charakteristisches Bild zu finden. Neben moderner Eleganz, die gern an die Gewohnheiten großer

Städte erinnern möchte, entdeckt man grenzenlos barbarische Zustände wie in einer Wildnis.

Auf dem Boulevard am Hafen erblickt man vornehme Equipagen, und in die Kissen des Coupés lehnen sich Damen zurück, die sich in ihrer Toilette und dem Schick ihres Auftretens nach dem Leben in europäischen Millionenstädten richten.

Wird man in die Klubs eingeführt, so würde es gegen den guten Ton verstoßen, wenn man bei einer Einladung zum Diner anders als im Frack erscheinen wollte.

Die Offiziere, Beamte und Kaufleute legen Wert darauf, auch in Äußerlichkeiten zu zeigen, dass sie leben und leben lassen. Das schnell Erworbene muss mit vollen Händen wieder ausgegeben werden, wenn man sich im gesellschaftlichen Leben behaupten will.

Dabei müssen unternehmende Leute, die Geschäfte im großen Stil abschließen, sich oft mit elenden und schmutzigen Löchern begnügen, weil es überall an geeigneten Wohnungen fehlt. Ein Fremder, der nicht mit Empfehlungen nach Port Arthur kommt, ist ernstlich von der Gefahr bedroht, sein Nachtquartier in einem unbeschreiblichen Loch aufzuschlagen, wenn er nicht auf der Straße liegen will.

Meine Freunde, die einen Tag vor mir dorthin gefahren waren und zum Unglück erst spätabends ankamen, wussten davon ein Lied zu erzählen. Sie hatten sich die Adresse eines Herrn aufgeschrieben, der ihnen ein Unterkommen besorgen wollte, waren aber der russischen Sprache nicht mächtig und daher außerstande, sich mit dem Kutscher zu verständigen. Einer von ihnen hatte sich außerdem bei der Reise auf der sibirischen Bahn zu einem wahren Pechvogel entwickelt und war infolgedessen beständig von der Sorge erfüllt, dass er von einer neuen unangenehmen Überraschung verfolgt werden könnte.

Er hatte unvorsichtigerweise seinen großen Reisekoffer nicht nach Moskau mitgenommen, sondern ihn als Eilgut, wie er meinte, frühzeitig genug, dorthin vorausgeschickt. Zum Unglück war die Sendung jedoch in seiner Heimat Ungarn infolge einer Verkehrsstockung auf der Eisenbahn aufgehalten worden und in Moskau noch nicht eingetroffen, als der sibirische Zug abging. Unterwegs war es trotz mehrerer Eildepeschen nicht möglich, festzustellen, wo sich der Koffer befand, ob er irgendwo liegen geblieben oder von dem darauf folgenden Expresszuge mitgenommen war. Weder in Irkutsk noch in Mandschuria, weder in Charbin noch auch in Dalny war eine Antwort eingetroffen, die unseren Freund aus dem quälenden Gefühl der Ungewissheit über den Verbleib seiner Habe hätte befreien können.

Auf einer Station allein zurückbleiben, um Näheres abzuwarten, wollte er ebenfalls nicht, da er mit seinen Reisegefährten eine Fahrt um die Welt verabredet hatte. So tröstete er sich mit der Hoffnung, dass der Koffer hinter ihm herjagen und ihn vielleicht in Tientsin erreichen würde, wo der erste längere Aufenthalt genommen werden sollte. Inzwischen waren ihm während der sibirischen Reise allerlei Gegenstände, die man unterwegs ungern entbehrt, wie er sagt, »in Verstoß geraten«. Den Anfang machten sein Baedeker und seine Füllfeder, die schon vor dem Baikalsee auf Nimmerwiedersehen verschwanden. Als wir durch die Mandschurei fuhren und in später Abendstunde einen Spaziergang auf der Station machten, verlor er beim Bücken aus dem Reisejackett seine Brieftasche mit dreihundert Rubel.

Das Schlimmste sollte ihm aber in Port Arthur begegnen, als er in der Nacht auf dem spärlich beleuchteten Dampfer seine Sachen zusammensuchte und die Kulis sich um ihn drängten, um sie ans Land zu schaffen. Bei dieser Gelegenheit kam er sogar um seine Handtasche, in der wichtige Schriftstücke enthalten waren. Die Polizei wurde sofort in Bewegung gesetzt, aber natürlich ohne den geringsten Erfolg.

Hierzu kam, dass er mit seiner Reisegesellschaft erst nach langem Hinundherfahren, als die Uhr bereits Mitternacht schlug, die Wohnung seines Gastfreundes erreichte. Sie bestand in nichts anderem als einem Schuppen, und die Stelle von Betten nahmen ein paar Matratzen ein. Diese mussten erst zusammengesucht werden, nachdem der Hauswirt seinen eigenen Sohn von seinem Lager aufgescheucht und ihn gebeten hatte, den fremden Gästen Platz zu machen. Sie schilderten später in komischer Verzweiflung, wie sie vor Hunger kaum Schlaf finden konnten, da sie als Mundvorrat weiter nichts als ein paar Stücke Schokolade bei sich führten.

Man könnte die Frage aufwerfen, weshalb die Russen in der Mandschurei unter so gewaltigen Opfern zwei Städte wie Dalny und Port Arthur gründen, während sie in Wladiwostok am Stillen Ozean bereits einen Kriegs und Handelshafen besitzen und bis vor kurzem alles getan haben, um ihn zu lebenskräftiger Entwicklung zu bringen.

Die »Beherrscherin des Ostens«, wie diese Stadt von den Russen mit so großem Stolz genannt wird, erstreckt sich über sieben Kilometer lang an den Abhängen von Bergen hin, die von der Nord- und Westseite eine Bucht des Japanischen Meeres, das »goldene Horn«, malerisch umgeben.

Man hat nicht umsonst diese Bezeichnung für den Meerbusen gewählt, an dem die Stadt vor dreiundvierzig Jahren begründet wurde. Russland suchte aus seinem ungeheuren Ländergebiet einen Weg zum Weltverkehr auf dem Wasser und schuf sich, neuntausend Kilometer von Petersburg, an den Ufern des Stillen Ozeans einen Ersatz für den Weg zum Mittelmeer, der durch Konstantinopel versperrt ist.

Der Hafen von Wladiwostok ist über sechs Kilometer breit. Er ist so tief und ruhig, dass auch die größten Schiffe dort einfahren und vor Anker gehen können. Erwartete man hier einerseits eine lebhafte Ein- und Ausfuhr von Waren aller Nationen, so wurden anderseits die Höhen der Bucht mit Forts und Batterien befestigt, um bei kriegerischen Verwicklungen diesen Besitzstand verteidigen zu können.

Wie großen Hoffnungen man sich noch vor wenigen Jahren hingab, beweist das in Form einer Pyramide ausgeführte Denkmal, das dem Admiral Newelskij, dem Begründer der russischen Macht im östlichen Asien, 1897 errichtet wurde. Auf dem Monument liest man die Worte, die einst Kaiser Nikolai im Hinblick auf die Entwicklung der Dinge in Asien gebrauchte: »Wo einmal die russische Flagge aufgezogen ist, da soll sie nicht wieder sinken.« In Wladiwostok sollte auch wissenschaftliches Leben erblühen. Im Jahre 1898 wurde das orientalische Seminar für das Erlernen der Sprachen, die in jenen Gegenden verbreitet sind, errichtet, während das Museum als Sammelstätte für alles dient, was im Gebiet des Amur erforscht und gefunden worden ist.

Fünfunddreißig Jahre hindurch blieb die Stadt, die gegenwärtig 29 000 Einwohner, darunter viele Deutsche, zählt, Freihafen, und der Gedanke, der ihrer Begründung zugrunde lag, schien sich als ein in jeder Beziehung glücklicher zu erweisen.

Seitdem ist aber Wladiwostok in seiner das Meer beherrschenden Stellung immer mehr bedroht worden und in seiner Bedeutung zurückgegangen. Man erkannte, dass die klimatischen Verhältnisse, die dort bestehen, den Interessen des Friedens wie des Krieges keinen geringen Widerstand entgegensetzen. Die Stadt liegt, wie man sich auf der Landkarte leicht überzeugen kann, auf demselben Breitengrad wie Venedig. Trotzdem ist das Wetter dort rau und der Winter lang und streng. Vom Anfang Dezember bis Ende März ist die ganze Bucht mit Eis bedeckt.

Seit ungefähr zehn Jahren hat man sich allerdings mit Eisbrechern zu helfen gewusst, die wenigstens auf dem Wege vom Japanischen Meer zur Stadt eine Fahrstraße für die Schiffe beständig offen halten. Aber schon die Aufhebung des Freihafens beim Beginn des Jahres 1901 bedeutete für Wladiwostok einen schweren Schlag, und als die Fortsetzung der sibirischen Bahn durch die Mandschurei gebaut wurde, schien das Schicksal der Stadt besiegelt zu sein. Der Endpunkt des gewaltigen Schienenstranges, der Asien durchschneidet, wurde nicht dorthin, sondern plötzlich nach den Küsten des Gelben Meeres verlegt und die Rolle, welche die Stadt so lange im Osten Asiens gespielt hatte, an Dalny und Port Arthur verteilt.

Der ganze Verkehr wurde vom Norden gewaltsam nach dem Süden abgelenkt, und damit ging Hand in Hand die Begründung der beiden Städte, die man für die Fortführung der erfolgreichen Politik Russlands für unentbehrlich hielt.

Den Abend bringen wir in Port Arthur auf der schönen großen Terrasse zu, in welche das Dach des Hotels Nikobadze umgewandelt ist. Man sitzt an kleinen Tischen unter aufgespannten Zelten, die gegen die vom Hafen herüberwehende Brise schützen, während wir uns gleichzeitig nach dem heißen Augusttage an der wohltuenden Kühlung in freier Luft erquicken. Von allen Seiten hörte man den Ruf »Tschelowjäk!« (Kellner) und die sich gleich bleibende Antwort »Sseitschass!« (Sogleich!), was aber nicht hindert, dass man auf Speisen und Getränke unter Umständen eine halbe Stunde warten muss.

Man sitzt in völlig internationaler Gesellschaft, und je später es wird, desto lustiger knallen die Pfropfen aus den Champagnerflaschen.

Vor uns liegen Stadt und Hafen in tiefem Dunkel, aus dem nur einzelne Lichter aufblitzen, aber der klare Himmel spendet uns mit seinem Sternenglanz die wirkungsvolle Beleuchtung. Allmählich gewöhnt sich das Auge daran, in der Umgebung bestimmte Umrisse zu erkennen, die im ersten Augenblick undeutlich verschwammen.

Uns zur Linken, dort, wo die großen Kriegs- und Handelsschiffe liegen, qualmen dicke Rauchwolken empor. Auf der gegenüberliegenden Seite der Bucht, am Fuße der Berge, huschen elektrische Lichter hin und her. Wir hören lautes Hurrarufen und Kanonenschüsse von Nachtmanövern, die dort abgehalten werden. Außerdem soll soeben eine größere Abteilung Soldaten in das Innere des Landes abgeschickt worden sein, um mit chinesischen Arbeitern, die Hacke und Spaten weggeworfen und sich zusammengerottet haben, ein deutliches Wort zu reden.

Jetzt erkennen wir auch auf den Höhen der Berge die Lichter von den Forts und können weit besser als am Tage unterscheiden, welcher gewaltige kriegerische Apparat hier überall, wohin auch das Auge schweift, aufgeboten worden ist. Man hat das Gefühl, in einem Feldlager zu sein, wo jeden Augenblick ein Alarmsignal ertönen und alles zu den Waffen rufen kann. Immer neue Gäste kommen vor das Hotel vorgefahren, zum Teil in Begleitung von Halbdamen, die den Ton der Unterhaltung noch leichter stimmen und die allgemeine Lustigkeit weiter steigern.

In die köstliche Sommernacht, die uns umgibt, tragen die Menschen eine seltsame gemischte Atmosphäre von Kultur und Barbarei, von Parfüm und Schmutz hinein. Man könnte meinen, nacheinander Champagner und Kwas zu trinken. Aber sowohl Port Arthur wie Dalny sind neugeborene Kinder, über welche ihre Väter mit sorgender Liebe wachen, von denen aber niemand mit Bestimmtheit sagen kann, wie sie sich in Zukunft entwickeln werden. Unbestreitbar bleibt nur, dass sich an beiden Punkten neues Leben mit fieberhaft schnellen Pulsschlägen bemerkbar macht, und dass von hier in kurzem alles zu einer Entscheidung darüber drängen dürfte, wem im Kampf um das ostasiatische Küstengebiet der Sieg zufallen soll.

Tschifu

Fast täglich gehen Dampfer von Port Arthur in südlicher Richtung nach der europäischen Niederlassung Tschifu am Eingang des Golfes von Petschili ab. Die Fahrt dauert nur eine Nacht, und wer gleich beim Betreten des Schiffes sich in seine Kabine zurückzieht, wacht am nächsten Morgen wie in einer anderen Welt auf. Interessanter ist es jedoch, nicht zu zeitig schlafen zu gehen und möglichst früh wieder aufzustehen, damit sich dieser Übergang allmählich vollzieht. Das Schiff ist im Zwischendeck mit Kulis voll gepackt, die sich in allen Ecken und in den seltsamsten Stellungen ihr Lager zurechtmachen, während die Maschine zu arbeiten anfängt.

Port Arthur verschwindet mit seinem Lärm und Schmutz als dunkle Masse, aus der am Ufer und auf den Höhen nur vereinzelte Lichter aufflimmern, unseren Blicken. Die Nacht ist warm, aber nicht schwül, und lockt, noch ein paar Stunden auf Deck zuzubringen und das Spiel der Wellen zu beobachten, über welche der Mond einen breiten Lichtstreifen ausgeworfen hat.

Über uns tanzen die Sterne und scheinen uns zu necken, wenn sich aus dem Schwarm der Meteoriten, der sich im August der Erde nähert, ein Funken löst und durch die Luft fliegt. Während wir uns um einen Tisch gruppieren, fängt ein Kenner Italiens an, von Neapel zu schwärmen und den Eindruck dieser Nacht mit dem zu vergleichen, was er an der Küste des Mittelländischen Meeres empfunden hat. Wie gerufen gesellt sich der Erste Offizier des Schiffes zu uns, ergreift von der Bank eine Mandoline und singt, indem er die Saiten berührt, ein italienisches Volkslied mit frischer Stimme und ungekünsteltem Vortrag. Der Zauber des Landes, wo die Goldorangen glühn, wird auch in Ostasien mit unwiderstehlicher Kraft empfunden.

Am nächsten Morgen liegt noch alles auf dem Deck, zwischen Schiffsgerätschaften, neben den Treppen und wo sonst gerade Platz ist, in tiefem Schlaf. Auch die chinesischen Stewards haben sich von ihrem Lager noch nicht erhoben, und wir müssen lange warten, bis der Frühstückstisch gedeckt wird.

Inzwischen hat sich der Dampfer bereits der Küste genähert, und wir sind von einer Reihe von »Sampans«, chinesischen Ruderbooten, umgeben, die uns ans Land bringen sollen. Es ist nicht leicht, vom Fallreep in diese Fahrzeuge einzusteigen, die zwar fest, aber unglaublich klobig und schwerfällig gebaut sind. Man muss sich an einem der Kulis festhalten, um zwischen den Sitzbrettern nicht gleich in die Tiefe zu stürzen, und ihm beim Aussteigen womöglich auf den Rücken klettern.

Auf einer Mauer lesen wir den Namen des »Hotel Beach«, beladen ein paar Jungen, die außer einem Schurzfell nichts anhaben, mit unseren Sachen und verlangen von ihnen, dass sie uns dorthin bringen. Natürlich wissen die Bengel nicht Bescheid oder haben uns nicht verstanden. Wir fragen also lieber noch einmal auf sauberen Straßen, zwischen freundlichen Villen und Häusern nach dem Weg zu dem Hotel, das schmuck und einladend aussieht und mit einer langen Gartenterrasse sich zum Meer erstreckt.

Im Fremdenbuch begegnen wir Gästen aus Deutschland, Frankreich, England und Amerika, und auf unserem Zimmer sowie im Speisesaal, wo wir unser Frühstück einnehmen, fühlen wir uns schnell wie zu Hause.

Tschifu hat eine bevorzugte Lage, denn eine Landzunge, die sich im Westen und Norden schützend vor den Ort ausbreitet, sowie eine Inselgruppe bilden einen vortrefflichen Hafen, der das ganze Jahr hindurch offen bleibt. Baumwollwaren, Zucker, Papier, Metalle bilden wichtige Artikel für die Einfuhr, Seidenwaren und Strohgeflechte solche für die Ausfuhr.

Gleich nach dem Frühstück meldet sich im Hotel ein Schneider und fragt an, ob wir uns nicht bei ihm einen Tropenanzug bestellen wollen, den er innerhalb weniger Stunden liefern könne. Alles läuft in leichten, weißen Stoffen umher. Die Damen lassen den aufgespannten Sonnenschirm nicht mehr aus der Hand und suchen für ihre Spaziergänge jeden Streifen Schatten auszunützen. Die Herren schützen sich gegen die sengende Glut durch den breitkrempigen, gewölbten Hut, der im Innern eine doppelte Form hat und mit dem hohlen Luftraum die Sonnenstrahlen aufsaugt und dadurch unschädlich macht. Nicht jeder von uns konnte in Tschifu einen passenden Hut dieser Art finden, sodass man sich in solchen Fällen mit dem aufgespannten Regenschirm begnügen musste.

Mit der Hitze im Hochsommer lässt sich jedoch in solchen Gegenden wie Tschifu nicht spaßen, und wer es dennoch tut, muss für den Leichtsinn oft schwer büßen. Man merkt es vielleicht im ersten Augenblick gar nicht, wie die Glut den Kopf benimmt, bis sich plötzlich ein Ohnmachtsanfall und alle Kennzeichen des Hitzschlages einstellen.

Einem solchen fiel das vierjährige Töchterchen des russischen Postmeisters, das ohne Kopfbedeckung am Strande gespielt hatte, trotz liebevoller Pflege durch die Eltern bei sich beständig steigerndem Fieber zum Opfer. Wir hatten die Kleine noch kurz vorher in ihrer reizenden Fröhlichkeit beobachtet und waren umso trauriger, als wir hörten, wie grausam schnell ihr der Tod das so munter brennende Lebenslicht ausgeblasen hatte.

Wir ziehen daraus die Lehre, alle größeren Anstrengungen zu vermeiden und vor allem im Essen und Trinken vorsichtig zu sein. Selbst um die American Bar, wo eine ganze Batterie kühlender Getränke aufgestellt ist, gehen wir lieber vorsichtig herum.

Können wir trotzdem der Versuchung nicht widerstehen, so prüft der »Boy« unseren mexikanischen Silberdollar erst durch drei- oder viermaliges Aufschlagen auf den Marmortisch, bevor er sich als befriedigt erklärt. Die beste Kühlung bringt das Bad, das unmittelbar vor der Terrasse des Hotels liegt und dessen Gästen zur freien Benutzung zur Verfügung steht. Aber bei denen, die auf der sibirischen Bahn über Dalny und Port Arthur hierher gelangt sind, macht sich die Reaktion des Körpers und der Seele in einer Ermüdung geltend, die zwar nicht unangenehm wirkt, aber jeden, selbst den geringfügigsten Entschluss als eine wichtige und wohl zu überlegende Sache erscheinen lässt.

Zwanzig Schritte vom Hotel befindet sich das hübsch eingerichtete Kaufhaus von Sietas u. Co., wo man sich alles, was man auf der Reise ungern entbehrt, in guter Ausführung und zu angemessenen Preisen verschaffen kann. Aber der Weg dorthin erscheint fast wie eine Strapaze, der man sich nicht unterziehen will. Wer sich aufrafft, ein Dutzend illustrierter Postkarten zu adressieren und mit seiner Unterschrift zu versehen, wird bereits wegen seiner Tatenlust angestaunt.

Es ist aber auch zu verlockend, sich auf der Terrasse in seinem Sessel ruhig auszustrecken und in süßem Nichtstun auf das blaue Meer hinauszublicken.

Uns zur Linken zieht sich das Ufer mit steilen, grün bewaldeten Höhen hin, und zwischen reizend verteilten Landhäusern ragt ein altes chinesisches Kastell empor, das ehemals als Beobachtungsposten gegen japanische Überfälle diente. Auf dem Meere liegt bereits seit Wochen ein amerikanisches Geschwader, und die Kriegsschiffe glitzern mit ihren weißen Leibern und Schornsteinen prächtig im Sonnenlicht. Eben kommt der Kommandant mit einer Barkasse angefahren und lässt sich an dem flachen Ufer durch zwei Kulis eine Strecke durchs Wasser tragen. Am Horizont zieht sich ein langer Landstreifen hin, über dem wir mit müden Augen die vorbeieilenden weiß schimmernden Wolken beobachten.

Während die Sonne hoch am Himmel steht und kein Lüftchen sich rührt, die Menschen sich entweder bei geöffneten Türen und Fenstern in ihrem Hotelzimmer aufhalten oder unter großen Leinwandschirmen auf der Terrasse am Meere sitzen, scheint die Mittagsglut auf eine drollige Gesellschaft von Lebewesen, die sich auf Bäumen und Büschen sesshaft gemacht hat, eine ganz andere Wirkung hervorzubringen. Sie haben sich auf den frischen Trieben der Zweige niedergelassen und mit dem Schnabel an dem Saft voll gesogen. Sie sind dabei so guter Laune geworden, dass sie wie fröhliche Zecher plötzlich mit lauter Stimme zu singen anfangen. Die Zikaden, die in Tschifu täglich mehrere Stunden lang ein Konzert veranstalteten, sind in ihrer musikalischen Veranlagung anders geartet als ihre nordischen Schwestern und blicken vielleicht auf diese wie Künstler auf Dilettanten hochmütig herab. Die Singzirpen in China dürften derselben Gattung angehören, die schon den Alten bekannt war und von griechischen und römischen Dichtern besungen wurde. Anakreon nannte sie in einer seiner Oden des »Sommers holde Boten« und fand, dass sie mit ihrer klaren Stimme »leidenlos ohne Blut im Fleische schier den Göttern ähnlich« seien.

Anderer Meinung war Vergil, der ihre Töne »gellend« und als eine Störung des Naturfriedens empfand. Man kann von diesen Insekten aber noch eine andere Auffassung haben und in ihnen richtige Komiker erblicken, die uns von allzu großer Sentimentalität und Schwärmerei befreien und an die Eitelkeit alles irdischen Tuns und Lassens erinnern.

Die Zikaden sind schon insofern Humoristen, als sie, wie bereits Älian bemerkte, zu ihren Konzertvorträgen nicht den Mund, sondern die Hüften gebrauchen und sich dadurch von allen anderen Musikanten der Welt unterscheiden. Brehm gibt in seinem »Tierleben« eine ausführliche Beschreibung des Instruments, auf dem sie spielen. Es besteht aus zwei Trommeln, die sich am Hinterbrustbein befinden, und aus Stimmbändern, die durch eingepresste Luft in tönende Schwingungen versetzt werden. Das Geräusch, das die Tiere auf diese Weise hervorbringen, hat wenig mit der stillen, harmlosen Musik unserer Heimchen zu tun, sondern ähnelt mehr dem Laut einer Kinderknarre oder eines Schleifsteins. Es entwickelt sich außerdem aus dem sanften Präludium eines auf und ab schwebenden Schnurrens immer mehr zu einem Fortissimo des Klapperns, das plötzlich, wenn den Musikern die Luft ausgeht, wieder abbricht. Die ganze Gesellschaft dieser Zirpen scheint unter der Leitung eines Kapellmeisters zu stehen, der das Zeichen zum Anfang gibt, die Musikanten zu immer größerer Kraftentfaltung anfeuert und das Ganze in einem effektvollen Schlusssatz ausklingen lässt.

Es liegt in diesen Zirp- und Knarr-Vorträgen eine unsagbare Wichtigtuerei und Aufdringlichkeit, um nicht zu sagen Marktschreierei. Sollte man annehmen, dass die Tierchen sich dieses vorlaute Wesen, das um jeden Preis die Aufmerksamkeit auf sich lenken will, im Verkehr mit den Menschen angewöhnt haben? Wahrscheinlich sind auch die Zikaden der Meinung, dass die Welt nur ihretwegen entstanden sei. Sie suchen alle Zweifel an ihrer Daseinsberechtigung dadurch zu zerstreuen, dass sie in ihrem grünen Versteck einen für ihre Größenverhältnisse kolossalen Lärm veranstalten, der wegen seiner Unschädlichkeit spaßig wirkt, denn jedermann dürfte mit Mephistopheles sagen »Es krabbelt wohl mir um die Ohren, allein zum Herzen dringt es nicht«.

Die chinesischen Jungen fangen die Zikaden geradeso wie unsere Knaben die Heuschrecken und bieten sie in Kästchen, in denen sie zu lebenslänglicher Gefangenschaft verurteilt sind, zum Kauf an, sodass man in der Lage ist, sich aus ihnen zur Verscheuchung müßiger oder trüber Stunden eine Art Hauskapelle zusammenzustellen.

Wenige Tage vor unserem Eintreffen war Tschifu von einer fürchterlichen Katastrophe heimgesucht worden, unter deren Eindruck die Bewohner des Ortes allerlei Grausen erregende Einzelheiten zu erzählen wussten.

Das Meer, das uns so unschuldig anlächelte und dem wir uns beim Rudern oder Schwimmen anvertrauten, ohne im Geringsten an eine Gefahr zu denken, hatte plötzlich ein drohendes Gesicht gemacht und mit seinen wild tobenden Wellen über die chinesische Bevölkerung namenloses Unglück heraufbeschworen.

An einem Tage, als eine ungewöhnlich hohe Flut eintrat und der Wind landeinwärts wehte, öffnete plötzlich der Himmel seine Schleusen und verwandelte die Straßen in fließende Bäche. Am Ufer drang das Wasser immer weiter vor, riss die dort befindlichen Boote, Buden und aufgestapelten Waren um und ergoss sich brausend in das untere Stockwerk der Häuser.

Man hat sich in Tschifu an die verheerenden Wirkungen des Elements bereits gewöhnt und nach Möglichkeit Vorsichtsmaßregeln getroffen, um sie einzuschränken. Aber in diesem Fall erwies sich alle menschliche Klugheit als unzureichend, denn die Flut verband sich mit dem Sturzregen, und die Stadt wurde wie von zwei wutentbrannten Feinden gleichzeitig überfallen.

Die Wellen gingen dann noch höher und ergossen sich in wirbelnder Bewegung mit solcher Gewalt in einen Kanal, der vom Meer durch die Chinesenstadt läuft, dass dem Unheil kein Halt mehr geboten werden konnte. Die Mauern des Kanals wurden auseinander gerissen und mit ihren Trümmern weithin verschleppt. Das Wasser drang brausend und schäumend weiter vor, brachte die Häuser zum Umstürzen und ließ den Menschen keine Zeit, sich zu retten.

Wir konnten die Verheerungen noch überall erkennen, denn ein Teil von Tschifu glich einer wahren Ruinenstadt. Dass die Erzählungen über den Umfang der Katastrophe leider nicht übertrieben waren, bestätigte uns auch der russische Militärbevollmächtigte aus Schanghai, Generalmajor Dessino, der mit seiner Familie zur Sommerfrische in Tschifu weilte und von seinem Fenster im Hotel einen großen Teil des grauslichen Schauspiels mit ansehen konnte. Noch tagelang nachher wurden die Passagiere auf den Dampfern im Hafen durch den Anblick von schwimmenden Leichen, Tieren und Gerätschaften aller Art daran erinnert, was sich Unheilvolles in der Stadt ereignet hatte. Der österreichische Konsul Bobo, dessen Wohnung in der Nähe des so schrecklich zugerichteten Kanals liegt, meinte, dass bei dieser Gelegenheit achthundert bis tausend Chinesen umgekommen sein könnten.

Man spricht eine solche Nachricht aus, ohne sich ein rechtes Bild von dem Umfang eines Unglücks dieser Art im Einzelnen machen zu können. Ja, Iwan Turgenjew hat nur zu sehr Recht, wenn er immer wieder von der »Gleichgültigkeit der Natur« spricht. Sie empfindet für die Menschen weder Liebe noch Hass, geht ihren Gesetzen nach und kümmert sich um jene überhaupt nicht.

Gerade darin liegt aber das Erhabene und Majestätische, das wir bei jedem großen Naturschauspiel empfinden. Kein Blatt würde sich im Wald rühren, auch wenn das ganze Menschengeschlecht zugrunde gehen sollte, und kalt und gleichgültig rollen die Wellen über tausende hinweg, die noch eben atmeten und sich dem Genuss des Augenblicks hingaben.

Nur ein Gutes hatte diese Katastrophe zur Folge. Die Flut war so mächtig gestiegen, dass ihre Wellen sich über die ganze Chinesenstadt ergossen und sie so rein gespült hatten, wie sie wahrscheinlich seit vielen Jahren nicht gewesen war.

Auch wir mussten uns darüber wundern, was aus dem gewohnheitsmäßigen Augiasstall durch die Macht des Elements geworden war. Die Straßen waren in der Tat sauber, wenigstens für den ersten Blick. Man konnte sich aber leicht überzeugen, dass daran die Menschen kein Verdienst hatten, denn suchte man auf den schmalen Seitenwegen vorzudringen, wohin sich das Wasser nicht verlaufen hatte, so stieß man auf umso höhere Berge von Unrat und musste schleunigst wieder an den Rückzug denken.

Wir blieben daher vorsichtshalber auf der breiten, mit Quadersteinen belegten Hauptstraße. Erstaunlich wirkte die Höflichkeit, mit welcher die Chinesen den Europäern, auch wenn sie sich vereinzelt ins Gedränge begaben, bei jeder Gelegenheit entgegenkamen. Von den Kulis, die sich, mit schweren Steinblöcken beladen, durch die immer enger werdende Stadt schoben, wusste jeder geschickt vor uns auszuweichen. Wir konnten in die Kaufläden und Höfe hineintreten, uns alles besehen und vorlegen lassen, und haben, auch wenn wir keine Bestellung machten, nichts anderes als freundliche Gesichter gesehen.

Während dieses einstündigen Spazierganges, wo wir in dem Gewirr von Gassen und Gässchen die Richtung verloren hatten, wurden wir nicht einmal durch einen Bettler belästigt. Endlich erblickten wir einen Mast mit Fahne und schlossen daraus, dass wir uns in der Nähe des Hafens befinden mussten. Wir kletterten über Warenballen, suchten durch stinkende Moräste, die durch die Ebbe gebildet waren, einen Weg zu finden, turnten dann auf eine schmale, am Wasser liegende Mauer hinauf und kamen auf diese Weise zum chinesischen Postamt, in dessen Garten wir endlich wieder reinere Luft atmeten.

Tschifu besitzt außerdem noch eine deutsche, französische und englische Post. Die deutsche hat sich bis vor kurzem mit einem wenig einladenden Gebäude begnügen müssen, wird sich aber in allernächster Zeit von einer umso würdigeren Seite zeigen, denn in derselben Straße, wo das Hotel Beach steht, mehrere große Kaufgeschäfte, Banken und die Vertretungen der Schiffsgesellschaften sich befinden, ist ein schon von weitem sichtbares bequemes

Gebäude mit dem Adler des Deutschen Reichs bereits unter Dach und Fach gebracht.

Wie stark das internationale Leben durch Tschifu flutet, ergibt sich schon aus dem lebhaften Dampferverkehr, der sich im Hafen abspielt. Die Schiffe kommen nicht nur vom Endpunkt der sibirischen Bahn, sondern gehen von hier auch regelmäßig nach Tientsin und Schanghai, sodass es sich bei diesem Ort um einen wichtigen Knotenpunkt des gesamten ostasiatischen Verkehrs handelt.

Auf dem Wege, wo die internationalen Postanstalten liegen, gelangt man auf die Höhen am Meeresufer, wo sich unter andern stattlichen Villen auch die Wohnung unseres deutschen Konsuls Lenz befindet, von dessen Garten man einen Anblick genießt, wie man ihn in diesen Gegenden nicht erwartet. Man sieht über Gärten und grünes Gelände, über charakteristisch geformte Abhänge und Uferstraßen, über den ganzen Ort und das Meer hinweg und könnte sich, wenn man seiner Phantasie ein wenig Spielraum gönnt, fast nach Capri versetzt denken. Hier herrscht überall eine saubere und geschmackvolle Eleganz innerhalb eines erquickenden Luft- und Sonnenbades, dessen Wirkung belebend durch alle Poren dringt.

Am Abend versammeln wir uns in dem gemütlichen Klub von Tschifu oder, wie die Engländer den Namen schreiben, Chefoo, wo wir in die Liste der Ehrenmitglieder eingetragen werden und eine interessante Gesellschaft aus aller Herren Länder treffen. An dem Kneipentisch, um den wir uns versammeln, kommt auch die unvermeidliche Mischung von Whisky mit Soda zu ihrem Recht. Im Lesezimmer erfahren wir aus europäischen Zeitungen, die auf großen Stehpulten ausgebreitet sind, wieder etwas von der Heimat, die uns so lange nur spärlich mit Nachrichten versorgt hatte. Wer sich mit Buchlektüre beschäftigen will, findet auch eine hübsche Bibliothek mit Werken der wissenschaftlichen und Unterhaltungsliteratur. Auf dem Balkon des Klubs ist ein großes Fernrohr aufgestellt, durch welches wir das englische Geschwader bis in alle Einzelheiten genau verfolgen können. Unaufhörlich blitzen die Signallichter an den Schornsteinen in verschiedenen Farben auf und ab. Es wird lebhaft von einem Schiff zum andern gesprochen, und die Mannschaften sind beim Manövrieren in beständiger Bewegung. Unter dem nächtlichen Himmel wirken diese Feuerlinien von elektrischen Lampen, die in bestimmter Reihenfolge aufblitzen und wieder erlöschen und als Ausdrucksmittel einer uns unverständlichen Sprache zwischen den Kriegsschiffen gewechselt werden, wie eine Traumerscheinung.

Erfreulich war es, zu beobachten, wie auch in dieser europäischen Niederlassung sich deutsches Wesen und deutsche Sprache überall in Achtung gebietender Weise bemerkbar machten.

Im Salon des Hotel Beach wurde an einem Abend ein hübsches Violinkonzert improvisiert, das sich großen Beifalls zu erfreuen hatte und bei dem ausschließlich Stücke von Schubert, Mendelssohn und Brahms zur Aufführung kamen. Bei der Mittagstafel entschuldigte sich der englische Wirt, dass ihm das Pilsner Bier gerade ausgegangen sei, dass er es aber für morgen wieder versprechen könne. Die Inhaber des vorher erwähnten Kaufhauses, sogar der Kapellmeister bei den Amerikanern waren Deutsche. Der russische Postmeister, dem wir beim Tode seines Kindes unser Beileid aussprachen, ist ein Balte. Er flüsterte unter Tränen, die ihm über die Wangen liefen: »Es ist bestimmt in Gottes Rat.« Eine Wärterin sang im Zimmer neben mir die Kleinen, die ihrem Schutz anvertraut waren, mit einem deutschen Volkslied in den Schlaf.

Wir machen noch einen Spaziergang auf der Hotelterrasse und können uns, nachdem die Glut des Tages vorüber ist, ohne die früher beobachteten Vorsichtsmaßregeln dem wunderbaren Schauspiel hingeben, das uns der Abend auf dem Meere mit dem Spiel der heranrollenden Wogen, den im Dunkeln zerfließenden Uferlinien und der stolzen Reihe von amerikanischen Kriegsschiffen im Hintergrund bietet.

Unten am Wasser spielen chinesische Kinder an Booten, scherzen und lachen und fangen an sich zu prügeln, bis eine alte Frau dazwischenfährt und wieder Frieden stiftet. Die meisten Hotelgäste haben sich bereits auf ihre Zimmer zurückgezogen, denn man will früh aufstehen, um den besten Teil des Tages nicht zu versäumen.

Tiefe Stille breitet sich über die Stadt und das Meer aus. Nur in der Ferne verhallt ein lang gezogener Ruf von einem Boot zum andern, und der Wächter erinnert mit den Holzstäbchen, die er klappernd aneinander schlägt, daran, dass es Zeit sei, ebenfalls der Ruhe zu pflegen und die bunten Bilder der Erinnerung an dies reizende Idyll am Stillen Ozean im Traum weiter durcheinander wogen zu lassen.

Auf dem Stillen Ozean

Nach der langen Eisenbahnfahrt durch das europäische Russland und die unabsehbaren Gebiete von Asien lag in dem Gedanken, sich bei einer mehrtägigen Dampferfahrt dem Stillen Ozean anzuvertrauen, etwas unwiderstehlich Verlockendes.

Die glitzernde Meeresfläche, bei deren Anblick wir im Hafen von Tschifu viele Stunden verträumten, die schäumenden und brausenden Wellen, die an das Ufer schlugen, und die Betrachtung der vielen Schiffe, die am Horizont auftauchten und wieder verschwanden, schienen das Wort Pindars zu bekräftigen, dass das Wasser das Beste sei.

Das Sonnen- und Luftbad bei den Spaziergängen am Strande und auf den Höhen sowie die erfrischende Kühlung bei den Ausflügen im Ruderboot machten uns nur umso begieriger, in dieser fremdartigen Umgebung die Poesie des Meeres in vollen Zügen zu genießen.

Wie viele glückliche und unvergessliche Stunden hatte ich auf unsern prächtigen deutschen Schiffen bei den Fahrten durch die Nordsee und den Atlantischen Ozean bis zum Mittelländischen und Schwarzen Meer verlebt und dabei, fern von der Qual und dem Dunst der Städte, beim sanften Spiel der Wellen wie bei Sturm und Unwetter die majestätische Größe der Natur empfunden!

Außerdem sollte die Dampferfahrt zu ganz neuen Punkten des ostasiatischen Lebens führen. Wer Dalny und Port Arthur kennen gelernt hatte, konnte als guter Deutscher der Versuchung nicht widerstehen, unserer Niederlassung Tsingtau wenigstens auf einige Stunden einen Besuch abzustatten und die ruhige Art, wie sich die moderne Kultur in Kiautschou neue Wege bahnt, mit dem fieberhaften Hasten und Vorwärtsdrängen der russischen Ansiedlungen zu vergleichen.

Das Schiff, das von Tientsin kam und nach Schanghai fuhr, stellte eine unmittelbare Verbindung zwischen Peking, dem Inbegriff des alten zerbröckelnden und dem Mittelpunkt des neuen China dar, wie es sich an der Mündung des Jangtsekiang herausgebildet hatte.

In Tschifu war allerdings gerade die telegraphische Meldung eingetroffen, dass einer jener Orkane, die unter dem Namen Taifun so übel berüchtigt sind und im Chinesischen Meer nach allen Richtungen toben, im Anzuge sei. Die Warnungssignale waren ausgehängt, und in den Büros der Schiffsgesellschaften fragte man ungeduldig nach weiteren Nachrichten, um danach den Zeitpunkt für die Weiterreise zu bestimmen. Man erhielt aber nur die Auskunft, dass der Taifun von Süden nach Norden heraufstürme und dass es unbestimmt bliebe, ob er sich mehr der chinesischen oder der japanischen Küste zuwende.

Auch über die Dauer der Herrschaft, die dieser Schrecken aller Seefahrer auf dem Ozean ausüben würde, ließen sich keine zuverlässigen Angaben machen. Die Zeit, in welcher er seine Kraft ausgibt und schließlich wieder ermattet, liegt ebenso außerhalb jeder Berechnung wie die Richtung, die er einschlägt.

Für die Fahrt nach Schanghai empfahl sich der Dampfer der Hamburg-Amerika-Linie, der ebenso wie unsere deutsche Kolonie Tsingtau hieß, durch seine vielen glücklichen Reisen in den ostasiatischen Gewässern und die Beliebtheit des Kapitäns Hansen, eines echten Holsteiners, von dessen Aufmerksamkeit und Gefälligkeit den Passagieren gegenüber viel Gutes erzählt wurde. Man durfte ihm volles Vertrauen schenken, dass er beim Herannahen eines gefährlichen Sturmes mit seinem Dampfer entweder überhaupt nicht auslaufen oder doch seine Reise im Hafen von Kiautschou unterbrechen und die Beseitigung der Gefahr abwarten würde.

Was die Einrichtungen des Schiffes, das mit zwei Schrauben fuhr, und die Zuverlässigkeit seines Führers betrifft, der von der Bedeutung seiner Aufgabe völlig durchdrungen war, so schien alles in bester Ordnung zu sein. An einem Freitagnachmittag ging das Schiff von Tschifu ab. Am Sonnabendnachmittag sollten wir in Tsingtau, wo ein Berliner Bekannter und bekannter Berliner, der liebenswürdige Polizeidirektor Wentzel, von meinem Eintreffen telegraphisch benachrichtigt war, die deutsche Flagge erblicken. Achtundvierzig Stunden darauf verhieß der Fahrplan den Anblick von Schanghai, dem südlichsten und östlichsten Punkt meiner ostasiatischen Reise.

Das Schicksal schien aber für die vielen genussreichen und erhebenden Tage, die ich auf dem Meere zugebracht hatte, endlich einmal eine Abrechnung zusammenzustellen und die alte Wahrheit zu bestätigen, dass man alles Schöne und Gute im Leben bezahlen muss.

Auch in anderer Beziehung verlief die Fahrt, die so ruhig begann und so aufregend verlaufen sollte, nach einem für fast alle Menschen gültigen Gesetz. Unsere Sorgen und Befürchtungen kämpfen im Leben nur zu oft mit bloßen Schatten, während wir den Feind dort, wo er sich versteckt hält und uns überfallen will, meist gar nicht vermuten. Alle Welt sprach nur von dem Taifun und der Gefahr, von dem heraufziehenden Sturm erfasst zu werden, von Schiffen, die ihm zum Opfer gefallen waren, und den unberechenbaren Launen, mit denen er bald nach dieser, bald nach jener Richtung über den Ozean rase. In Wahrheit hatten wir aber nur eine zwar wenig angenehme, aber ganz ungefährliche Nachwirkung des Taifuns auszuhalten. In ernste Besorgnis gerieten wir dagegen durch ein ganz anderes Vorkommnis, an das niemand auf dem Schiff überhaupt nur im Geringsten gedacht hatte. Es sollte unsere Fahrt um mehr als einen ganzen Tag verzögern und uns viele bange Stunden verursachen, bei denen wir fühlten, wie unser Herz lebhaft und ängstlich zu klopfen anfing, und unsere Phantasie beim Ausmalen der Gefahr, in die wir gerieten, mit unruhig durcheinander wogenden Bildern ein unaufhörliches Spiel trieb.

Auf unserem Schiff befanden sich, abgesehen von den Insassen des Zwischendecks, nur wenige Passagiere erster Klasse. Bereits in Tientsin war der Intendanturrat Reinsdorff von der dortigen ostasiatischen Besatzungsbrigade an Bord gegangen, um seinen Urlaub in Tsingtau zu verbringen.

Die Augusthitze, die in Tientsin und Peking herrschte, war kaum jemals so drückend und unerträglich wie in diesem Jahre empfunden worden. Trotz Tropenhelm und Khakiuniform hatte sich bei unseren Beamten und Soldaten eine solche Ermattung eingestellt, dass jeder, der es irgendwie vermochte, ausspannte, um für seine Erholung etwas zu tun.

Das gesunde Klima, der hübsche Strand und die guten Badeeinrichtungen in unserer deutschen Niederlassung lenken immer mehr die Aufmerksamkeit auf sich und haben viele von den Sommergästen, die sich sonst ausschließlich nach Tschifu begaben, dorthin gezogen, sodass man bereits von einer nicht zu unterschätzenden Konkurrenz sprechen darf, die durch Tsingtau als Badeort dem lieblichen chinesischen Ort am Gelben Meer gemacht wird.

Welche wohltätigen Wirkungen eine solche Seefahrt auf Personen hervorruft, deren Nerven durch Überarbeitung und Hitze erschlafft sind, konnte man auch bei unserem trefflichen Beamten aus Tientsin beobachten. Seelisch bis zur Melancholie herabgestimmt und auch in seinem körperlichen Befinden arg heruntergekommen, begann er sich sofort zu erholen, als er die ersten Züge Seeluft einatmete und eine leichte Brise ihm erfrischend ins Gesicht blies. Herr Reinsdorff entwickelte sich dann zu einem höchst anregenden Gesellschafter, der über die Verhältnisse in Ostasien genau unterrichtet war, weil ihm auch außerhalb seiner dienstlichen Tätigkeit schätzenswerte Beziehungen zu einflussreichen Persönlichkeiten zu Gebote standen.

Die Unterhaltung kam umso schneller in Fluss, als das Schiff so gleichmäßig und ruhig lief, wie wir es uns nur wünschen konnten. Wir erblickten die englische Besitzung Weihaiwei mit den Schiffen im Hafen, von wo die elektrischen Lichter der Straßen und Häuser zu unserem Schiff hinübergrüßten. Kaum hatten wir jedoch das Kap Schantung umfahren und in südlicher Richtung den Weg in den Stillen Ozean genommen, so merkten wir an den schweren, lang auslaufenden Wellen, dass hier kurze Zeit vor uns ein Sturm getobt hatte. Seine Kraft war allerdings gebrochen, aber die Bewegung im Meere machte sich an der Dünung bemerkbar, die immer wieder heranrollte, mit den Wellen das Schiff erst nur hob und wieder sinken ließ, die immer mehr zunahm.

Der Himmel bewölkte sich und legte sich wie eine riesige trüb schimmernde Glocke auf das Meer. Während wir uns auf dem Promenadendeck in die Klappstühle setzten und uns zum Schutz gegen die Nachtkühle in unsere Decken hüllten, hatten wir das Gefühl, uns auf einer weit ausschwingenden Schaukel zu befinden. Wollte der eine oder der andere seinen Platz wechseln, so musste er den Augenblick abwarten, in dem der Dampfer gerade wieder aufrecht stand, und, soweit es möglich war, mit den Händen einen Stützpunkt suchen, um nicht auszugleiten. Ich erhielt auf dem Schiff von einer Welle, die eine besonders aufrührerische Kraft besaß – die Seeleute meinen, es sei immer die siebente –, von der Seite einen so heftigen Stoß, dass ich mit meinem Stuhl platt auf die Erde fiel. Bevor ich mich wieder aufrichten konnte, wurde ich durch das Schiff, das mittlerweile nach der anderen Seite schwankte, dorthin so heftig hinübergeworfen, dass mein armes Selbst sich in dem Plaid zu einer lächerlich zappelnden Masse verwickelte. Da das Schiff nur wenig Ladung hatte, schlugen die weit ausholenden Wellen gegen den hohlen Schiffsraum jedes Mal mit einem kurzen, heftigen Knall, der uns in alle Glieder fuhr und an den wir uns erst allmählich gewöhnten, nachdem wir uns überzeugt hatten, dass keine Gefahr damit verbunden war.

Wie stark die Dünung war, konnte man erst später erkennen, als das Ufer in Sicht kam und die Wellen dort, obwohl das Meer fast glatt erschien, ihren schäumenden Gischt hoch aufspritzen ließen. Wir betrachteten am Ufer die Klippen, wo die »Iltis« im Jahre 1886 einem Taifun erlegen war, und gleich darunter die Stelle, wo unsere tapferen Seeleute in die Erde gebettet worden sind.

Das Unangenehme dieser Fahrt lag vor allem darin, dass wir am nächsten Tage statt um vier Uhr nachmittags erst um zehn Uhr abends den deutschen Boden von Tsingtau vor uns liegen sahen. Auch war es nicht unwahrscheinlich, dass wir, um die Verspätung einzuholen, dort nur einen ganz kurzen Aufenhalt nehmen würden, sodass von einer näheren Besichtigung der Stadt keine Rede sein konnte. Schon der Gedanke an eine solche Möglichkeit hatte etwas Verstimmendes, denn gerade über unser Besitztum in Kiautschou hören unsere Landsleute zu Hause gern etwas Zuverlässiges, nachdem die Meinungen über die Zukunft unserer Ansiedlung in letzter Zeit so sehr voneinander abgewichen sind.

Die Bucht, die sich vor unseren Blicken öffnete, überraschte durch ihre Größe und wurde in der klaren Nachtluft von dem leuchtenden Sternenhimmel so hell beschienen, dass, je mehr der Dampfer vorwärts rückte, die einzelnen Teile des Hafens und der Stadt genau zu erkennen waren. Während die Ankerkette ins Wasser rollte, wurden alle Operngläser auf die sauberen, bequemen Straßen gerichtet. In der Mitte der Stadt erblickte man in einer Fülle elektrischen Lichtes das Hotel »Prinz Heinrich«, wo heute, am Sonnabend, ein großes Konzert stattfand, und alles, was sehen und gesehen werden wollte, zur Stelle sein musste. Der Dampfer »Gouverneur Jäschke«, der kurz vor uns eingetroffen war, ankerte in der anderen Bucht, die jenseits der Landzunge lag und unseren Blicken verborgen blieb.

Dort werden gegenwärtig große Anlagen von Molen errichtet. Überall ist man bemüht, das Erworbene nicht nur zu befestigen und zu erweitern, sondern auch für das Wohlergehen der ganzen Kolonie durch Einführung von allen nur erreichbaren Annehmlichkeiten für die öffentliche Wohlfahrt wie für die Ausübung der einzelnen Berufsarten und das häusliche Leben zu sorgen. In Schanghai lernte ich später den Rektor der deutschen Schule von Tsingtau und bei der Rückfahrt nach Dalny auf einem russischen Schiff den Postmeister unserer deutschen Kolonie am Stillen Ozean kennen. Sie drückten über das dortige Leben in jeder Beziehung ihre volle Befriedigung aus, und dass es ihnen mit diesen Worten ernst war, bewiesen das vortreffliche Aussehen und der gute Humor, in dem ich sie antraf.

Die plumpen chinesischen Boote umringten uns, und ein Beamter brachte mir eine freundliche Einladung des Polizeidirektors Wentzel, der mich auf der Treppe am Strande erwartete und zur Besichtigung der Stadt auch einen Wagen bereithielt. Mit einem schnellen Griff nach Hut und Rock eilte ich zum Fallreep, als mir der Kapitän die betrübliche Mitteilung machte, dass wir nur so lange Aufenthalt nehmen würden, als die Ablieferung und Empfangnahme der Post dauerten, und dann sofort wieder weiterdampfen müssten. Zwanzig Minuten dauerte die Bootsfahrt bis ans Ufer. Mir wäre also gerade so viel Zeit geblieben, um dem liebenswürdigen Mann, der sich mir als Führer durch die ferne und uns doch so nahe stehende Gegend anbot, dankbar die Hand zu drücken. Nun hätte ich allerdings, um Tsingtau kennen zu lernen, den Dampfer einfach im Stich lassen und die nächste Fahrgelegenheit benutzen können. Eine solche wurde mir aber erst nach sechs Tagen geboten, und die Zeit, die für den Sommerurlaub noch zur Verfügung stand, musste sorgfältig ausgenutzt werden. So blieb nichts anderes übrig, als für diesen Verlust, der nur zu schmerzlich empfunden wurde, Trost in den Sternen zu suchen und mir eine Entschädigung im Gespräch mit unserm Reisegenossen, dem Intendanturrat, zu verschaffen, der beim Abschiedstrunk aus dem reichen Schatz seiner Beobachtungen und Erinnerungen mit vollen Händen spendete.

Innerhalb sechs Jahre ist in Tsingtau aus einem hässlichen Fischerdorf eine einladende und modern eingerichtete Stadt emporgeblüht, die sich von Jahr zu Jahr gedeihlicher entwickelt. Bald wird die Eisenbahn, die von Tsingtau ins Innere des Landes führt, vollendet sein, die dort befindlichen Kohlenbergwerke erreichen und einen Weg zu den Ufern des Tseho schaffen, der sich in der Regenzeit mit unaufhaltsamer Gewalt in den Meerbusen von Petschili ergießt.

Die Eröffnung der Bahn soll im Sommer nächsten Jahres erfolgen und damit auch die Ausnutzung der Kohlenreviere beginnen, die einen reichen Ertrag in Aussicht stellen. Bis dahin dürften auch die Hafenbauten zum Abschluss gelangt sein, an deren Fertigstellung man gegenwärtig mit allen Kräften arbeitet. Mit diesen Verbesserungen tritt unsere deutsche Niederlassung im Hafen von Kiautschou in einen neuen, bedeutungsvollen Abschnitt ihrer Entwicklung, der hoffentlich überall die Überzeugung befestigen wird, dass die Wahl dieses Punktes für die deutsche Kolonisation keine verfehlte war, sondern allen Schwierigkeiten zum Trotz eine glückliche Zukunft verheißt.

Am nächsten Morgen, einem Sonntag, erwachte ich bereits um sechs Uhr in meiner Kajüte und werde von einer unerklärlichen Unruhe getrieben, aus dem Bett zu springen, weil die regelmäßige Bewegung des Dampfers, die Umdrehungen der Maschine und das Geräusch der aufspritzenden Wellen plötzlich aufgehört haben.

Ich blicke durch das Fenster und bemerke, dass unser Schiff auf offenem Meer stillliegt. Ich vermute nichts Arges, kleide mich vollständig an und trinke im Speisesalon ruhig meinen Tee, um dann auf dem Deck meinen Morgenspaziergang zu machen. Ich nehme an, dass der Kapitän loten lasse, um sich davon zu überzeugen, dass er von der richtigen Fahrstraße nicht abgewichen ist.

Aber ein Mitreisender macht mir die Mitteilung, dass an unserem Schiff das Steuer beschädigt sei. Alsbald gesellt sich der Kapitän zu uns und erklärt mit sauersüßem Lächeln, dem man den Ernst der Situation anmerkt, dass die große, sich durch das ganze Schiff hindurchziehende Welle, welche die Schraube in Bewegung setzt, gebrochen sei.

Es handelte sich dabei um einen jener unglücklichen Zufälle, die sich trotz der peinlichsten Gewissenhaftigkeit bei der Herstellung des Materials und aller Teile des Mechanismus leider nicht vermeiden lassen. Die Welle war erst seit kurzem in Gebrauch. Niemand konnte einen Fehler im Guss vermuten. Wahrscheinlich hatte sie bereits in Tientsin, wo sich die Schraube durch den dicken Schlamm des Peiho nur mit großer Mühe durcharbeitete, einen Riss erhalten, den selbst unser tüchtiger Oberingenieur nicht entdecken konnte. Nun befand sich allerdings ein Ersatzteil an Bord, aber es war, trotzdem das Meer ruhig blieb, unmöglich oder zum Äußersten mindestens gefährlich, es auf offener See dem Dampfer einzufügen. Nach Tsingtau zurückzukehren, wo wir erst vor sieben Stunden abgefahren waren, erschien ebenfalls als nicht zweckmäßig, da es dort an den erforderlichen technischen Hilfsmitteln fehlte, den Schaden zu ersetzen.

Wir müssen froh sein, dass unser Schiff noch eine zweite, wenn auch viel schwächere Schraube besitzt und mit ihr nach Verlauf von vier Stunden, nachdem die gebrochene Welle festgebunden war, seine Fahrt langsam fortsetzen kann. Mehr als sechs oder sieben Knoten in der Stunde sind aber in keinem Fall von unserem Schiff zu erwarten, ungefähr die Hälfte der Fahrgeschwindigkeit, die wir sonst erreicht hätten. Alles hängt davon ab, dass wir gutes Wetter behalten und der Taifun, der irgendwo auf dem Ozean umherrast, uns nicht überrascht. Der Stand des Barometers ist allerdings günstig, aber unheimlich bleibt doch der Anblick des unendlich ausgedehnten, lauernden Meeres und des Himmels, der sich mit Wolken zu bedecken anfängt.

Weit und breit ist kein Schiff zu sehen, denn die Dampfer nach Schanghai oder Nagasaki nehmen einen Kurs, der von dem unsrigen weitab liegt. Der Wind, der sich erhebt, erweist sich unserer Fahrt zunächst förderlich, denn wir können die Segel aufsetzen und ihn hineinblasen lassen. Bald dreht er sich aber, und wir müssen von der Benutzung dieses Hilfsmittels absehen.

Bei der Mittagstafel wendet sich die Unterhaltung den Erlebnissen bei Schiffsunfällen sowie den Verhaltungsmaßregeln zu, wenn die Situation sich ernster gestalten sollte. Der Bruch der Welle hätte leicht an einer noch gefährlicheren Stelle erfolgen können. Dann wären wir genötigt gewesen, mit den Pumpen zu arbeiten. Aber wie lange? Wir betrachten die Rettungsboote und erfahren, dass sie mit Lebensmitteln versehen seien und schnell herabgelassen werden können. Es beginnt ein trübes Sinnen und Phantasieren, das der Kapitän auf jede Weise mit gutem Humor zu verscheuchen sucht, indem er bald eine hübsche Anekdote zum Besten gibt, bald im Bar-Room auf unser leibliches Wohlbefinden einwirkt.

Die zweite Schraube arbeitet, was sie kann, um uns vorwärts zu bringen, aber das Schiff geht für unsere Ungeduld viel zu langsam. Und wie entsetzlich träge der Zeiger auf der Uhr kriecht! Fünf Minuten werden zu einer Stunde. Eine Stunde erscheint wie eine Ewigkeit. So zieht der Abend herauf. Wenn nur das Wetter nicht umschlagen wollte! Zwischen den Wolken zuckt und blitzt es von Wetterleuchten, und wieder scheint eine Dünung heraufzukommen. So wird die halbe Nacht auf dem Promenadendeck verträumt, und die trüben Gedanken begleiten uns noch im Schlaf.

Am nächsten Morgen, montags, dieselbe Situation. Noch immer ist kein Schiff zu sehen, kein Stück vom festen Land zu entdecken. Inmitten der Kulis, die auf dem Zwischendeck herumliegen, erblicke ich einen viereckigen, von schmutzigem Segeltuch eingehüllten länglichen Gegenstand. Es ist ein Sarg mit der in Kalk verpackten Leiche eines Chinesen, der in seiner Heimat beigesetzt werden soll.

Alles verhält sich still, jeder Laut klingt gedämpft. Nur ab und zu schreit ein Papagei auf seiner Stange, und ein paar Kanarienvögel zwitschern im Bauer ihr Morgenlied. Plötzlich kracht es am Achterdeck des Schiffes zwei-, drei- und viermal. Ich fahre zusammen und denke, dass die Welle sich losgerissen habe und an die Wandung des Schiffes schlage. Aber der Kapitän lacht mich aus. Dort unten vertreiben sich ein paar Passagiere die Zeit, indem sie leere Flaschen in die Luft werfen und danach aus Flinten schießen.

Endlich taucht ganz fern am Horizont ein Schiff auf. Es gibt also auch noch außer uns in dieser Meereseinsamkeit atmende Menschen.

Jetzt sollten wir eigentlich schon in Schanghai eingetroffen sein und sind doch noch weit vom Ziel entfernt. Der musikalische Wimmerkasten im Speisesaal lockt uns nicht, und die Studentenlieder, die sich unter den Noten befinden, dünken uns der wahre Hohn zu sein.

Der Inhalt der mitgenommenen Bücher ist zu ernst für die unruhig hin und her flatternden Gedanken.

Da mache ich einen Fund, so glücklich wie ich es niemals erwarten konnte.

Unter alten Zeitungen und Zeitschriften finde ich eine fast vollständige Ausgabe von Wilhelm Busch, von seinen köstlichen Zeichnungen und Versen, die sich so oft als Freudenbringer und Sorgenbrecher bewährt hatten, nun aber doppelt und dreifach willkommen sind. Seid gegrüßt, ihr bösen Buben Max und Moritz, du Unglücksrabe Hans Huckebein, Pater Filucius, heiliger Antonius von Padua und ihr andern Lieblinge des humoristischen Deutschland, die ihr euch auf die Fluten des Stillen Ozeans hinausgewagt hattet, um eurem bedrängten Landsmann Trost und Hoffnung wiederzugeben! Die lustige Gesellschaft, die Meister Busch in die Welt gesetzt hat, führte einen entzückenden Reihentanz um mich auf, und die drolligen Verse gaben dazu so munter den Takt an, dass es wieder eine Lust war, zu leben.

Nun begann auch das Essen zu schmecken, trotzdem sich im Meere eine unruhige Bewegung bemerkbar machte und unsere Steuerkraft nur eine geringe war. Wir hatten aber beim Anblick der reizenden Münchner Bilderbogen das Gefühl, als ob plötzlich eine ausgelassene Gesellschaft von Männern und Frauen aller Stände auf unser Schiff gestürmt und uns unter Lachen und Plaudern in ihre Mitte genommen hätte. Es woge die Galeere! Fort mit aller kleinlichen Verzagtheit und festes Vertrauen zu der Tüchtigkeit unseres Führers, seiner Offiziere und Maschinisten, zu der mustergültigen Schulung alles dessen, was aus unseren großen deutschen Reedereien hervorgegangen ist! Wir plaudern bei einem kräftigen Nachttrunk auf dem Promenadendeck bis weit über Mitternacht, und als die Sterne zu verbleichen anfangen, funkelt uns bereits das Licht des Leuchtturmes entgegen, der uns die Küste meldet.

Das schmutzig gelbe Wasser, das uns statt der klaren Meeresflut umgibt, lässt erkennen, dass wir in der Mündung des Jangtsekiang angelangt sind, der aus dem Innern Asiens ungeheure Massen lehmiger Erde zum Meere wälzt. Bald werden wir wieder festes Land unter den Füßen fühlen.

Wir sind gespannt, wie das stolze Bild von Schanghai mit seinen Hafen und Dockanlagen, seinen breiten Uferpromenaden, seiner buntfarbigen Pracht vom nackten, zerschlissenen Chinesentum bis zu der Eleganz europäischer Großstädte sich vor unseren Augen entrollen werde. Von der Küste ist indessen bis zum nächsten Vor-

Postkarte mit der Transsibirischen Eisenbahn und einer Ansicht von Irkutsk. Dem Empfänger der Karte werden laut Beschriftung »Grüße aus Irkutsk« gesendet.

Werbeplakat für die Vorstellung des Transsibirien-Expresses auf der Pariser Weltausstellung 1900

Brücke über den Fluss Ussuri, nach dem dieser Teilabschnitt der Bahn benannt wurde

Rechte Seite unten: Blick in den Salon- und Speisewagen

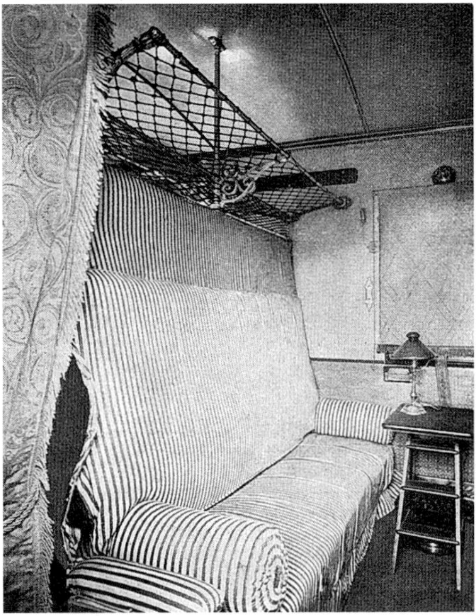

Coupé im Transsib-
Luxuszug

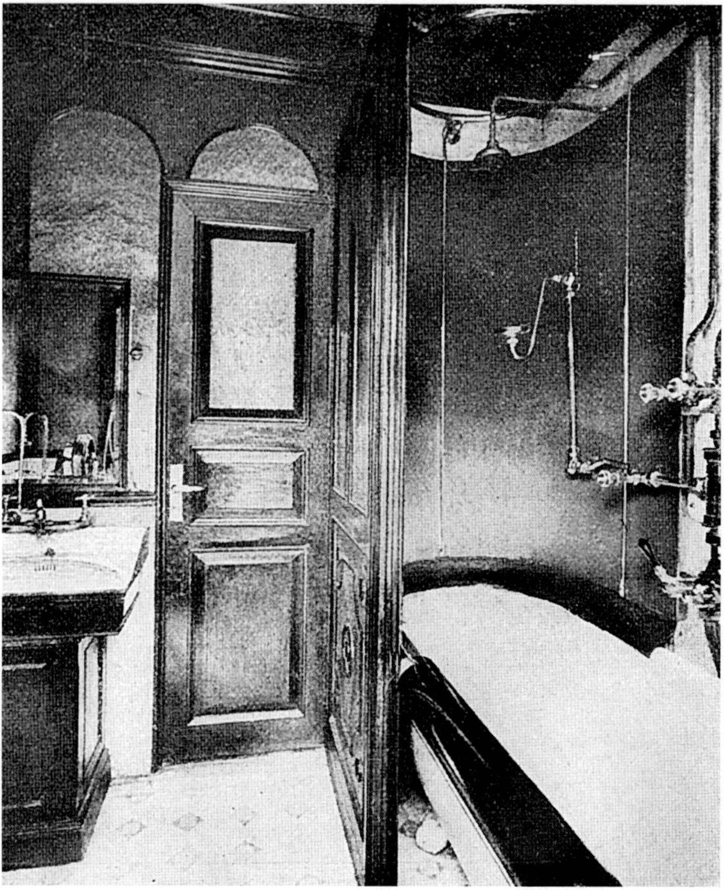

Das Bad im Transsibirien-Express

Die Alexanderbrücke
über die Wolga

Die Brücke über den Jenissei

Der Bahnhof von Irkutsk

Der Bahnhof Baikal an der Mündung der Angara, dem einzigen Abfluss des Baikalsees

Die Tunneleinfahrt durch den die Klimascheide bildenden Gebirgszug mit der Aufschrift »Zum Stillen Ozean«

Eine Dampflokomotive der sibirischen Bahn

Dalny, der Endpunkt der Großen Sibirischen Bahn

Blick zum Moskauer Kreml

mittag nichts zu sehen, da die Mündung des Flusses an dieser Stelle etwa zwanzig Seemeilen breit ist. Wir müssen mit unserer zweiten, schwachen Schraube noch stundenlang gegen die heftige Strömung ankämpfen, bis am Horizont die ersten Streifen Land auftauchen. Uns zur Rechten liegt eine kleine Insel mit einem Leuchtturm.

Während wir uns den Fischerdörfern am Horizont immer mehr nähern, erblicken wir auch die ersten Masten und Schornsteine von Dampfern, die sich alsbald vor unseren Augen immer malerischer gruppieren und deutlich voneinander abheben.

Schanghai

Die Fahrstrecke auf dem Jangtsekiang nach Schanghai ist verhältnismäßig schmal und wird durch lange Streifen angeschwemmten Landes über und unter dem Wasser begrenzt.

Kriegsschiffe, Passagierdampfer, Segeldschunken und Dampfbarkassen schieben sich durcheinander zu einem majestätischen Panorama, das auf einen Mittelpunkt des Verkehrs für die ganze Welt hinweist.

Uns zur Rechten, aus nordwestlicher Richtung, strömt der Jangtsekiang als breite Fläche uns entgegen. Auf ihm ziehen die Schiffe von und nach Nanking und Wutschung bis weit ins Innere des Landes.

Wir aber müssen, um nach Schanghai zu gelangen, in südlicher Richtung in einen Nebenfluss dieses Stromes, den Wusung, hineinfahren und uns dabei zur Vermeidung der Sandbänke eines Schleppdampfers bedienen.

Bis der Kapitän wegen der Bedingungen einig wird, vergehen wieder ein paar Stunden.

Wir beobachten die Kulis auf unserem Schiff beim Mittagessen, wie sie zwei Holzstäbchen von der Länge und Stärke unserer Bismarckbleistifte zwischen den Fingern der rechten Hand halten und damit aus einem irdenen Topf Klumpen Reis oder Stücke eines zerkleinerten gekochten Huhns geschickt herausholen.

Andere blicken träumerisch oder stumpfsinnig um sich, in jener für China charakteristischen Haltung, die jeden Europäer zuerst stutzig macht, indem sie mit eingeknickten Füßen frei auf dem Boden hocken und darauf die Ellenbogen stützen. Mit Ausführung dieses Turnerkunststückes erholen sie sich, wenn sie müde sind, und erheben sich erst wieder, wenn sie sich frisch fühlen.

Andere spielen Stein, Papier und Schere, ganz wie unsere Schulknaben, wobei der Gewinner dem Verlierer ein paarmal lächelnd triumphierend kurze Schläge auf die innere Handfläche versetzt.

Der kleine Dampfer, den der Kapitän besorgt hat, und der sich uns ans Steuerbord legt, erweist sich als untauglich und wird mit einem anderen vertauscht, der uns vorsichtig gegen die Strömung des Wusung vorwärts bringt.

Es wird acht Uhr abends, bis wir vor Anker gehen, und die Dämmerung bricht so schnell herein, dass wir nur beim Schein der elektrischen Lampen etwas sehen können.

Ein anderer Dampfer, der für den Verkehr in der Stadt bestimmt ist, nimmt uns auf und bringt uns im Stockfinstern stromaufwärts an schwach erleuchteten Kais vorbei, wo unzählige Schiffe vor gewaltigen Speichern lagern.

An der Haltestelle springen wir an Land, sehen, dass unsere Koffer beisammen sind, setzen uns in die von Kulis gezogenen Wägelchen und suchen in dem prächtig gelegenen und eingerichteten, hell beleuchteten Hotel Astor unser Logis auf. Es ist mittlerweile so spät geworden, dass man nichts Besseres tun kann, als auf seinem Zimmer zu bleiben.

Der Kuli richtet, ohne dass wir erst einen Wunsch äußern, in dem daneben befindlichen Toilettenraum das Bad an, in dem man sich aber nicht ausstrecken, sondern nur mit zusammengezogenen Knien als Halbchinese sitzen kann.

In dem eleganten, sauberen, mit allem großstädtischen Komfort eingerichteten Zimmer lockt das breite englische Bett, über dem an einem Drehgestell ein faltenreicher Musselinschleier zum Schutz gegen die Moskitos herabwallt. Alles wäre wunderschön ohne die tropische Hitze, die freilich im August nicht wundernehmen kann, da Schanghai ungefähr auf demselben Breitengrade wie Kairo liegt. Des Morgens hatten wir auf dem Schiff fünfundzwanzig, mittags sogar achtundzwanzig Grad Wärme Reaumur, und abends um elf Uhr sind es immer noch vierundzwanzig. Das Nachthemd wird als eine unerträgliche Last empfunden, denn alle fünf Minuten bekommt der Körper einen Ruck, der den Schweiß aus allen Poren heraustreibt.

Ich war vom Endpunkt der sibirischen Bahn über Tschifu nach Schanghai gefahren, wie man sich in Berlin zu einem Ausflug nach Potsdam entschließt, ohne Vorbereitungen und Empfehlungen, nur in der Erwartung, dass auch dort Menschen leben müssen, in deren Gesellschaft man sich zurechtfinden kann.

Zwischen Traum und Wachen klingen durch das offene Fenster aus einem Garten jenseits des Flusses die kraftvollen Klänge des Rienzimarsches an mein Ohr und erfüllen den müden Gast mit der Hoffnung, die sich so oft in weiter Ferne erfüllt hat, freundlich gesinnten und einflussreichen Landsleuten zu begegnen.

Vom Astorhotel führt eine lange Brücke zur Stadt, und schon beim ersten Schritt genießt man einen Auszug von dem in seiner Art einzig zusammengesetzten Leben und der großartigen Lage Schanghais.

Wir sind an einem Hauptpunkt Asiens, der, durch die kaukasische Rasse zu modernem Leben erweckt, dem internationalen Verkehr erschlossen und geschäftlich gewissermaßen elektrisiert worden ist.

Das reine Chinesentum bildet die Bouillon, auf der Engländer und Deutsche, Franzosen und Amerikaner mit ihren weit ausgreifenden Unternehmungen und verfeinerten Lebensgewohnheiten wie Fettkügelchen schwimmen.

Am Zugang zur Brücke steht ein herkulisch gebauter indischer Polizeibeamter, von dessen brauner Hautfarbe sich die gelbe Khakiuniform, die er trägt, und der feuerrote, hochgedrehte Turban, den er sich auf den Kopf gesetzt hat, seltsam abheben. Wie angegossen steht er auf seinem Platz inmitten des unaufhörlichen Gewoges von Menschen, Wagen und Tieren, das ihn umgibt, und lenkt den Verkehr durch bloßes Aufheben der rechten Hand.

Die ausgesuchte Eleganz einer europäischen Millionenstadt mischt sich dabei mit den Sitten und Gebräuchen, die sicherlich mehrere tausend Jahre alt sind.

Ein alter Chinese, der stolz und unzufrieden um sich blickt und dem eine mächtige Hornbrille auf der Nase sitzt, lässt sich in einer Sänfte über die Brücke tragen. Hinter ihm folgen mehrere deutsche Kaufleute in Rikschas.

Darunter hat man kleine, zweirädrige Wagen zu verstehen, in denen immer nur eine Person Platz nehmen kann, und die von zwei Kulis in Bewegung gesetzt werden.

Der eine dieser Burschen, dem auf seine zerrissene bunte Jacke rückwärts eine Nummer aufgedrückt ist, spannt sich in die gabelförmige Deichsel und schlägt mit seinen bloßen braunen Füßen einen schnellen Trab an. Der andere Chinese läuft hinter dem Wagen her, drückt seine rechte Hand an die Stelle, wo sich ein zum Aufklappen eingerichtetes Dach befindet, und schiebt den Wagen in demselben Tempo vorwärts.

Bei dem Europäer, der zum ersten Mal nach China kommt, sträubt sich zunächst das Gefühl, einen Menschen als Zugtier und einen anderen als Schiebewerkzeug benutzt zu sehen. Aber diese Sitte ist so allgemein anerkannt und durchgeführt, dass der Fremde bald keine Wahl hat, als sie mitzumachen. Man erblickt diese Rikschas oft zu hunderten in einer Reihe, wenn sie an den Hauptstraßen halten oder mit den Fahrgästen darüber hinwegrollen.

Es gibt aber noch ein anderes nationales Fuhrwerk geringeren Ranges, das nicht weniger dazu beiträgt, das Straßenbild charakteristisch auszumalen. Es besteht in einer ebenfalls von Kulis gezogenen Karre, die auf einem etwa drei Fuß hohen, massiven hölzernen Rade läuft. Über dem Rade schwebt ein bretternes Gestell, das rechts und links davon je einen schmalen Sitz aufweist.

Während der Chinese vorwärts läuft und seine Last zieht, schweben auf der Karre oft höchst seltsame und verschiedene Werte in der Balance, etwa ein gestohlener Sack Mehl mit einem Polizisten oder ein Schwein mit einer alter Chinesin.

Daneben gibt es aber auch ganz moderne, elegante Equipagen, hinter deren geschlossenen Fenstern die Frau eines angesehenen Mandarins in kostbarer Seidentoilette und glitzerndem Haarschmuck thront, um ab und zu verstohlene Blicke auf die Menschenmenge zu werfen. Auf dem Bock sitzen zwei Chinesen, die in ihren glitzernd hellen Gewändern wie weiße Katzen hocken, während ihre schwarzen Zöpfe lang über den Rücken hängen. Der eine lenkt die Pferde, während der andere die Aufgabe hat, bei einer scharfen Biegung oder wenn es bergauf und bergab geht, während der Fahrt herunterzuspringen, die Pferde am Zaum eine Strecke zu führen und sich dann blitzschnell wieder auf den Bock hinaufzuschwingen. Hierzu kommen die Modedamen, die sich mit ihren Equipagen und Grooms, ihren Toiletten bis auf Hut und Sonnenschirm nach der letzten Pariser und Londoner Mode richten.

In diesem Gewimmel internationalen Lebens und Treibens findet man aber auch chinesische Arbeiter und Bettler, die kaum noch einen Fetzen am Leibe haben und das Bild der äußersten Armut und Verkommenheit darstellen.

Während hier alles Glanz, Luft und Reichtum atmet, wird dort ein Trupp chinesischer Verbrecher mit zusammengebundenen Händen transportiert. Hinter jedem von ihnen geht einer der vorher beschriebenen indischen Polizisten. Er hat den Zopf des Arrestanten sich zweimal um die Finger der erhobenen rechten Hand geschlungen und folgt ihm in dieser Haltung über die Brücke.

Zu beiden Seiten ziehen sich Wasserstraßen hin, zur Linken eine breite, gewundene, der Wusung, der Schanghai mit einem mächtigen, lang gestreckten Bogen berührt und den Schauplatz des gewaltigen Schiffsverkehrs bildet, und der schmalere Sutschau, der sich unterhalb der Brücke in jenen ergießt und für das Auge des Spaziergängers mit dem Neubau des internationalen Krankenhauses abschließt.

Von der Brücke zieht sich am Ufer des Wusung entlang die Hauptstraße Schanghais, der »Bund«, ein Name, der persischen Ursprungs sein soll und für den besuchtesten Verkehrs- und Promenadenweg in den modernen Ansiedelungen Chinas häufig angewendet wird.

Alles, was an Intelligenz und Besitz sich in der Stadt niedergelassen hat, wohnt an dieser prächtigen Uferstraße oder in ihrer unmittelbaren Umgebung. Hier haben sich die großen Bankhäuser, welche ihre geschäftlichen Verbindungen über den ganzen Erdball spinnen, in palastähnlichen Gebäuden niedergelassen. Dazwischen erblicken wir den englischen Gerichtshof, mehrere Konsulate und das Freimaurerhaus.

In Bezug auf monumentalen Stil und heiter anmutende Durchführung der Formen werden sie sämtlich von dem Haus der Ostasiatischen Bank übertroffen, deren Front, Treppenhaus und innere Raumverteilung den Sinn für praktische Bedürfnisse mit einem sicher ausgebildeten Geschmack verbinden. Dass der Erbauer dieses Palais, Herr Becker, ein Deutscher ist, und dass dabei deutsches Material in großem Umfange verwendet wurde, musste ein Berliner Herz besonders froh stimmen. Neben den Bankhäusern fallen die Gebäude der großen Schifffahrtsgesellschaften in die Augen.

Gehen wir den Bund zu Ende, so sehen wir auf einem stattlichen Hause die deutsche Fahne flattern, während davor auf einer hohen Stange sowie in einer Halle die Sturmsignale, das Einlaufen sowie die Termine für das Auslaufen der Schiffe verzeichnet sind.

Hier ist die Firma Melchers u. Co als Vertreterin des Norddeutschen Lloyds und der Hamburg-Amerika-Linie tätig, und ihr Leiter, Herr Korff, besitzt das Verdienst, dem Ansehen des Deutschtums im Fernen Osten nicht nur durch seine kaufmännische Erfahrung und Tüchtigkeit, sondern auch durch das Freundliche und Entgegenkommende seiner Persönlichkeit wichtige Dienste geleistet zu haben.

Wenige Schritte davon, und nur durch eine kurze Brücke getrennt, liegt der »Englische Klub« mit seiner schönen, nach dem Bund zu führenden offenen Terrasse und seinen vortrefflichen Einrichtungen für die Unterhaltung seiner Mitglieder. Um die Frühstückszeit trifft man dort vor allem in dem Bar-Room mit einem Glas Cocktail oder Whisky mit Soda in der Hand eine aus allen Nationalitäten gemischte Gesellschaft, bei der es sich schwer bestimmen lässt, wo die Gemütlichkeit aufhört und das Geschäft anfängt.

Einer besonders herzlichen Aufnahme darf man im Deutschen Klub in Kanton Road sicher sein, wo sich für mich im Lauf einer Viertelstunde, völlig unerwartet und desto willkommener, anscheinend verlorene Beziehungen wieder festigten und neu anknüpften.

Während die chinesischen Kellner im Speisesaal ein paar Flaschen köstlichen Moselwein auf den Tisch stellten und die Unterhaltung sich um die neuesten Vorgänge in Deutschland drehte, war das Gefühl des Fremdseins völlig überwunden und eine feste Grundlage für alles gefunden, was in Schanghai als sehens- und bewundernswert galt. Dem Deutschen Klub genügen übrigens seine bisherigen Räume nicht mehr, und er ist im Begriff, sich ein neues, noch viel großartiger eingerichtetes Heim zu schaffen, wozu die erforderlichen Kapitalien bereits aufgebracht sind.

Vor dem Bund zieht sich ein mit Bäumen bepflanzter breiter, grüner Promenadenweg bis zur Uferstraße am Wusung, und wer ihn bis zu den »Public Gardens« ausdehnt, wird durch ein Denkmal, das sich in geringer Entfernung von ihm erhebt, unwillkürlich gebannt und ernst gestimmt.

Auf einem Unterbau von schwedischem Granit erblicken wir einen zersplitterten und abgebrochenen Mast aus Bronzeguss. Darunter liegen Flagge und Segeltuch, während der Flaggenstock mit dem deutschen Adler geschmückt und von einem Lorbeerkranz umwunden ist. Die Bronzetafeln auf den vier Seiten des Sockels enthalten ein Bild der »Iltis«, die mit ihrer Besatzung an der Küste von Schantung ein Opfer des Taifuns wurde, eine darauf bezügliche Inschrift und die Namen der untergegangenen Seehelden.

Wir gedenken beim Anblick dieses Denkmals, das von dem Kapitän zur See Müller zuerst angeregt, dann von Reinhold Begas meisterlich ausgeführt wurde, wehmutsvoll und ergriffen der treuen, tapferen Söhne unseres Vaterlandes, die, den Wellen und Klippen des Stillen Ozeans preisgegeben, doch bis zum letzten Augenblicke dem Tode unverzagt ins Auge sahen.

Dann wenden wir uns dem erwähnten »öffentlichen Garten« zu, der nach dem Bund und der alten Brücke zu von einem eisernen Gitter umgeben ist. Damit bezweckt man nicht nur, die schmucken Palmengruppen und Blumenbeete, die Kioske und Lauben, die Grotten und Statuen von der Berührung mit dem lebhaften Straßenverkehr abzuschließen. Man will an den beiden schmalen Zugängen darüber wachen, dass der Garten von keinem Chinesen betreten wird, denn ihnen ist die Benutzung des kleinen Parks grundsätzlich untersagt. Die Bänke tragen außerdem die Inschrift »Only for foreigners«. Mehrmals in der Woche finden hier im Sommer Konzerte statt, bei denen man die elegante Welt von Schanghai, die Damen in reizendem seidenem Sommerkostüm mit den chinesischen Dienern zur Seite sowie die Herren im schneeweißen Leinenanzug mit weißer Jacke, Evening-Dress oder Frack in lebhaftem Gespräch sitzend oder lustwandelnd beobachten kann.

Innerhalb des europäischen Viertels von Schanghai hat sich mit den »Public Gardens« noch ein besonderes, gegen die gelbe Rasse abgeschlossenes Eiland gebildet, wo die gute Gesellschaft, oder was man darunter versteht, ganz unter sich ist und Intimitäten lauter als gewöhnlich aussprechen darf, da die Musik alles übertönt, was andere nicht hören sollen. Hier lässt es sich auch am Vormittag in der Einsamkeit angenehm weilen, wenn in der viel beschäftigten Stadt niemand Zeit zum Spazierengehen hat. Der Garten liegt unmittelbar am Wusung, und zwar gerade an der Stelle, wo der Fluss die Biegung macht, die für das Bild der Stadt so entscheidend mitspricht.

Unvergesslich wird mir der Tag in Schanghai sein, als der Taifun, dem ich entgangen war, nun wirklich zur Entfaltung kam und vom Stillen Ozean durch die Mündung des Jangtsekiang und den Lauf des Wusung die Wellen bis nach Schanghai in wilden Aufruhr versetzte. Der Orkan tobte so gewaltig, dass die eisernen Stühle und Bänke umgeworfen wurden und es nicht leicht war, sich auf den Beinen zu halten. Aber gerade deshalb war es unwiderstehlich verlockend, die großen und kleinen Dampfer, Dschunken und Boote zu sehen, die sich trotz alledem den Weg durch die Fluten bahnen wollten.

Während die Wellen immer höher ans Ufer schlugen und auf dem zügellosen Element alles auf und nieder tanzte, der Sturm am Hut und Rockkragen zerrte und so toll blies, dass man halbe Minuten die Augen schließen musste, entstand bei dem Zuschauer die Empfindung, an Bord eines unruhig schwankenden und stampfenden Schiffes zu weilen.

Zwischen den Dschunken, die auf andere Weise nicht vorwärts geschafft werden konnten, standen die braunen, nackten Gestalten der Kulis an seichten Stellen mitten im Wasser. Sie schleppten die Fahrzeuge mühselig an Stricken herüber, bekamen dabei beständig Sturzwellen über den Kopf und benahmen sich mit ihrem Geschrei und ihren aufgeregten Gebärden genauso wie Ertrinkende bei einem Schiffbruch.

Alle Naturereignisse scheinen in Schanghai mit besonderer Heftigkeit aufzutreten. Die Hitze, die mehrere Tage bis zur Unerträglichkeit anhielt, konnte nur durch die leichtesten, weißen Sommeranzüge und zur Vermeidung des Sonnenstichs durch Benutzung des Tropenhelms erträglich gemacht werden. Die eiskalten Getränke, nach denen man beständig Verlangen trug, um die trockene Zunge anzufeuchten, brachten nur vorübergehende Linderung und hatten bald darauf heftige Transpirationen zur Folge. Dann aber trat plötzlich in der Temperatur eine Abkühlung um zehn bis zwölf Grad ein, als ein tropischer Regenguss herniederfiel, der alle Vorräume und Veranden überschwemmte und die Straßen in eine Reihe von Pfützen verwandelte, sodass selbst die Rikschas, auch wenn man sich das Verdeck aufschlagen ließ, keinen Schutz boten.

Von den »Public Gardens« erblickt man auf der anderen Seite der Brücke ein sich lang hinziehendes, vornehmes Gebäude mit Säulenportalen, die weit sichtbar sind und von denen man einen entzückenden Ausblick auf das Stromgebiet und die Gliederung der Stadt genießt.

Hier befindet sich das deutsche Generalkonsulat, dessen Leiter seit Lührsens Zeiten sich durch kluges Eingehen auf die Verhältnisse in Ostasien und ebenso vorsichtige wie energische Förderung unserer vaterländischen Interessen ausgezeichnet haben.

Wie früher Dr. Stübel, ist auch der jetzige Generalkonsul, Dr. Knappe, in jeder Beziehung geeignet, diese guten Überlieferungen weiter zu pflegen und den immer größer werdenden Ansprüchen an Sachkenntnis und Arbeitskraft Rechnung zu tragen.

Auch die Vertreter Knappes, die Herren Boyé und Busse, verstehen in rühmenswerter Weise weitgehende Verbindungen zu pflegen und dadurch unseren Interessen im Auslande die Wege zu ebnen.

Wer ein erschöpfendes Bild von Handel und Schifffahrt in Schanghai gewinnen will, muss mit einem kleinen Dampfer, wie er uns von der Hamburg-Amerika-Linie zur Verfügung gestellt wurde, den Wusung eine Strecke aufwärts fahren und sich davon überzeugen, ein wie fieberhaftes Leben sich hier entwickelt.

Bis zum Arsenal liegen die chinesischen Dschunken in vier und fünffacher Reihe zu tausenden aneinander gekettet am Ufer und glotzen uns mit ihren Augen, die ihnen auf den Bugspriet gemalt sind, halb drollig, halb geheimnisvoll an, während davor alte chinesische Kriegsschiffe, die vor Schmutz starren, verankert sind und Hausboote in langer Reihe von Schleppdampfern stromaufwärts befördert werden.

Unser Dampfer trug uns auch stromabwärts am deutschen Generalkonsulat vorbei, wo wir ein deutsches Kriegsschiff, die »Geyer«, antrafen und zu unserer Freude vernahmen, dass ihr Kommandant, Korvettenkapitän Guthmann, sich an Bord befand. Er saß allein auf dem Promenadendeck und war in die Lektüre eines eben erschienenen militärischen Werkes vertieft, als er uns erblickte, vom Stuhl aufsprang und uns freundlich zu sich einlud. Der militärische Dienst hat ihn nicht gehindert, in seinem Temperament viel von dem jovialen Sinn und der Gastfreundlichkeit seines Schwiegervaters, unseres Konsuls Mohr in Bergen, zu offenbaren, wo unser Kaiser Wilhelm so oft Erholung und fröhliche Anregung während seiner norwegischen Sommerfrische gefunden hat.

Das Ansehen, zu dem es Schanghai im Weltverkehr gebracht hat, ist das Ergebnis von wenigen Jahrzehnten. Erst seitdem die Engländer im so genannten Opiumkrieg, Sommer 1842, die Stadt besetzt und die Öffnung des Hafens erzwungen hatten, ist sie den Europäern zugänglich geworden.

Damals wurde den Siegern unterhalb Schanghais ein so genanntes »Settlement«, wie der englische Ausdruck lautet, angewiesen, für das eine geringe Pachtsumme für alle Zeit zu entrichten war. An die englische Ansiedlung wuchs eine französische und eine amerikanische heran, mit der unsere deutsche in Verbindung steht.

In dieser europäischen Niederlassung, die etwa zehn Quadratkilometer umfasst, sind alle Straßen, die von Osten nach Westen, also dem Bund und der Uferstraße am Wusung zustreben, nach Städten benannt.

Die wichtigste ist die Nanking Road, wo sich die eleganten europäischen Verkaufsläden mit allem, was zum verfeinerten Bedürfnis des Lebens in der Gesellschaft gehört, aneinander reihen.

Deutschland begrüßt uns hier nicht nur mit vielen leistungsfähigen und angesehenen Firmen, sondern auch mit der Redaktion und dem Verlag des »Ostasiatischen Lloyd«, eine Wochenschrift, die bereits im Jahre 1885 begründet wurde, aber erst unter ihrem jetzigen Leiter, C. Fink, durch ihren vielseitigen und sorgfältig ausgewählten Inhalt, ihre entschiedene, dabei immer gerechte und taktvolle Betonung deutscher Interessen ihren großen Einfluss erlangt hat.

Durch sein gründliches Studium von Land und Leuten und seine persönliche Beliebtheit ist es Herrn Fink gelungen, seinen Wirkungskreis immer mehr zu erweitern und daneben auch noch eine illustrierte Monatsschrift »Der ferne Osten« ins Leben zu rufen.

Das Europäertum, das dem Fremden auf der prächtigen Uferpromenade am Wusung in die Augen fällt und ihn überall gastlich empfängt, behauptet noch eine Weile seine Kraft, wenn er in die Nanking Road einbiegt. Er trifft dort eine deutsche Buchhandlung, französische Kunsthändler und englische Modegeschäfte. Dann werden aber die modernen, massiven Häuser unterbrochen von bunten chinesischen Buden und Läden, und schließlich bekommt die Straße den Charakter des himmlischen Reichs.

Auf einen großen Teil der Zopfträger hat die europäische Ansiedlung bereits eine so große Anziehungskraft ausgeübt, dass sie ihre alte Stadt mit den engen, schmutzigen Gassen und der verfallenen Mauer verlassen und den modernen Lebensansprüchen Rechnung getragen haben.

Ein großer Renn- und Spielplatz zur Linken und ein umfangreiches Hotel zur Rechten deuten wohl noch auf ein internationales Leben hin. Aber das Eigenartige der Bevölkerung, die unter den Europäern ein neues Leben beginnt, tritt uns doch mit voller Unmittelbarkeit entgegen.

In den Salons unserer Freunde und im Gespräch mit klugen Frauen hatten wir fast vergessen, dass wir in China sind. Nun aber erblicken wir an der Ecke der Nanking Road in Begleitung eines Polizisten einen armseligen Burschen, der einen großen, viereckigen Halskragen aus Holz trägt. Auf dem Brett ist sein Name und die Tatsache verzeichnet, dass er eines Diebstahls überführt worden ist.

Wir fahren hinaus ins Freie nach einem chinesischen Dorf, das aus einer einzigen langen Straße besteht und gerade so ordentlich und sauber ist, wie die alten chinesischen Städte schmutzig zu sein pflegen. Wir kommen an reizenden Villen und alten Tempeln vorbei und lassen den Wagen an einem chinesischen Teehaus, den »Yun-Yuen Gardens«, halten, um uns zu erfrischen.

Was uns hier beim ersten flüchtigen Blick umfängt, dann beim Betrachten der Anlagen auf Schritt und Tritt unser Interesse erregt und uns endlich mit stummem Schauen und Staunen erfüllt, ist ein vollendetes Märchen aus einer Welt, die wir bisher immer ins Land der Träume verwiesen haben.

Wir schreiten durch das absichtlich schief gebaute Eingangstor über den Hof zu kleinen Häuschen mit bunten, überhängenden Dächern, verschnörkelten Fenstern, zu einsamen Teichen, die von Lotosblumen überragt und so dicht bewachsen sind, dass sie wie eine feste, grüne Masse aus Malachit vor uns schimmern. Wir lassen uns an Marmortischen mit eingelegten Arbeiten nieder und verlangen Tee. Ohne hörbar zu gehen oder ein Wort zu sagen, stellt der Chinese lächelnd die Kanne auf den Tisch, bereitet den Tee für jeden Gast besonders und gießt ihn dann aus einer größeren Tasse in eine kleinere.

Unbeweglich hängen farbige Lampions aus Papier über unseren Köpfen, und wir lauschen, ob nicht irgendwo in der Luft ein Glockenspiel ertöne. Aber es bewegt sich nicht ein Blättchen, es erklingt nicht der leiseste Laut.

Uns gegenüber sitzt in der Laube eine chinesische Familie. Der Alte hat sich rückwärts in einen Stuhl gelehnt, mit einer Pfeife im Mund, mit zusammengelegten Händen im Schoß und Blicken, die ins Unbestimmte und Weite gerichtet sind. Die Mutter scheint zu schlafen, und nur das Mädchen rührt sich ein wenig, indem es einem großen braunen Affen, der auf dem Geländer sitzt, seine Rechte träge zum Spielen überlässt.

Der heiße Tee löscht unsern Durst, und die Leinwandlappen, die wir in fast kochendes Wasser tauchen und mit denen wir uns Stirn, Schläfe und Hände abwischen, wirken kühlend wie ein frischer Luftzug.

Wir erheben uns wieder und gehen noch weiter durch die engen, gewundenen Gänge des Gartens, über schmale Brücken und unter herabhängenden Zweigen, an Götzenbildern aus Stein und Bronze vorbei, blicken in die Nischen des Teehauses, in die sich immer mehr verengenden Winkel, und kommen in eine völlige Weltabgeschiedenheit hinein, als ob hier Buddha selbst träume.

Aus dieser geheimnisvollen Stille, bei welcher man jeden Atemzug zu hören glaubt, diesem leisen, farbigen Spiel, das ein unerklärliches Rätsel zu umschließen scheint, diesen stummen Menschen, die unter Blumen und Blättern verschwinden, diesen seltsamen Torbogen, Terrassen, Nischen und Lauben, wo nur Licht und Schatten miteinander plaudern, werden wir plötzlich in das bunteste Leben, das wirrste Durcheinander von allen nur möglichen Eindrücken auf Auge und Ohr versetzt, wenn wir uns während der Abendstunden nach der Futschau Road begeben.

Diese Straße liegt ebenfalls innerhalb der europäischen Ansiedlung und bildet den Schauplatz für alles, was man sich unter Eleganz und Zerstreuung für eine endlose, durcheinander kribbelnde Menschenmenge vorzustellen vermag. In den ersten fünf Minuten wird man von dem farbigen Lichtschimmer, der in den Läden und auf den Balkons vor unseren Augen tanzt, geradezu geblendet und durch die verschiedenen tausenden Stimmen der Händler, Ausrufer, Lastträger, Fuhrleute, Musikanten und Sängerinnen betäubt. Man fürchtet, im Gedränge die Freunde mit ihrem Führer zu verlieren, in dem Gewirr zu verschwinden, überlaufen oder überfahren zu werden.

Aber in diesem Ameisenhaufen weiß jeder sein Plätzchen zu finden und geschickt auszuweichen, wenn er dem anderen in den Weg kommt. Alles ist lustig und beweglich, harmlos und liebenswürdig wie bei einem Volksfest in Italien.

Der vornehme Chinese schämt sich nicht des Bettlers, und der Europäer wird nirgends belästigt, mag er sich noch so neugierig in den Kaufläden umsehen und hundert Sachen betrachten und berühren, ohne etwas zu erstehen. Fächer, Malereien, Schmucksachen, kostbare Seidengewebe, Spielzeuge, Konditorwaren sind in den offenen Läden aufgeschichtet. Alles, wonach wir fragen, wird uns bereitwillig gezeigt und mithilfe des Dolmetschers freundlich erklärt.

Über einen Balkon hinweg blicken wir in einen festlich erleuchteten Saal, in dem das Licht aus bunt bemalten Gaslaternen oder Lampions auf Säulen mit Segenssprüchen, blühende Bäume, farbige Tapeten und ein Bild Buddhas, das von rot brennenden Kerzen umgeben ist, herabfällt. Wir treten in das Haus ein, in dem sich eines der feinsten chinesischen Restaurants befindet, geben den dickbäuchigen, klug schmunzelnden Herren, mit denen wir bekannt gemacht werden, die Hand und setzen uns an einen der runden Tische, die mit weißer Leinwand gedeckt sind.

Es beginnt ein niedliches Knabbern aus den Schälchen und Schüsseln, die entweder bereits auf dem Tisch stehen oder alsbald aufgetragen werden und aus denen man sich mit elfenbeinfarbenen Stäbchen die verschiedensten Sachen, Mandeln und Nüsse, Eierstücke, gebratenes Huhn, Käse und Früchte, herausangelt.

Nach diesem Horsd'œuvre sollten eine Vogelnestersuppe, Haifischflossen und ähnliche Leckerbissen an die Reihe kommen. Aber wir entsagten, um von dem originellen Schauspiel auf der Straße nichts zu verlieren.

Inzwischen hatte das lärmende und dabei doch so interessante Treiben in Futschau Road noch zugenommen. Die Verkäufer liefen wie toll hinter uns her, ohne uns jedoch lästig zu werden, denn schon bei der ersten abweisenden Handbewegung zogen sie sich lächelnd und bescheiden wieder zurück.

Die Neugierde lockte, immer weiter in die Lokale einzudringen, wo getrunken und geraucht, gesungen und gespielt wurde.

Aus dem unaufhörlichen Gewühl traten die Gestalten jugendlich hübscher, reich geputzter und geschminkter Mädchen hervor, die entweder in Rikschas gefahren oder von Kulis auf den Schultern getragen wurden, sodass man sie schon von weitem über den Köpfen der Übrigen erblicken konnte, wie sie sich in der Straße auf und ab bewegten. Diese niedlichen Erscheinungen, die wie Blumen dahinschwebten, waren die Sing-song-Girls, deren musikalischen Vorträge bei einer chinesischen Abendunterhaltung unentbehrlich sind. Die Mädchen sind nicht einem bestimmten Konzertlokal verpflichtet, sondern treten im Laufe des Abends an verschiedenen Stellen auf und zeigen ihre Kunst auch sonst überall, wohin man sie einlädt.

Die Singspielhallen bilden große, niedrige Säle, die um diese Stunde so besucht sind, dass wir nur mit Mühe noch ein paar freie Plätze entdecken. Aber der chinesische Kellner macht für uns geschickt eine Gasse frei. Die Chinesen rücken auf der Bank zusammen, und wir können durch zwei Pfeiler gerade den Blick auf die Bühne richten, wo sich in raucherfüllter Atmosphäre ein ganzes Dutzend dieser Volkssängerinnen niedergelassen hat und eine jede von ihnen wartet, bis die Reihe an sie kommt.

Immer neue Gäste treten in den Saal, immer qualmiger wird die Luft, und immer lästiger strömt uns der Schweiß von der Stirn, während der bezopfte Kellner uns Tee und Zigaretten bringt. Der chinesische Nachbar bietet uns höflich Feuer an, und wir versuchen nach Kräften, die Luft qualmend noch mehr zu verschlechtern.

Da dringt ein Kreischen und Quietschen an unser Ohr, als ob jemand, dem man die Fußsohle mit Stecknadeln bearbeitet, seinen Schmerzen Ausdruck verleihe, während gleichzeitig die Saiten einer Gitarre gerissen werden. Dies seltsame Konzert muss von dem Fräulein herrühren, das sich aus dem Kreise ihrer Genossinnen soeben erhoben hat und schon nach den ersten Tönen von den Zuhörern mit lebhaftem Beifall begrüßt wird. Von Rhythmus und Melodie in unserem Sinne lässt sich beim besten Willen nichts unterscheiden, und die Worte, die gesungen werden, verstehen wir natürlich auch nicht.

Die Sing-song-Girls machen mit ihren bunten Kleidern, ihren geschminkten Gesichtern, ihren pechschwarzen Haaren, deren Frisur ein kleines Kunstwerk bildet und aus denen goldene Nadeln hervorglitzern, den Armbändern an den Handgelenken und den Ringen an den Fingern den Eindruck von geschickt ausgeführten Wachsfiguren.

Wenn sie lächelnd um sich blicken, die Tasse Tee zum Munde führen oder aufstehen, um eine Gesangsnummer vorzutragen, glaubt man, dass nicht Fleisch und Blut, sondern ein feiner Mechanismus all diese Bewegungen und seltsamen Töne, die wir zu hören bekommen, hervorbringe. Hitze und Rauch treiben uns nach einer halben Stunde aus diesen Räumen wieder hinaus.

Wir betrachten uns nur noch die Parterreräumlichkeiten näher, die wir vorher hastig durchschritten hatten, und verfolgen dabei einen schmalen Gang, in dem zu beiden Seiten Nischen angebracht sind. Das Holzgetäfel ist schwarz. Auf den Bänken und an den Wänden liegen seidene Kissen. Von oben fällt aus einer halb verhüllten Ampel ein matter rötlicher Schein in die stillen Gemächer, in denen wir zunächst nur Schatten und Umrisse erkennen. Allmählich treten aber aus dem Halbdunkel menschliche Gestalten und Glieder hervor, aber in so seltsamen Stellungen und Verrenkungen, wie man sie sonst nur von Kautschukmännern ausgeführt sieht.

Wir sind bei den Opiumrauchern angelangt. Einzelne liegen auf dem Rücken, haben die Beine nach oben an die Wand gestreckt und lassen den Kopf nach unten sinken, indem sie sich mit einer Hand auf die Erde stützen. Andere hocken mit zusammengezogenen Füßen klumpenartig in einer Ecke der Nische oder liegen wie tot platt auf dem Boden. Überall erblickt man ein Flämmchen, und hier und dort streckt sich ein schlaffer Arm aus, um die erloschene Pfeife mit dem Kügelchen Opium wieder in Brand zu setzen. Die Augen der Menschen, die in dieser Atmosphäre atmen, sich betäuben und seligen Phantasien nachjagen, sind entweder ganz geschlossen oder blicken uns mit immer mehr zufallenden Lidern matt und starr wie aus gläsernen Kugeln an, während um die Lippen ein verzerrtes Lächeln spielt. Die völlige Abgestumpftheit der Außenwelt gegenüber, die an ihnen gleichgültig vorbeischwebt, und die Einkehr in wild durcheinander jagende Träume von Luft bilden für wenige Stunden eine Seligkeit, die diese Unglücklichen teuer bezahlen müssen.

Wer sich nur ein halbes Jahr lang dem Opiumgenuss in solcher Weise hingibt, kann sich ihm nicht wieder entreißen und geht daran allmählich zugrunde. Der wonnigen Betäubung folgt ein trauriges, ödes Erwachen, und immer stärkere Mengen müssen angewendet werden, um den ersehnten Rausch herbeizuführen, bis schließlich der Organismus völlig zerstört ist.

In Schanghai behauptet das Hotel Astor noch immer seinen ersten Rang wegen der eleganten und zweckmäßigen Einrichtungen, die dem Fremden dort sowohl für kürzeren wie längeren Aufenthalt geboten werden.

Obwohl das Hôtel des Colonies am Bund, namentlich was Küche und Keller betrifft, ihm kaum nachsteht, ist jenes doch der Sammelpunkt der verwöhnten internationalen Gesellschaft geblieben, die auch in der Nähe des Jangtsekiang auf die Annehmlichkeiten eines Hotels und Restaurants ersten Ranges, wie man es im westlichen Europa antrifft, nur ungern Verzicht leistet.

Im Sommer ist dort für alles gesorgt, was man beanspruchen kann, um die Schwüle des Tages erträglich zu machen. Die schweren Teppiche und Vorhänge, welche die Räume im Winter schmücken, sind beseitigt, und durch die geöffneten Fenster und Türen weht beständig eine Brise, die sich bis zu den Lese-, Spiel- und Konversationsräumen wohltuend bemerkbar macht.

Der Speisesaal ist von imponierender Ausdehnung und in vier bis fünf Längsreihen mit kleinen runden Tischen besetzt, die für die Hotelgäste mit besonderen Nummern belegt sind, sodass man bei den Mahlzeiten sich nicht erst nach einem Platz umzusehen braucht, sondern sofort weiß, wohin man gehört. In dem Preis, den man für das Zimmer bezahlt, ist immer auch der Betrag für erstes und zweites Frühstück sowie Diner einbegriffen.

Die Speisekarte besteht aus einer Fülle von Gerichten, unter denen man nach Belieben und in unbeschränkter Anzahl wählen kann. Sie werden nach den Nummern bestellt, und die Hauptmahlzeit enthält deren nicht weniger als achtzehn bis zwanzig, die in kleinen, den Appetit reizenden Portionen aufgetragen werden.

Die chinesischen Diener sind von vollendeter Aufmerksamkeit und Geschicklichkeit und dabei, was in einem großen Speisesaal und bei vielen Gästen von Wichtigkeit ist, beim geschäftigen Hinundhereilen, bei der Hantierung mit Flaschen, Gläsern und Tellern von solcher Geräuschlosigkeit, dass man sie kaum bemerkt. Sie lesen den Gästen die Wünsche gewissermaßen vom Gesicht ab und sind immer da, wenn man sie braucht. Ihr Diensteifer wird außerdem in keiner Weise durch Trinkgelder bestimmt, denn dergleichen klingende Ermunterungen sind in China unbekannt. Glaubt ein Fremder, sie dennoch austeilen zu müssen, so macht der Bursche mit dem tadellosen weißen Anzug und dem sauber geflochtenen, lang herunterhängenden Zopf ein geradeso erstauntes Gesicht wie ein europäischer Kellner, wenn man ihm bei solchen Gelegenheiten nichts gibt.

Von der Decke hängen in zwei Reihen so genannte Punkas herab, lange, viereckige Gestelle, die mit Stoff bezogen und mit Fransen verziert sind. Sie werden vom Korridor aus durch Kulis, die an Stricken ziehen, in regelmäßig schwingende Bewegungen gesetzt und erzeugen dadurch einen erfrischenden Luftzug. Im Winter werden diese Punkas, die man auch in jedem besseren Privathause über dem Speisetisch findet, von der Decke heruntergenommen und die Zimmer genauso wie bei uns mit Teppichen, Decken und Vorhängen warm und wohlig ausgestattet.

Die schönste Jahreszeit für Schanghai ist der Herbst, der vom September bis Mitte oder Ende November einen fast beständig klaren Himmel und köstliche Frische mit sich bringt.

Der Winter unterscheidet sich trotz der südlichen Lage nur wenig von dem unsrigen, denn er verlangt ebenfalls regelmäßig geheizte

Öfen, und die Damen können ihre Pelzsachen geradeso gut verwerten wie in Berlin.

Eine so große Lebenskraft Schanghai atmet, so mächtig die Entwicklung dieser Stadt unter dem Einfluss der Europäer geworden ist, darf man doch als sicher annehmen, dass sie mit ihrer Bedeutung als gewaltiges Bindeglied zwischen China und Europa ihren Höhepunkt noch lange nicht erreicht hat. Sie ist durch ihre Lage von Natur aus dazu bestimmt, Mittelpunkt eines unermesslichen Weltverkehrs zu werden, der die im Innern verschlossenen Schätze Chinas allen Kulturvölkern mitteilt.

Schon Marco Polo, der kühne venezianische Reisende, der im dreizehnten Jahrhundert mit so beispiellosem Mut und scharfer Beobachtung nach Asien vordrang, war von dem Jangtsekiang und dem Verkehr, der sich auf ihm bereits zu jener Zeit abspielte, entzückt.

Die Mündung des Flusses befindet sich etwa in der Mitte der chinesischen Ostküste, und seine Strömung ist eine so starke, dass er das ganze Jahr hindurch der Schifffahrt zugänglich bleibt. Die größten Dampfer können bis nach Nanking fahren, und für kleinere Schiffe ist diese Wasserstraße auf eine Entfernung von sechshundert Seemeilen, bis nach Hankau, dem Hauptsitz des chinesischen Teehandels, frei.

Treffend bemerkt Georg Wegener in seinem gehaltvollen Buche »Zur Kriegszeit durch China 1900/1901«, dass die Grenze der Dampfschifffahrt auch bei Hankau noch nicht erreicht ist, und dass kleinere Flussdampfer seit mehreren Jahren bis zu dem noch dreihundertfünfzig englische Meilen weiter aufwärts gelegenen Vertragshafen Itschang vordringen, der von der Küste so weit entfernt ist wie die Luftlinie von Berlin nach Tunis oder Sewastopol.

Der Jangtsekiang wird außerdem sowohl nach Norden wie nach Süden von einem ganzen Netz von Nebenflüssen gespeist, sodass es sich, wenn von ihm die Rede ist, um ein ganzes Stromgebiet handelt, das den Weltverkehr mit kräftigen Armen in das Innere Chinas lockt.

Seitdem vor sechzig Jahren durch die englische Eroberung die Einkapselung der Stadt gebrochen wurde, hat sich das Europäertum als ruhelos vorwärts treibende Kraft bewährt und auch auf die Eingeborenen belebend und verjüngend zurückgewirkt.

Wer die Chinesen in ihrer alten Stadt in dem Schmutz ihrer Gassen und verfallenen Häuser beobachtet hat, mag glauben, dass sie die ausgetretenen und zerrissenen Schuhe ihrer Geschichte überhaupt nicht mehr abstreifen können. Aber ihre Brüder, die in der europäischen Niederlassung wohnen, sind schon jetzt an Bevölkerung dreimal so stark wie jene und lernen unaufhörlich von den siebentausend Europäern, die ihnen zuerst als Fremde und Feinde erschienen, dann aber zu geistigen Führern und nachahmenswerten Vorbildern wurden.

Von Schanghai gehen große, elegant eingerichtete Dampfer deutscher, englischer, österreichischer und japanischer Gesellschaften nach Vorderindien und Hongkong, nach Tientsin, also in die Nähe von Peking, und nach Japan. Die Russen haben außerdem seit wenigen Monaten im Anschluss an die sibirische Bahn eine neue vortreffliche Schiffsverbindung zwischen Dalny und Schanghai hergestellt. Die beiden Doppelschraubendampfer »Mongolia« und »Mandschuria«, die auf dem Stabilimento tecnico in Triest gebaut sind und in der Stunde bis siebzehn Knoten laufen, bewerkstelligen die Überfahrt von frühmorgens um vier Uhr bis zum Abend des nächsten Tages, also in ungefähr vierzig Stunden.

So erweist es sich immer mehr, dass die Behauptung, Schanghai bilde gegenwärtig das Herz Chinas, in der Tat zutreffend und für das Europäertum dort ein Schauplatz geschaffen sei, wie er sich zum zweiten Mal nicht so leicht wieder findet.

Seit der Zeit, als Prinz Heinrich während seines ostasiatischen Kommandos und Graf Waldersee während des chinesischen Feldzuges mit ihren Truppen in Schanghai erschienen, hat auch der deutsche Einfluss seine gebührende Bedeutung erlangt. Am Jangtsekiang ist unser Handel zu erfreulicher Blüte gelangt, und die deutsche Niederlassung in Hankau beweist, dass unsere Regierung auch nach dieser Richtung vorwärts schreiten will.

Trotzdem lässt es sich nicht leugnen, dass bei den Unternehmungen unserer Kaufleute, denen niemand Mut und Verständnis absprechen kann, gerade jetzt eine gewisse Stockung eingetreten ist, weil unsere Finanzkräfte mit der Entwicklung der Dinge in China nicht gleichen Schritt halten.

Die Deutsch-Asiatische Bank, die aus der Vereinigung unserer stärksten Finanzquellen hervorgegangen ist, hat in der Provinz Schantung mit Eisenbahn- und Bergbauunternehmungen Treffliches geleistet, scheint sich aber für andere Teile Chinas, die sich von Schanghai beherrschen lassen, kaum zu interessieren. Es liegt die Gefahr nahe, dass sich Deutschland in dieser Beziehung von anderen Nationen den Rang ablaufen lässt.

Frankreich sorgt unaufhörlich für seine Kolonie Tonkin, um sie zu einem Einfallstor für China zu gestalten, und wird durch seine im Bau begriffene Eisenbahn von Hanoi nach Yünnan in eine der reichsten Provinzen des Landes eindringen.

Japan schickt seine Agenten über das ganze chinesische Reich und übt namentlich auf die Schifffahrtslinien einen bedeutenden Einfluss aus.

England hat kürzlich die Konzession für die Bahn von Schanghai nach Nanking erhalten, die ein sehr aussichtsreiches Unternehmen zu werden verspricht, ferner im Norden eine Eisenbahn von Tientsin nach Paotingfu, im Süden eine solche von Hankau nach Kanton begonnen und bewirbt sich gegenwärtig um eine Konzession für eine Bahnlinie, die von Schanghai den Jangtsekiang entlang bis zur Hauptstadt der Provinz Szechuan führen soll.

Überall treffen wir französische, englische, belgische und amerikanische Ingenieure in maßgebenden Stellen. Nur in Deutschland scheint man augenblicklich, wie der Ausdruck lautet, »chinamüde« geworden zu sein. Es ist unsere Hoffnung und unser Wunsch, dass der deutsche Unternehmungsgeist, frei von kleinlichen Bedenken und unfruchtbarer Zaghaftigkeit, in dem Wettbewerb der übrigen Nationen nicht zurückbleiben, sondern vielmehr danach streben werde, dereinst auch in Schanghai eine führende Rolle zu übernehmen.

Sikawei

Wir sitzen abends in dem hübschen Garten des Astorhotel in Schanghai und atmen nach der unerträglichen Glut der letzten Tage endlich einmal auf. Der »Boy« hat uns bereits die vierte Flasche Sodawasser auf den Tisch gestellt, und wir mischen das kühlende Getränk aufs Neue mit dem ausgezeichneten Whisky, der ihm belebende Kraft verleiht. Der Schein des elektrischen Bogenlichts lässt eine bunt zusammengesetzte Gesellschaft von Europäern erkennen, die sich hier zum Nachttrunk eingefunden haben.

Ganz in unserer Nähe sitzen englische und amerikanische Kaufleute mit ihren Frauen und besprechen die neuesten Tagesereignisse. Nicht weit davon hat ein deutscher Gelehrter, der zu landwirtschaftlichen Studien eine Reise um die Welt unternimmt, seine Brille auf die Stirn geschoben und sich in die »Schanghai Times« vertieft.

In der Nähe des Büfetts, das im Garten aufgestellt ist, stößt eine größere Gesellschaft mit dem Glase Sekt in der Hand auf das Wohl eines weißbärtigen alten Herrn an, der abends mit dem Schiff nach Dalny abfahren will. Beim Heimweg aus dem Klub sprechen noch ein paar Junggesellen, die sich als unsere Landsleute zu erkennen geben, in dem Gartenrestaurant vor und erzählen sich lustige Geschichten über »Menschliches, allzu Menschliches«, das sich in den Boudoirs von Schanghai ereignet haben soll.

An den Fenstern des stolzen Gebäudes, das dem deutschen Generalkonsulat gehört, sind die letzten Lichter bereits erloschen, und auch die Klänge des Konzerts, das im Public Garden veranstaltet wurde, sind verhallt. Nur am Bund, wo der Verkehr niemals ganz zur Ruhe kommt, zeigt sich noch Leben, und auf der Brücke neben uns hört man lautes Schwatzen und Zanken von Kulis, die mit ihren Rikschas angefahren kommen.

Der Orkan, der den ganzen Tag durch die Stadt raste, ist noch immer nicht zur Ruhe gekommen. Am Himmel werden dunkle Gewitterwolken wild durcheinander gejagt, und der Wusung lässt seine Wellen am Ufer wie früher hoch aufspritzen. Aber in der geschützten Nische des Gartens, wo wir Platz genommen haben, empfinden wir nur das Wohltuende der Kühlung, die zu uns herüberweht. Während wir die bedeutungsvollen Ereignisse besprechen, die in den letzten Jahren über Schanghai hinweggezogen sind, vergeht die Zeit so schnell, dass wir gar nicht merken, wie es plötzlich ein Uhr in der Nacht geworden ist und der Garten sich bereits geleert hat. Die Zeche wird von den Einheimischen mit Bons bezahlt, die man ihnen am Ende des Monats zur Honorierung vorlegt. Bevor wir aber noch zu Hut und Stock greifen, fragt mich einer aus der Gesellschaft, ob ich schon in Sikawei, der berühmten meteorologischen Station in der unmittelbaren Nähe von Schanghai, war. Als ich diese Frage verneinte, verspricht mir mein liebenswürdiger Kollege C. Fink, der Herausgeber des »Ostasiatischen Lloyds«, mich am Mittag des nächsten Tages mit seinem Wagen abzuholen und zu den Brüdern hinauszufahren, unter deren Leitung diese wissenschaftliche Anstalt steht, und die ihr zu einer unermesslichen Bedeutung für die Schifffahrt an der ostasiatischen Küste verholfen haben.

Unser Gefährt bewegt sich in westlicher Richtung von Schanghai auf einer gut erhaltenen Landstraße neben einem ausgetrockneten Kanal. Wir sehen hübsche Villen und Gartenanlagen an uns vorbeiziehen. An einzelnen Stellen ragen aus der Erde einsame Gräber empor, die der Ahnenkultus der Chinesen pietätvoll erhalten hat und die nun auf dem Wege stehen, den sich der moderne Verkehr gebahnt hat. Nach acht Kilometern kommen wir zu einem Dorf, dessen Bewohner sich trotz der Bescheidenheit ihrer Existenz rühmen, von einem Minister abzustammen, der sich zu Anfang des 17. Jahrhunderts zum Christentum bekehren ließ und bei der Ausbreitung der neuen Heilslehre selbst eifrig tätig war. Er trat von seinem Amt zurück, entsagte dem Glanz des Hoflebens in Peking und kehrte nach seiner Vaterstadt Schanghai zurück, um dem Glauben, den er von den Jesuiten angenommen hatte, treu zu bleiben und einen Mittelpunkt für deren Missionsbestrebungen zu bilden.

Das Kühne und Erfolgreiche seines Unternehmens muss uns mit umso größerer Bewunderung erfüllen, als China zu jener Zeit von der Außenwelt noch völlig abgesperrt war und die Missionare bei ihren Bekehrungsversuchen nirgends Unterstützung und Schutz fanden. Ein großer Teil von ihnen musste in der zweiten Hälfte des 18. Jahrhunderts ihren Glaubenseifer mit dem Tode bezahlen, und die christlichen Ansiedelungen wurden gewaltsam beseitigt. Nur in dem Dorf Sikawei erhielt sich eine von ihnen und blühte im Verborgenen weiter. Mit der Erschließung Chinas Mitte des vorigen Jahrhunderts kam eine neue Entwicklungsperiode über diese Kolonie, die sich nun mit unbeugsamer Energie wissenschaftlichen und pädagogischen Zielen zuwendete, um auf beiden Gebieten in kurzer Zeit Bewunderungswürdiges zu leisten.

Verbinden wir sonst mit dem Wesen der Jesuitenlehre die Vorstellung eines finstern Glaubensfanatismus, der sich vom Leben abwendet und die Natur des Menschen einer engherzigen, religiösen Weltanschauung zuliebe unterdrücken will, so finden wir die Patres von Sikawei durchaus auf der Höhe des modernen Geistes, der keine Schranken duldet, sondern sich bei der Bewältigung neuer Aufgaben immer wieder verjüngt. So wurde an der Ostküste Chinas eine Musteranstalt gegründet, die, nach europäischem Vorbild eingerichtet, allmählich eine außerordentliche Wichtigkeit erlangt hat. Wird in ihr die Jugend zu wissenschaftlicher Tätigkeit herangebildet, so breitet sie gleichzeitig ihren schützenden Einfluss über weite Gebiete des Stillen Ozeans aus.

Meteorologische Stationen finden wir gegenwärtig auf der ganzen Welt. Sie dienen dazu, die Natur und den Charakter der Winde, die Beschaffenheit der Luft nach Druck, Temperatur und Feuchtigkeitsgehalt sowie das ganze Gebiet der Wetterkunde mit Blitz und Donner, Regen und Nebel zu erforschen und dadurch die Gesetze festzustellen, nach denen sich diese Naturerscheinungen entwickeln. Wir finden dergleichen Stationen, die mit Instrumenten in verschiedenartigster Ausführung und Verfeinerung ausgerüstet sind, in den großen Städten, an Küstenplätzen und auf den Spitzen der Hochgebirge. Ihre Leitung erfolgt von den Zentralstellen, welche die täglich einlaufenden Beobachtungen sammeln, sie wissenschaftlich verarbeiten und praktisch verwerten. Für Deutschland hat diese Aufgabe die Seewarte in Höhe übernommen, die ihre Angaben von ganz Europa empfängt. Ihre Mitteilungen lesen wir allabendlich in der Tagespresse, und ihre Sturmsignale gehen zur Sicherung der Schifffahrt unserem gesamten Küstengebiete zu. In ihr besitzen wir die wissenschaftliche Summe dessen, was durch jahrhundertelange Forschungen auf dem Gebiet der Meteorologie überhaupt zutage gefördert wird.

Mit gerechter Bewunderung muss es uns daher erfüllen, auch innerhalb des chinesischen Reichs und in der Nähe des Stillen Ozeans einer Schöpfung zu begegnen, die sich auf gleicher Höhe der Erkenntnis hält und dieselben Ziele wie unsere deutsche Musteranstalt verfolgt. Am 1. Januar 1901 wurde in dem Dorf Sikawei das von den Jesuiten begründete Observatorium eröffnet, das mit Recht für eine der größten Sehenswürdigkeiten in und um Schanghai gilt. Mag der Laie auch nur ein unvollkommenes Verständnis für die stille und geheimnisvolle Tätigkeit besitzen, die hier bei der Beobachtung der Luft und Witterungsverhältnisse entfaltet wird, so nimmt er von dem Besuch dieser Anstalt doch einen unauslöschlichen Eindruck mit, wenn er erfährt, von welcher Wichtigkeit für Handel und Schifffahrt die Forschungen sind, die an dieser Stelle angestellt werden.

Die ungeheure Strecke von der Mündung des Amur bis nach Saigon und tausende von Kilometern in östlicher Richtung unterliegen den Beobachtungen dieses Observatoriums. Täglich laufen etwa fünfzig telegraphische Mitteilungen ein, die mit ihren Zahlen in die Register eingetragen werden und aus denen sich praktische Schlussfolgerungen ziehen lassen. Kein Dampfer läuft von den Häfen des Stillen Ozeans aus, ohne sich vorher nach den Meldungen des Observatoriums von Sikawei gerichtet zu haben. Die Signale, die von dort ausgehen, werden auf dem Bund in Schanghai mit Ungeduld erwartet, denn sie bedeuten für die Reedereien unter Umständen die Verhütung großer Verluste.

Nie werde ich den Eindruck vergessen, den das Observatorium auf mich machte, als wir bei der Fahrt durch das Dorf das schöne Gebäude, von allen vier Seiten von einer Mauer umgeben, vor uns liegen sahen. Es besteht aus zwei Stockwerken, deren Front den Charakter eines Schlosses zeigt. Aber der Mittelbau wird durch einen viereckigen Turm gebildet, der es in mehr als doppelter Höhe überragt, ohne deshalb die wohltuenden architektonischen Linien des Bauwerks aus ihrer Harmonie zu bringen. Vor dem Hauptportal ist eine Doppeltreppe angebaut, und auf ihrer Plattform spielte sich ein Schauspiel ab, das mit der Umgebung dieses Tempels der Wissenschaft wundervoll abgestimmt war. Ich erblickte dort die Gestalt eines der Väter, die sich mit der täglichen Beobachtung des Himmels beschäftigen. Er stand, als wäre er in sich erstarrt, ohne auch nur eine Spur von Bewegung zu verraten, auf der Treppe und blickte zu den Wolken empor, die sich als schwärzliche, zerrissene Masse über ihm auftürmten. Den Kopf hatte er weit zurückgelehnt und die

Arme schlaff an den Hüften herunterhängen lassen. Das schmale, bleiche, knochige, bartlose Gesicht verriet keinerlei Leben. Nur die Augen glühten und sogen alles in sich auf, was sie in dem rätselhaften Spiel der Himmelserscheinungen zu erkennen glaubten.

Der Pater hatte uns nicht bemerkt, und wir warteten an der Treppe etwa fünf Minuten, ohne diese geheimnisvolle Stille mit einem Wort zu unterbrechen. Wir hatten das Gefühl, einer heiligen Handlung beizuwohnen, die von den Zuschauern Andacht verlangt. Endlich wendete der Geistliche, dessen schwarze Kleidung sich von den schimmernd hellen Mauern des Gebäudes als tiefer Schatten scharf abhob, sich einen Augenblick nach rechts und links, um den ganzen Horizont zu überblicken, drückte auf den Knopf eines Apparats, der in der Mauer befestigt war, und ging eiligen Schritts durch das Portal in das Innere des Gebäudes. Was hatte er am Himmel Wichtiges erkannt? Bedeuteten die Bewegungen der Wolken ein Nachlassen des Taifuns, der am Tage vorher gemeldet war, oder ein erneutes Losstürmen seiner elementaren Gewalt? Wir wussten es nicht, fühlten aber, dass der Telegraph in diesem Augenblick eine wichtige Nachricht den entlegenen Häfen der sibirischen Küste und den Wetterstationen auf den Inseln des Stillen Ozeans zublitzen würde. Für zahllose Schiffe musste es sich in der nächsten Stunde entscheiden, ob sie ihre Anker lichten oder im Hafen bleiben.

Schon lange bevor dies neue Gebäude mit seinen kostbaren Instrumenten und Tabellen, seinen Büchern und Sammlungen aller Art eingeweiht war, haben diese Männer, die ihr Leben in klösterlicher Abgeschiedenheit der Wissenschaft widmen, die Lösung ihrer Aufgaben mit einem Ernst in die Hand genommen, der an die Weihe gottesdienstlicher Handlungen erinnert. Sie fühlen sich als Werkzeuge der Vorsehung, die es in ihre Hand gelegt hat, auf die Gefahren von Wind und Wellen aufmerksam zu machen und die Seeschifffahrt dadurch vor unermesslichem Schaden zu bewahren.

Auch die schreckliche Katastrophe, welcher das deutsche Kanonenboot »Iltis« im Juli 1896 zum Opfer fiel, sollte durch ihre Fürsorge verhütet werden. Das Observatorium hatte das Herannahen des Taifuns richtig erkannt und sofort eine warnende Depesche abgehen lassen. Bevor sie aber veröffentlicht werden konnte, hatte die »Iltis« bereits ihre Anker gelichtet, um bald darauf von dem Orkan an die Klippen geworfen und zerschellt zu werden.

Die Väter des Observatoriums sind ungemein feine, ruhige Leute, denen man den Ernst ihres Berufs, ihre angespannte geistige Arbeit sofort anmerkt. Alles Kleinliche und Gewöhnliche scheint von ihnen abzufallen, während sie die geheimnisvollen Veränderungen beobachten, die unaufhörlich am Himmel vor sich gehen. Sie fühlen, dass sich mit uns Laien über so schwierige und erhabene Dinge nicht viel reden lässt, freuen sich aber doch über das aufrichtige Interesse, das wir ihren Arbeiten entgegenbringen. Vornehm zurückhaltend und doch freundlich lächelnd führen sie uns durch die Gänge und über die Treppen des Observatoriums, wo es so still und feierlich wie in einer Kirche zugeht.

Wir kommen zunächst in ein Zimmer, wo an der Wand zwischen den beiden Fenstern ein Apparat zur Registrierung der Winde aufgestellt ist. Er besteht aus einem System von äußerst empfindlichen Hebeln und Zeigern, das bis zum Dach des Turms hinaufführt. Der feine Druck, den die Bewegung der Luft dort oben hervorruft, verwandelt sich vor unsern Augen in eine vielzackige Linie, die durch den Apparat auf ein Blatt Papier gezeichnet wird. Die graphische Darstellung, die sich hierbei entwickelte, verriet uns, wie der Taifun von Süden, von der Insel Formosa, heraufkam und sich nach Japan zu wenden schien. Unterscheidet der Laie gewöhnlich nur acht Windrichtungen, so rechnet die Wissenschaft mit viermal so vielen Nuancen und kennt für die Seefahrt alle zweiunddreißig Punkte der Windrose. Während der Zeiger auf dem Papier zittert und die Linie sich in größeren und kleineren Krümmungen fortsetzt, verrät sich in der Stille dieses Gemachs vor den Augen des Beobachters alles, was sich draußen auf dem Ozean beim Toben der Elemente abspielt.

Wir kommen in ein anderes Zimmer, wo sich auf einem Tisch unter einer Glaskuppel ein senkrecht aufgestellter Apparat in Form eines Fernrohrs befindet. Hier wird täglich eine genaue Bestimmung der Zeit vorgenommen. Der Pater betritt das Zimmer einige Minuten bevor die Sonne den höchsten Stand erreicht hat, und verfolgt den Zeiger der daneben befindlichen Uhr, bis er auf zwölf hinüberspringt. In diesem Augenblick drückt er auf den Knopf der elektrischen Leitung, die nur für diesen Zweck von Sikawei nach Schanghai gelegt ist.

In derselben Sekunde fällt auf einem Platz des Hafens an einer Stelle, die sich von allen Schiffen genau beobachten lässt, ein großer Ball nieder. Genauso, wie in Paris im Garten des Palais royal und in St. Petersburg in der Peter-und-Paul-Festung die Kanone abgefeuert wird, um die Bewohner daran zu erinnern, dass die Hälfte des Tages vorbei ist, gibt dieser Ball in Schanghai das Zeichen, nach ihm die Uhren zu stellen.

Interessant ist auch ein Besuch der Bibliothek mit ihren reichen Schätzen an geographischen und naturwissenschaftlichen Werken, an Karten und Zeitschriften aller Art. Die Einrichtung der Kataloge, die Spuren emsiger Tätigkeit, die wir beim Sammeln der eben eingelaufenen Notizen verfolgen können, die Ordnung und Übersichtlichkeit, die überall herrschen, machen den wohltuendsten Eindruck. Eben soll ein Stoß deutscher meteorologischer Zeitschriften, die sichtlich fleißig studiert worden sind, zum Buchbinder getragen und der Bibliothek eingereiht werden.

Welchen Aufschwung die wissenschaftlichen Arbeiten in diesem Observatorium genommen haben, erkennt man an dem bescheidenen Heim, auf das sie sich früher beschränken mussten. Und doch bildete dieser Bau für das Jahr 1871, in dem er erstand, eine bedeutsame Leistung, und auf dem, was hier geschaffen war, konnte man weiterbauen und das Ziel der Erkenntnis immer höher richten. Gegenwärtig werden in diesem Haus ausschließlich fotografische Aufnahmen hergestellt, die weite Verbreitung gefunden und den Ruhm dieser Anstalt in allen Landen verkündet haben. Noch schlichter nimmt sich äußerlich die erdmagnetische Station aus, in welcher die Arbeit zu keiner Tages- und Nachtstunde ruht und häufig von auswärts Anfragen über die jüngsten Ergebnisse der Beobachtungen einlaufen.

Kollege Fink macht mich auf ein zweistöckiges Gebäude in Form einer Villa aufmerksam, das ich sonst wahrscheinlich übersehen hätte. Darin befindet sich das Museum des Klosters mit seiner reichen Sammlung an ausgestopften Tieren, Skeletten sowie seinem Herbarium, das für die Flora in Ostasien von maßgebender Bedeutung ist. Der Begründer dieser Anstalt war der vor kurzem gestorbene Pater Pierre Heude. Mein Führer hat ihn gut gekannt und schildert ihn als einen Greis, der zwar an seinen Rollstuhl gefesselt war, aber nicht müde wurde, sich an dem Leben in der Natur zu erfreuen und für das weitere Gedeihen seiner Lieblingsschöpfung zu sorgen. Wenn die Mittagsglut gar zu empfindlich brannte, saß er mit einem mächtigen Sonnenhut, der ihm das Aussehen eines Pilzes gab, in seinem Garten und erzählte den fremden Besuchern von seinen ausgedehnten Reisen in das Innere von China und Japan, von seinen Ausflügen nach den Sundainseln und den Philippinen. So klein der Raum war, innerhalb dessen er sich als müder, gebrochener Mann bewegen konnte, so groß war das Gebiet, das er geistig beherrschte und immer noch zu erweitern dachte, als der Tod ihm die Augen zudrückte.

Man kann über das Wesen der Mission, wie sie in China ausgeübt wird, sehr verschiedener Meinung sein. Ich selbst fühle mich nicht berufen, ihre Licht- und Schattenseiten auseinander zu halten, und beschränke mich nur darauf, den Eindruck wiederzugeben, den ich von ihrer Tätigkeit in Sikawei empfangen habe. Was ihre wissenschaftlichen Leistungen bei der Leitung des Observatoriums betrifft, so werden sie von der ganzen Welt anerkannt und besitzen, wie gesagt, für den Schiffsverkehr auf den ostasiatischen Gewässern eine tief einschneidende praktische Bedeutung.

Nicht weniger beachtenswert sind aber auch ihre Leistungen auf pädagogischem Gebiete. Unter der Leitung der Mission steht auch ein Waisenhaus, in welchem nicht weniger als zweihundert Knaben, denen die liebende Fürsorge der Eltern fehlt, zu tüchtigen Mitgliedern der menschlichen Gesellschaft nach dem Wahlspruch: Bete und arbeite! erzogen werden. Bei der Besichtigung dieser Anstalt war es ebenso überraschend wie wohltuend, im »Fernen Osten« auch auf diesem Gebiet den Spuren deutschen Geistes zu begegnen, wie er sich in fremde Verhältnisse eingelebt und unter schwierigen Verhältnissen Treffliches geleistet hat. Als wir das Waisenhaus besichtigen wollten, stellte sich uns ein Pater Beck zur Verfügung, der uns als Landsmann begrüßte und an dessen Aussprache die bayerische Herkunft unschwer zu erkennen war. In der Tat stammte er aus Ulm her und verriet alle Kennzeichen eines gesunden, tüchtigen Menschenschlages, der sein Ziel mit zäher Kraft und Geschicklichkeit verfolgt.

Pater Beck ist Architekt, Maler und Bildschnitzer und verbindet mit dieser dreifachen künstlerischen Tätigkeit das Lehramt in der Knabenschule. Von ihm rühren die Entwürfe für das große Gotteshaus her, dessen Mauern aus dem Boden wachsen, nachdem die alte, vor fünfzig Jahren geschaffene Kirche sich als zu klein erwiesen hat. Er beaufsichtigt alles, was aus den Händen der Waisenkinder an künstlerischen und kunstgewerblichen Leistung hervorgeht. Es war eine ausgedehnte Wanderung, zu der er uns einlud, als wir die beiden lang gestreckten, zweistöckigen Flügel der Anstalt vor uns liegen sahen. Die chinesischen Burschen waren nicht nur damit beschäftigt, Heiligenbilder aller Art anzufertigen und Schnitzereien für die Kirchen auszuführen, sondern erwiesen sich auch für die Herstellung von Dingen, die zum praktischen Leben gehören, als äußerst gewandt. Andere wurden für die Buchbinderei und Druckerei ausgebildet, um auf diesem Gebiet später einmal ihr Brot selbstständig verdienen zu können.

Die besten Proben ihrer Arbeiten sind in einem Museum ausgestellt, das hunderte von Gegenständen enthält und zeigt, wie sich der Jugendunterricht von aller Einseitigkeit frei hält, wenn auch naturgemäß der kirchliche Charakter der Arbeiten immer in erster Linie betont wird. Während meines Besuches wurde gerade für den König Leopold von Belgien ein Kiosk mit wertvollen Reliefs aus der Geschichte Chinas angefertigt, in deren Mitte wir die großen Religionsstifter Konfuzius, Laotse und Mentse erblickten.

Was in dieser Anstalt für die Knaben geschieht, wird den elternlosen Mädchen in dem Nonnenkloster zuteil, wo sie eine Ausbildung für häusliche Arbeiten erhalten, um auf diese Weise den Anforderungen des Lebens gewachsen zu sein. Viele von ihnen haben sich hierbei zu gewandten Stickerinnen entwickelt, und man weiß, wie viele graziöse und farbenprächtige Arbeiten wir dem chinesischen Kunsthandwerk verdanken.

Man wird, wenn man alles genau betrachten will, was es in Sikawei zu sehen, zu fragen und zu bewundern gibt, in einem Tage kaum fertig. Wer genügend Zeit hat, sollte es auch nicht versäumen, der Sternwarte von Zoje, die etwa sechzig Kilometer von hier entfernt liegt, einen Besuch abzustatten und durch das Fernrohr, das dort aufgestellt ist, einen Blick zu den Sternen zu tun. Die Sternwarte liegt auf hügeligem Terrain inmitten freundlicher Waldungen, und auch hier spricht uns einer der Patres, die im Dienst der

Wissenschaft tätig sind, namens Weckbacher, in unserer Muttersprache an.

Sikawei ist ein reizendes Idyll, das mit seinem Gottesfrieden, seinen humanen Einrichtungen zum Wohl der Jugend und seiner hoch gespannten geistigen Atmosphäre den schärfsten Gegensatz bildet zu der vorwärts stürmenden Erwerbslust, Unruhe und Lebendigkeit Schanghais.

Auch Prinz Heinrich hat es bei seinem Aufenthalt in China nicht unterlassen, dem Observatorium in Sikawei mehrfach einen Besuch abzustatten.

Noch lange gedenkt man der frommen Brüder, die dort im Buch des Himmels zu lesen versuchen, um den Männern, die draußen auf dem Ozean mit Wind und Wellen kämpfen müssen, ihre Warnungen zukommen zu lassen.

Von Asien nach Europa

Aus meinem Reisetagebuche

18. August. Wir kommen von Schanghai im Hafen von Dalny um acht Uhr des Abends wieder an, bleiben aber die Nacht an Bord. Gott sei Dank!, denn der Weg über die schmutzige, holprige und schlecht beleuchtete Straße, wo uns kein Wagen zur Verfügung steht und die Kulis sich wieder um unser Gepäck gerissen hätten, wäre geradezu lebensgefährlich gewesen. Am nächsten Morgen ist schon um sechs Uhr alles um uns lebendig und in eifriger Tätigkeit. Vertreter der russischen Schifffahrtsgesellschaft, welche die Dampfer »Mongolia« und »Mandschuria« in ihren Dienst gestellt haben, finden sich bei uns ein und lassen sich unzählige Fragen, wie wir es mit unserem Gepäck zu halten haben, ruhig gefallen. Heute soll zum ersten Mal ein Versuch gemacht werden, die Passagiere mit der Eisenbahn um die Stadt herum bis zu der Stelle zu fahren, wo der sibirische Zug hält.

Bis dahin haben wir aber noch zwei Stunden Zeit und können in aller Ruhe frühstücken und uns davon überzeugen, dass wir von unseren Reiseeffekten nichts zurückgelassen haben. Der Dampfer beginnt die Ladung zu löschen. Zwei lange, schmale Rutschbahnen werden vom Ufer angelegt, und die Kulis lassen den Segen des himmlischen Reichs, den Tee, in großen, von Leinwand umhüllten und fest verschnürten Kisten herniedergleiten. An jeder der beiden Stellen rutschen immer vier bis fünf von ihnen gleichzeitig vom Bord des Schiffes ans Ufer und würden sich alsbald zu hohen Bergen auftürmen ohne die flink zugreifenden Hände, die sie beiseite schieben. Dann kommen die Lastträger und schleppen sie im Laufschritt zu den Magazinen, wo sie bis zu dem weiteren Versand aufgestapelt werden.

Wie viele gute Dienste hat uns dies edle Getränk während der langen Fahrt auf der Eisenbahn, auf den Schiffen und bei vielen anderen Gelegenheiten erwiesen! Wir haben es in jeder Gestalt aus flachen, niedrigen Schalen in China und aus Gläsern in Russland getrunken, im Speisewagen des Zuges, im Salon des Schiffes, in Hotelrestaurants, in Gottes freier Natur vom frühen Morgen, wenn die Lebensgeister in uns wieder erwachten, bis spät in die Nacht hinein, kurz bevor uns die Augen zufielen.

In China trinkt man den Tee ohne alle Zutaten. Nur die Kinder genießen ihn dort mit Zucker, der uns Europäern unentbehrlich scheint. Die Russen lassen in dem goldig schimmernden und aromatisch duftenden Getränk eine Scheibe Zitrone schwimmen, deren Geschmack unsere Zunge lieblich kitzelt. Sie sind auch die eigentlichen Künstler in der richtigen Mischung verschiedener Sorten, von denen uns jede einzelne weit weniger munden würde als ihre richtige Zusammenstellung. Darin beruht das Geheimnis des russischen Tees wie des russischen Tabaks, der zu Zigaretten verarbeitet wird. Das Strenge muss mit dem Zarten auf geschickte Weise miteinander vermengt werden, wenn Geschmack und Geruch davon angenehm berührt werden sollen.

Tee ist der Regulator unseres innern Menschen gewesen. Er hat uns bis in die Zehenspitzen hinunter erwärmt, wenn uns fröstelte, und gleichzeitig eine wohltuend kühlende Wirkung hervorgerufen, wenn wir es vor Hitze nicht mehr aushalten konnten. Er hat den verstimmten Magen viel schneller, als es der Wein vermochte, immer wieder in gute Laune versetzt und die Verdauung während des langen Verweilens im Zuge wohltuend beeinflusst. Ganze Bäche von Tee rollten bei den Abendsitzungen durch unsere Kehle, wenn wir die Beobachtungen des Tages austauschten und jeder erzählte,

»woher er kam der Fahrt« und »wie sein Nam' und Art«. Ludwig Uhland hat den Tee in seinen Gedichten besungen zum »Preise des Zärtsten, was die Erde hegt«. Aber er scheint nur den Tee aus »Indiens mystischem Gebiete« gekannt zu haben, und der ist lange nicht der Beste. Uhlands Verse sind außerdem gar zu steif und feierlich für das gemütliche Getränk. Es harrt noch immer eines Dichters, der ihm vollkommen gerecht wird.

Man klagt allgemein über das schlechte Essen im Hotel Dalny. Mehrere von den jüngeren, unverheirateten Kaufleuten, die dort wohnen, haben sich infolgedessen zu einem Privatmittagstisch zusammengetan. Dabei ereignete sich vor kurzem eine groteske Szene. Der Vorsitzende der Tafelrunde hatte sich einen jungen Bären angeschafft, der anfänglich zur Unterhaltung seiner Freunde mancherlei beitrug. Allmählich fing er jedoch an, ungebärdig zu werden und tolle Streiche zu machen. Eines Tages kam er, während das Essen gerade aufgetragen wurde, ins Zimmer, setzte sich auf einen leer stehenden Stuhl, griff mit der einen Pranke nach der Butter, mit der andern nach dem Kalbsbraten und raste mit seiner Beute wie toll im Zimmer umher. Als man ihm für seine Ungezogenheit eine Portion Prügel versetzen wollte, kletterte er aufs Dach und war den ganzen Tag nicht wieder herunterzubekommen. Das gelang erst, als man ihm mit einem Wasserschlauch eine gehörige Dusche versetzte.

Zu uns gesellt sich ein blondhaariger, untersetzter Mann mit struppig herabhängendem Schnurrbart und bietet uns im unverfälschten Hamburger Dialekt einen »Guten Abend!«. Man merkt ihm an der Farbe des Gesichts an, dass Wind und Wetter ihm tüchtig um die Ohren gesaust sind, und erkennt an seinem sich wiegenden Gang den alten Seefahrer. Die Vermutung bestätigt sich, denn es ist der Leiter einer großen Walfischstation an der sibirischen Küste, in dem ich bei dieser Gelegenheit eine angenehme Bekanntschaft mache.

Herr Sommermeyer gehört der Fischereigesellschaft an, die sich unter der Leitung des Grafen Heinrich Keyserling gebildet hat und nicht nur auf dem Meere ihre Expeditionen veranstaltet, sondern auch den Fang von Süßwasserfischen, vor allem von Lachsen im Amur betreibt. Zwei Schiffe dieser Gesellschaft liegen im Hafen von Dalny und sollen morgen in See stechen, um einen neuen Jagdzug auf Wale zu unternehmen. Der Mann mit dem offenen, Vertrauen erweckenden Aussehen hat die Station in Gaidamak unter sich und verrät sich bald als ein ebenso schlichter wie anschaulicher Erzähler. Er kommt auf den Fang der Wale und ihre Verwertung zu verschiedenen Zwecken zu sprechen. Ich konnte bei der Nordlandsfahrt der »Augusta Viktoria« im Sommer 1894 einen Einblick in die Art und Weise tun, wie an der norwegischen Küste die Riesen des Meeres getötet und verarbeitet werden.

Nach diesem Vorbild richten sich auch die Expeditionen an der sibirischen Küste, die vorläufig allerdings noch kein so großes Resultat ergeben wie dort, aber immerhin einen beachtenswerten Ertrag liefern. Man spricht von etwa dreitausend Walen, die in dieser Gegend jährlich erbeutet werden. Die Vorrichtungen sind derartig getroffen, dass die Wale von dem Fänger harpuniert und an Ort und Stelle auf dem Meere von der Besatzung des Begleitschiffes fertig verarbeitet werden. Das Fleisch wird zerschnitten und gesotten, der gewonnene Tran zu allerlei Fetten verarbeitet. Die Knochen werden zermahlen und als Düngemittel verwendet. Herr Sommermeyer erzählt, wie seine Arbeiter an den bereits verwundeten und ermüdeten Wal auf leichten Booten heranrudern und ihm dort, wo Herz und Lunge sitzen, eine Lanze tief ins Fleisch bohren und sie darin mit beiden Händen so lange herumdrehen, bis das Tier sich verblutet. Das Unglück des Wals ist zunächst seine unverbesserliche Neugierde, die ihn in die Nähe der Menschen treibt, wenn er irgendwo ein Schiff erblickt. Sein zweiter Fehler ist seine täppische Gutmütigkeit, die ihn verhindert, sich gegen seine Peiniger zu wehren, während er doch imstande wäre, gleich ein halbes Dutzend von diesen kleinen Kähnen mit einem Schlage zum Kentern zu bringen.

Wir sprechen noch mancherlei darüber, dass getrocknetes Walfischfleisch von den Japanern gegessen wird und gar nicht übel schmecken soll. Gesegnete Mahlzeit!

Die Verbindungsbahn zwischen dem Hafen und der Eisenbahnstation von Dalny besteht vorläufig aus gewöhnlichen Wagen dritter Klasse und bietet keinerlei Annehmlichkeiten. Man vermisst sie aber auch nicht, da die ganze Fahrt nicht länger als eine halbe Stunde dauert. Nachdem der Zug auf der Station eingelaufen ist, übergeben wir unser Gepäck den Beamten, die es in einem Schuppen verschließen. Wir können nun bis zum Abend tun und lassen, was wir wollen. Die Straßen der Stadt liegen wieder ruhig vor uns, als ob alle Bewohner darin schlafen. Der alte Portier im Hotel Dalny zieht die Mütze von seinem kahlen Schädel und freut sich, dass wir mit heilen Knochen zurückgekehrt sind. Dann erscheinen die ersten Frühstücksgäste. Es sind dieselben Gesichter, die wir schon vor vierzehn Tagen an dieser Stelle erblickt haben.

Neben dem Hotel hat ein Wiener Friseur einen dickbäuchigen, russischen Offizier unter der Schere und versichert mir, dass er in fünf Minuten zur Verfügung stehen werde. Aber es dauert über zwanzig Minuten, bis der Vaterlandsverteidiger, dem Kopf und Bart angemessen gestutzt sind, sich mit schweren Tritten wieder entfernt. Als ich seinen Platz einnehmen will, finde ich ihn bereits wieder besetzt. Ärgerlich gehe ich von dannen und werde von einem japanischen Friseur, der nur wenige Schritte davon auf Kunden lauert, in sein Geschäft gelockt. Der Mann ist in seiner Art ein Künstler und entwickelt eine ruhige, geräuschlose Geschäftigkeit, die etwas geradezu Erquickendes hat nach dem aufdringlichen Getue seines Wiener Kollegen.

Die deutschen Kaufleute sind in großer Erregung, denn die politische Atmosphäre erscheint ihnen äußerst gespannt. Sie reden von nichts anderem als der Wahrscheinlichkeit eines Krieges zwischen Russland und Japan. Sie meinen, es könne sich nur um wenige Wochen handeln, bis die Bombe zum Platzen kommen müsste. Neulich sei der Korrespondent der Times, Morrisson, in Dalny gewesen und habe sich ganz in demselben Sinne geäußert. Da gilt es auf dem Posten zu sein und sich die Abschlüsse für die Lieferungen, bei denen ein gutes Stück Geld verdient werden könne, zu sichern.

Abends um neun Uhr stelle ich mich rechtzeitig auf der Station ein, um mir mein Coupé auszusuchen. Auf dem Platz vor der Treppe, die zum Gleise hinunterführt, brennt ein einsames elektrisches Licht. Auch unten auf der Station ist niemand zu sehen. Wieder dieselbe Enttäuschung wegen des Endpunktes der sibirischen Bahn wie bei der Ankunft. Zwischen den Schuppen gehen einzelne Bahnarbeiter im Dunkeln hin und her. Wo steht denn der Luxuszug, der uns nach dem Baikalsee zurückbringen soll? Er muss »sogleich« kommen. »Ssjeitschass!« Wir kennen die Bedeutung dieses Wortes zur Genüge und rüsten uns mit Geduld.

Wir haben nichts Ordentliches zu Mittag gegessen, weil man uns sagte, wir sollten unsere Mahlzeit lieber etwas später im Zuge selbst einnehmen. Endlich kommt etwas Dunkles herangerollt. Aber diese Waggons, in denen nirgends ein Licht brennt, können doch unmöglich unserm Luxuszug angehören! Sie sind auch offenbar älteren Ursprungs und gleichen in keiner Weise dem prächtigen Mandschureizuge, von dessen Einrichtungen alle Welt mit Recht entzückt war.

Noch sind die Motoren, welche die Beleuchtung für die Coupés liefern, nicht in Tätigkeit, und da wir durchaus unsere Plätze belegen wollen, muss der Kondukteur auf dem Gang ein paar Stearinkerzen anzünden, damit wir uns zurechtfinden.

Einer unserer Freunde aus dem »Jachtklub« stellt sich auf der Station mit Briefen ein, die er einem der Mitreisenden anvertraut. Er erklärt uns, dass wir mit diesem Zug Pech haben, denn er sei der einzige auf der ganzen Mandschureistrecke, der den modernen Anforderungen nicht entspricht, und werde nur zur Aushilfe ein Mal im Monat eingestellt. Der amerikanische General, der wie ein Löwe zwischen den Schuppen und Gleisen ärgerlich brummend auf und ab gegangen war, erklärt, dass er mit einem solchen Zuge überhaupt nicht weiterfahren wolle, und verlangt, dass man ihm einen richtigen Salonwagen, wie er zu den Luxuszügen gehört, einstelle. Es koste, was es wolle! Aber der Stationsvorsteher sucht ihm in gebrochenem Englisch auseinander zu setzen, dass er ihm das Gewünschte um keinen Preis zur Verfügung stellen könne.

So wollen wir uns wenigstens in den Speisewagen setzen und beim Essen und Trinken unsern Verdruss vergessen. Dort empfängt uns aber eine unangenehme muffige Atmosphäre. Wir reißen die Fenster auf. Dann rufen wir durch einen Druck auf den elektrischen Knopf den Kellner herbei, der eben erst selbst eingetroffen zu sein scheint und uns die Speisekarte vorlegt. Aber der Appetit vergeht uns schnell wieder, denn neben dem Tisch liegt ein großes Stück Fliegenpapier, auf dem sich hunderte der armen geflügelten Opfer zu Tode gequält haben. Wir verlangen, dass der Wisch erst zum Fenster hinausgeworfen werde, bis wir zu Messer und Gabel greifen. Das geschieht denn auch mit einigen Entschuldigungsantworten. Inzwischen blitzen die elektrischen Lichter in den Coupés auf, und wir erkennen, dass wir doch etwas besser untergebracht sind, als es uns im ersten Augenblick scheinen wollte. Die Einrichtung des Zuges steht allerdings nicht auf der Höhe, bietet aber doch bequeme Schlafgelegenheit, und auch im Übrigen entsprechen die Einrichtungen ungefähr den Waggons erster Klasse, wie sie sonst auf den größeren Strecken Russlands laufen. Außerdem ist der Zugführer, ein Balte, sehr gefällig und erfüllt uns, so weit es sich mit seinem Dienst vereinbaren lässt, jeden Wunsch. Nachdem der Magen zu seinem Rechte gekommen ist, stellt sich auch die gute Laune wieder ein. Unsere Freunde drücken uns herzlich die Hand und tragen uns viele Grüße für die Heimat auf.

19. *August.* Wir erreichen am Morgen Daschizjao und bekommen neue Fahrgäste aus Peking, darunter vier französische Offiziere, die seit dem Ausbruch der chinesischen Wirren der dortigen Besatzung angehört hatten und sich nun wieder nach dem Leben in der Pariser Garnison zurücksehnen. Es sind liebenswürdige, redselige Leute, die viel erfahren und gesehen haben. Nach preußischen Begriffen lassen sie sich allerdings in der Kleidung und der ganzen Haltung viel zu sehr gehen, sodass man sie ohne Uniform für gewandte Commis voyageurs halten könnte. Sie schwärmen von Moskau und dem Kreml, von Petersburg und der Isaakskirche. Natürlich wollen sie zur Verhütung patriotischer Beklemmungen nicht über Berlin–Köln, sondern von Warschau über Wien–Straßburg in die Heimat zurückkehren.

Zu ihnen gesellt sich ein riesengroßer russischer Offizier, der mit seinem kleinen chinesischen Burschen mich immer an Falstaff mit seinem Pagen erinnerte. Dieser Offizier zeichnete sich durch einen Appetit aus, wie ich ihn noch bei keinem menschlichen Wesen beobachtet habe. Nicht genug, dass er bei unsern regelmäßigen Mahlzeiten im Speisewagen einen wirklichen Bärenhunger entwickelte, vertilgte er auch auf jeder Station alles nur irgendwie Essbare an Suppen, Gemüsen, gebratenen und gebackenen Speisen. Außerdem hatte er zum Schrecken seines Mitreisenden die Gewohnheit, dass er nicht nur am Tage, sondern auch in der Nacht bis zwei oder drei Uhr unaufhörlich Zigaretten rauchte und von einer so dicken Luft umhüllt war, dass man sie höchstens mit einem Säbel hätte durchhauen können.

Sein Bursche hatte schon etwas von russischer Militärerziehung angenommen und wurde trotz seiner winzigen Figur zu einem wahren Schrecken für die Kulis, die sich zu nahe an unseren Zug drängten oder den Bengel gar zum Besten halten wollten. Einmal hieb er mit seinen Fäusten gleich auf drei dieser braunen, halb nackten Burschen ein, die nicht im Geringsten daran dachten, sich zu wehren, sondern lieber schleunigst die Flucht ergriffen. Eine sehr angenehme Bekanntschaft mache ich in der Person des Kommerzienrats François Hopp, des Inhabers des bekannten optischen Instituts von Calderoni und Co. in Budapest, der zum dritten Mal eine Reise um die Erde gemacht hatte und ebenfalls aus Peking eingetroffen war. Bei der Überfahrt von Hamburg nach Amerika hatte er auf dem schönen Dampfer »Deutschland« seinen siebzigsten Geburtstag gefeiert. Ich verdanke ihm eine Anzahl trefflicher Ansichten der sibirischen Bahn für mein Buch.

Er erzählte von einem drolligen Erlebnis, das er in Peking hatte, wobei es ihm gelang, einem Kutscher auf sonderbare Weise das Leben zu retten. Das geschah in einer der schmutzigen Straßen der chinesischen Residenz, wo in der Mitte eine schmale Fahrstraße aufgeschüttet war, während der Weg für die Fußgänger sich zu beiden Seiten in einer Vertiefung hinzog, in der sich verschiedene große Löcher gebildet hatten. In eine dieser Öffnungen, die der herniederströmende Regen ausgefüllt hatte, war ein Kutscher samt Pferd und Wagen hineingestürzt und hätte ohne die Hilfe des alten Herrn wahrscheinlich sein Leben eingebüßt.

20. August. Soeben lese ich in den russischen Zeitungen, dass Admiral Alexejew zum Generalgouverneur der Mandschurei ernannt und mit außerordentlichen Vollmachten ausgerüstet sei. Darin erblicken unsere mitreisenden Russen einen untrüglichen Beweis dafür, dass die Dinge in Ostasien sich immer mehr zuspitzen, dass es in Kürze notwendig zu einem Zusammenstoß kommen werde.

Am Abend schleicht sich ein unheimlich aussehender Bursche in unsern Speisewagen, tritt an die französischen Offiziere heran, die Karten spielen, und bittet im Namen der russisch-französischen Allianz um eine kleine Unterstützung. Er wird möglichst schnell an die Luft gesetzt und sucht in dem Zuge nach einem Dummen.

Ich hatte gerade in dem schönen Buch von Legras »Au pays russe« gelesen und war dabei auf eine Stelle gestoßen, an welcher dieser genaue und vorurteilslose Kenner des Slawentums sich in scharfen Worten über das Wesen dieser so genannten Allianz äußert. Legras, gegenwärtig Professor an der Universität in Dijon, war während des Cholerajahres 1891 nach Russland gekommen, wo er sich in einem kleinen Dorf niederließ, um Russisch zu lernen. Er schildert seine Eindrücke in Petersburg, Moskau, Archangelsk und in andern Städten mit treffender Beobachtung und beklagt dabei das geringe Verständnis, das die Russen für die Franzosen an den Tag legen. Legras ist unglücklich darüber, dass die Söhne der Steppe seinen Landsleuten den Familiensinn und die Religion absprechen, dass sie sich, wenn sie nach Paris kommen, auf den Besuch der Theater und Restaurants, die Kenntnis der Museen und Moderomane beschränken. Dann fährt der Verfasser auf Seite 310 des 1900 in zweiter Auflage erschienenen Werkes bedeutungsvoll fort: »Niemals werden die französisch-russischen Umarmungen das russische Volk dem französischen ernstlich näher bringen. Um eine wirkliche Vereinigung zu erreichen, müsste man den Russen eine bessere Meinung von uns beibringen. Anstatt sie durch Feste zu verblüffen und sie mit Geschenken zu überhäufen, müsste man ihnen bescheiden, ohne Aufsehen unsere Familien öffnen. Sie würden dann sehen, was Frankreich im Durchschnitt ist, das Frankreich, das liebt, das arbeitet und das die Modeschriftsteller nicht kennt. Sie würden sehen, was unsere Frauen sind, sie würden ihre bescheidene Hingabe, ihren Mut bei der Arbeit, ihre Treue sehen!«

Aus diesen außerordentlich richtigen Bemerkungen spricht gleichzeitig etwas anderes. Die Franzosen fühlen allmählich, was für jeden ruhig Denkenden von vornherein klar war, dass sie mit ihrem aufdringlichen Liebeswerben den Kürzeren gezogen haben und mit ihren Revanchegelüsten arg an der Nase herumgeführt worden sind.

Ein herkulisch gebauter Russe, der sich im Coupé neben mir befand und auf seinem Tisch immer einen Revolver liegen hatte, verlässt den Zug in Charbin.

Ich benutze die Gelegenheit, der neu begründeten Stadt einen Besuch zu machen. Sie wirkt beim ersten Anblick wie eine riesige Baustelle mit vielleicht zweihundert halb oder ganz fertigen massiven Häusern, in deren Mitte eine Kirche steht. Zu Fuß ist es auf den ungepflasterten Straßen, selbst bei schönem Wetter, kaum möglich, vorwärts zu kommen, denn aus den lockeren, tief ausgefahrenen Wagenspuren wirbeln, sobald sich nur ein Lüftchen erhebt, unerträgliche Staubwolken auf, und bei Regengüssen muss sich diese lockere Erdmasse in einen unergründlichen Sumpf verwandeln. Überall, wohin man sich wendet, spürt man den Geruch von frischem Mörtel und den Staub von Neubauten. Es bedarf keiner geringen Vorsicht, wenn man über die Straße schreiten will, und verlässt man das Gebiet der eigentlichen Stadt, so gerät man in ein Gewirr von ausgestochenen Gräben, Holzplätzen, Brückenanlagen und Fabriken hinein. Inmitten dieser rohen Anfänge gibt es aber bereits Klubs für die Beamten, ein Theater und allerlei sonstige Vergnügungen, zum Teil recht zweifelhaften Charakters. In der neuesten Nummer des in Wladiwostok erscheinenden »Wostotschnij Wjestnik« (Östlicher Bote) lese ich die Ernennung Alexejews zum Generalgouverneur der Mandschurei, der darin in einem überschwänglichen Artikel gefeiert wird. Der übrige Inhalt des Blattes, das sich »Zeitung für Gesellschaft und Literatur« nennt, konnte mich mit seinen Nachrichten über Prügeleien und Messeraffären zwischen Matrosen am Ufer des Stillen Ozeans nur wenig interessieren.

21. August. Auf dem Chingangebirge, wo der Zug in drei Kehren hinaufsteigt, versuchen mehrere Passagiere, den kürzeren Weg zu Fuß zu machen, während die Lokomotive sich mit den Wagen auf einem längeren zur nächsten Station hinaufarbeitet. Der Zugführer hatte unsern Reisenden gesagt, dass sie nur fünf Minuten dazu brauchen und den Zug, der zwanzig Minuten fährt, in jedem Fall rechtzeitig erreichen würden. Unsere Passagiere kommen allerdings in letzter Minute wieder an, aber leichenblass vor Aufregung, denn sie wären beinahe in einem Sumpf stecken geblieben. Der eine hatte seinen Spazierstock, der andere einen seiner Stiefel eingebüßt.

Die Waggons des alten Transbaikalzuges, in dem wir fahren, gefallen uns doch nicht. An dem elektrischen Licht über der Verbindungstür zum nächsten Coupé ist die Glasbirne gebrochen. Die Hängelampe gibt einen so matten, trübseligen Schein, dass es unmöglich ist, dabei zu lesen. Sie versagt endlich ganz, und wir sitzen alle im Dunkeln.

Wir lassen uns Kerzen bringen und trösten uns über dies Ungemach, so gut es gehen will. Unter dem Waggon beginnen die Arbeiter an den elektrischen Akkumulatoren, die versagt haben, herumzuwirtschaften, bringen die Sache aber nicht mehr in Ordnung. Auf unsere Vorstellungen bekommen wir die naive Antwort: »Was schadet es! In der Nacht schlafen die Passagiere!« Auf dem Jablonowygebirge beginnt die Temperatur, nachdem wir den Tunnel durchfahren haben, plötzlich zu sinken. Wir müssen dafür sorgen, dass alle Fenster und Türen geschlossen sind, weil wir es vor Kälte sonst nicht aushalten könnten. Das Thermometer zeigt am Morgen im Freien nur vier Grad. Natürlich erwarten wir, dass der Zug geheizt werde – am 21. August! Aber der Zugführer entschuldigt sich und erklärt, dass er erst vom 1. September russischen, also vom 14. unseres Stils ab dazu die Erlaubnis geben dürfe.

Um uns zu entschädigen, hat die elektrische Tischlampe im Coupé ihre Meinung geändert und umgibt mein Gemach mit holdem Dämmerschein. Ich entkleide mich und suche meine Lagerstätte auf, als mein Kondukteur mit einer brennenden Kerze eintritt. Ich frage ihn, wozu? Da erklärt er, dass das elektrische Licht gleich wieder ausgehen werde, weil die Akkumulatoren auf die Dauer nicht in Ordnung zu bringen seien.

Es geschieht auch alles pünktlich, wie der Mann es verheißen hat. Draußen heult der Wind schrecklich, und die schlecht verkoppelten oder nicht geschmierten Puffer machen bei jedem Einlaufen in die Station einen gräulichen Lärm.

22. *August.* Heute früh sind wir wieder in Mandschuria, wo eine Zollrevision stattfindet, die erste, die wir seit Wirballen zu erdulden hatten. Sie wird übrigens sehr schnell und rücksichtsvoll ausgeführt.

In unserer Bibliothek finde ich die kleine Schrift von Kate Marsden: »On sledge and horseback to outcast siberian Lepers. London. The record press. Limited«. Die Verfasserin hat es sich zur Aufgabe gemacht, die Leprastätten in Jakutsk zu besuchen, und dies Ziel unter schwierigen Umständen, die sie anschaulich schildert, erreicht. Erleichtert wurde ihr der Verlauf ihrer Studienreise dadurch, dass sie sowohl vom russischen wie vom englischen Hof mit wirksamen Empfehlungen an die Beamten in Sibirien ausgerüstet war, die ihr infolgedessen alle nur möglichen Erleichterungen verschafften. Es gelang der Verfasserin, eine Bewegung ins Leben zu rufen, welche die Begründung eines Heims für die am Aussatz Erkrankten verfolgte.

Kate Marsden zeigte sich bei ihrer Expedition, die sie bald mit einem Boot, bald im Schlitten und zu Pferd ausführte, als eine unternehmende Dame, und in ihrer Schrift gibt sie die Eindrücke, die sie bei ihrer Reise empfangen hat, oft in enthusiastischen Ausdrücken wieder. Interessant ist vor allem die Stelle Seite 159, wo sie folgende bemerkenswerten Schlussfolgerungen zieht: »Sibirien ist zweifellos eines der reichsten Länder der Welt, aber sein unsagbarer Besitz liegt in der Erde fast unberührt. Wenn englischer oder amerikanischer Unternehmungsgeist sich einführen ließe, würde Sibirien buchstäblich auf den Kopf gestellt werden, und die reichen Erzadern müssten ans Licht kommen. Dann würden die blühenden Tage von Gold und Silber wie die von Milch und Honig kommen.«

Ich werde schlecht dafür belohnt, dass ich meine Mitreisenden auf die Vorzüge der russischen Weine aus der Krim und dem Kaukasus aufmerksam mache. Sie bestellen sich nun alle die kräftigen, edlen, dunkelrot funkelnden Tropfen aus den kaiserlichen Domänen Oreanda und Massandra sowie den kräftigen »Kachetinskij« aus dem Lande des Prometheus und der Medea, jene erquickende Gottesgabe, die Bodenstedt in den Liedern des Mirza Schaffy in Versen und Anton Rubinstein in Tönen verherrlicht haben. Ich summte die schöne Melodie des unvergesslichen Meisters: »Rot funkelt im Glas der kachetische Wein« noch gestern arglos hin.

Aber heute vergeht mir schon die Lust dazu, denn der Kellner erklärt mir, dass meine Lieblingsmarken wegen der starken Nachfrage ausgegangen seien. Es waren nur noch zwei Sorten übrig geblieben, die doppelt und dreifach so teuer waren, als Tischgetränk viel zu feurig und mir überhaupt nicht so gut schmeckten wie die früheren. Ebenso erging es mir mit der köstlich erquickenden Limonade, die aus den roten, überall in Russland verbreiteten Moosbeeren hergestellt wird. Sie sprießen sogar im Winter unter dem Schnee aus der Erde hervor. Die erste dickbäuchige Flasche mit diesem »Chlukwannij Kwas«, die auf den Tisch kam, erregte bei meinen Reisegenossen geradezu Sensation wegen des lieblichen und kühlenden Fruchtgeschmacks und der aus den Gläsern frei aufsteigenden Kohlensäure. Im Handumdrehen wurden zehn oder zwölf Flaschen davon getrunken, und als ich heute eine davon bestellen will, erklärt mir der Kellner, dass der mitgenommene Vorrat vergriffen sei. Fortan müssen wir sehen, wie wir uns dies Labsal auf den Stationen verschaffen können. Dem Kellner liegt offenbar wenig daran, es selbst einzukaufen, weil er wegen seines billigen Preises daran nur wenig verdienen kann.

23. *August.* Wir wachen ganz früh auf von dem unangenehmen Gefühl der Kälte, die uns durch den ganzen Körper läuft. Es ist im Zuge und draußen so kalt, wie es nur an einem frischen Herbsttag sein kann. Wir lesen auf dem Thermometer außerhalb des Fensters nur vier Grad ab, während wir im Coupé acht haben, also in jedem Fall zu wenig für unser Wohlbefinden. Wir lassen die Doppelfenster in die Höhe ziehen und verlangen zum zwanzigsten Mal, dass die Türen auf dem Gang nicht immer offen bleiben möchten. Wir verlangen dringend, dass der Zug geheizt werde, und weisen auf die Kondukteure eines anderen Zuges hin, die bereits ihre schweren Pelze angezogen haben. Wir raffen alles zusammen, was wir an warmen Sachen mitgebracht haben. Jemand rühmt sich sogar, dass er drei Inexpressibles übereinander angezogen habe. Aus dem Nebencoupé, wo der amerikanische General und sein holdes Töchterchen mit ihrer Toilette noch nicht fertig sind, ertönt ein Duett des Niesens, wobei der Sopran des Fräuleins sich dem Bass des alten Herrn liebevoll anschmiegt. Der Zugführer teilt uns mit, dass er nach Irkutsk telegraphiert und um die Erlaubnis gebeten habe, trotz der Vorschrift die Passagiere durch Einheizen aus ihrem erstarrten Zustande zu befreien. Nach drei Stunden trifft die Genehmigung ein, das brennende Holz knallt in den Öfen, und wir sind gerettet.

In der Nacht ist ein Passagier eingestiegen, der mit landwirtschaftlichen Maschinen handelt. Er erzählte sehr interessant von der jüngsten Streikbewegung in Odessa, der er beigewohnt habe.

Zuerst hätten die Angestellten der Pferdebahn den Dienst eingestellt. Dann seien die Bäcker diesem Beispiel gefolgt. Man konnte in ganz Odessa kein Stück Brot kaufen, sondern musste es sich selbst backen. Tausende von Arbeitern setzten sich auf die Schienen der Eisenbahn und verhinderten das Abgehen der Züge. Der Streik war genau nach deutschen Vorbildern arrangiert worden. Die Streikenden gingen in großen Trupps durch die Straßen, bewegten sich aber auf dem Fahrwege, um nicht die Passage zu versperren und der Polizei Veranlassung zum Einschreiten zu geben.

24. *August.* Wir erreichen den Baikalsee und fahren an dessen Ufer nach Myssowaja, wo uns der kleinere Dampfer und Eisbrecher, die »Angara«, erwartet. Der Kapitän ist ein gefälliger, unterrichteter Mann, der als Balte vortrefflich Deutsch spricht. Er klagt über seine russischen Matrosen und meint, es sei mit ihnen unmöglich, das Schiff so sauber zu halten, wie er es verlange. Wenn er ihnen wegen ihrer Nachlässigkeit Vorwürfe macht, antworten sie ihm ganz unbefangen: »Es wird ja doch wieder schmutzig.«

Das Panorama des Baikalsees hat sich in den vier Wochen seit unserer Hinfahrt vollständig verändert. Vor zwei Tagen war bereits Schnee gefallen, und die umliegenden Hütten schimmerten uns auf weiten Strecken weiß entgegen. Eine graue, allerdings vielfach nuancierte Farbe bedeckte den Himmel und den See, den wir bei der Hinfahrt so klar, leuchtend und farbig gefunden hatten. Nun war es hier bereits Herbst geworden. Je näher wir mit dem Schiff der andern Seite des Ufers kamen, desto mehr traten die schneebedeckten Bergspitzen von allen Seiten hervor.

25. *August.* Ein originelles Erlebnis im Speisewagen! Unser amerikanischer General lässt sich eine Büchse Kaviar öffnen, versucht den Inhalt, macht ein zufriedenes Gesicht und bietet zuerst seiner Tochter und dann mir etwas zu kosten an. Als ich abends meine Rechnung mache, finde ich einen Posten von fünfundzwanzig

Kopeken und dazu in undeutlicher Schrift die Bemerkung »Pribor«, d. h. »Gedeck«. Für Serviette, Messer und Gabel sowie sonstiges Zubehör bei Tisch war aber bisher niemals etwas berechnet worden, und ich drücke meine Verwunderung, dass es nun plötzlich geschehen sei, aus. Ich vermute, dass der dienstbare Geist sich einfach, und selbstverständlich nicht zu seinem Schaden, verrechnet habe. Aber er bleibt dabei, dass es mit dem Viertel Rubel auf meiner Rechnung, den ich mir nicht zu erklären weiß, wegen des Kaviars seine richtige Bewandtnis habe. Ich erwiderte darauf, dass mich ja der amerikanische General dazu eingeladen habe und dafür selbstverständlich auch bezahlen werde. Das tue nichts, erwidert mir der Kellner. Die Büchse Kaviar sei nicht im Speisewagen, sondern auf der Station gekauft, und deshalb müsse jeder, der sich daran beteilige, seinen »Pribor« entrichten.

Ich fand diese Anschauung so wunderlich, dass ich den Zugführer um eine Aufklärung darüber bat, und dieser gab dem Kellner Recht. Es sei nun einmal so in Russland oder wenigstens im sibirischen Luxuszuge. Ich verbeugte mich hierauf vor dem Bilde des Selbstbeherrschers aller Reußen und des Verkehrsministers Fürst Chilkow und legte die fünfundzwanzig Kopeken auf den Tisch. Mein armes Gehirn ist aber bis zur heutigen Stunde nicht imstande gewesen, den Sinn zu erfassen, der dieser Anschauung zugrunde liegt. Übrigens scheint unser General ein geschworener Feind der russischen Sprache zu sein. Heute, am achten Tage nach der Abfahrt von Dalny, weiß er noch immer nicht, wie er sich dem Kellner verständlich machen solle, wenn er Tee haben will. »What is tea in Russian?«, fragt er, und von sechs Seiten tönt ihm schallend der Ruf »Tschai!« entgegen.

26. August. Der Zugführer hat in Russland eine viel einflussreichere Stellung als in Deutschland. Er ist der Schutzengel aller Passagiere oder sollte es wenigstens sein. Bei längeren Fahrten, wie in Sibirien, gibt man ihm gleich bei Beginn der Reise das Billett zur Verwahrung und erhält darüber eine Quittung. Das ist von der Verwaltung sehr vernünftig eingerichtet, weil man auf diese Weise in der Nacht, falls ein höherer Beamter zur Kontrolle kommen sollte, nicht aus dem Schlaf geweckt zu werden braucht. Der Zugführer entscheidet in allen Fragen, die das Wohl und Wehe der Fahrgäste betreffen. Einzelne schließen mit ihm nähere Bekanntschaft und begrüßen sich alsbald mit Händedruck. Er verwaltet die Bibliothek, die sich im Zug befindet, und nimmt an den Mahlzeiten im Speisewagen teil. In dem Zuge der internationalen Schlafwagengesellschaft, der von Moskau nach Irkutsk fährt, zeigte er sich von einer löblichen Zurückhaltung. In den russischen Zügen bildete sich aber ein mehr patriarchalisches Verhältnis aus, das merkwürdig absticht von dem strammen Dienst auf europäischen Bahnen. Dabei kann es in Russland vorkommen, dass der Zugführer mit einem Kreis von näheren Bekannten gerade die besten Plätze im Speisewagen einnimmt, und die Übrigen warten müssen, bis sie frei werden. Auf der Rückfahrt von Irkutsk nach Moskau ging der Zugführer mit seiner Frau und einem kleinen Kind auf den Stationen gemütlich spazieren, als ob er von uns allen der fremdeste Passagier wäre.

27. *August.* Heute ist viel von dem Ingenieur Alexander Jugowitsch die Rede, dem die Ausführung der Bahn durch die Mandschurei anvertraut war. Er wurde in Odessa geboren, verlor frühzeitig seine Eltern und genoss seine Erziehung in London. Dann wurde er von der Rjasan-Gesellschaft engagiert und erbaute in ihrem Auftrage eine Reihe von Eisenbahnen, bis ihm der Auftrag zuteil wurde, den Schienenstrang von der russischen Grenze durch chinesisches Gebiet bis nach Dalny zu legen. Er ist ein klar und ruhig denkender Kopf, eine bedeutende Arbeitskraft, ein Mann von gesundem Menschenverstand und beherrscht, obwohl er die Engländer nicht leiden kann, ihre Sprache vollkommen.

28. August. Die Nähe Europas macht sich wieder bemerkbar. Wir bekommen den Pariser Figaro vom 16., Berliner und Wiener Blätter vom 18. August auf den Stationen zu kaufen und erfahren dadurch, dass die Humbertaffäre mit der Verurteilung der Angeklagten endlich aus der Welt geschafft worden ist.

Abends begegnen wir auf einer kleinen Station wieder einem Militärzug nach der Mandschurei. In einem Wagen wird eine große Ziehharmonika gespielt, und zwar wunderschön. Wir lauschen gespannt den melancholisch hinschmelzenden Tönen. Dann folgt das allbekannte russische Tanzlied »Kamarinskaja«, das die Soldaten geradezu elektrisiert. Einige beginnen im Freien zu hüpfen, und der kleine chinesische Diener des russischen Offiziers gebärdet sich wie toll, indem er auf der Plattform unseres Zuges mit Armen und Beinen um sich schlägt.

29. August. Wir vermissen sehr die liebliche Begleitung der Steinbreche in der früheren Pracht, die uns auf der Hinreise entzückte. Der Anblick dieser Blumen hat sich bereits vollständig verändert. Sie lassen ihre Blätter und Blüten traurig hängen, sehen alt und vertrocknet aus. Bald werden sie sich in eine dürre, staubige Masse verwandelt haben, die unter den Händen zerfällt.

Hingegen erfreut uns wieder der Ural mit seinem reichen Wechsel von Berg und Tal und seinen schroffen Felsen, die sich zu beiden Seiten an die Bahn herandrängen. Die Ernte verspricht ausgezeichnet zu werden. Wir fahren durch unendliche Getreidefelder, die in bester Beschaffenheit sind. Ufa liegt lang gestreckt auf Höhenzügen, an denen die Eisenbahn vorbeikommt. Eine Gesellschaft von Schauspielern schließt sich uns an. Der Direktor sucht mit seinem langen grauen Faltenrock und seinen hohen Stiefeln einen möglichst würdigen Eindruck auf seine Umgebung zu machen.

30. August. Wir laufen in Samara ein. Vor der Station steht auf einem Geleise einer der hübschen, in blauer Farbe ausgeführten

Aussichtswagen, die bei besonderen Gelegenheiten an die sibirischen Züge angehängt werden. Man hat in ihnen nach drei Richtungen einen freien Ausblick auf die Landschaft. Am Ende des Waggons ist außerdem ein Leinwanddach angebracht, das man zum Schutz gegen die Sonne niederklappen kann. Wahrscheinlich wird ein hoher Beamter zur Inspektion der Strecke erwartet.

Auf dem Nebengeleise befindet sich ein Güterwagen, der in eine Kapelle umgewandelt ist. In der Mitte ist ein Sarg aufgestellt und daneben auf einer Stange ein Muttergottesbild befestigt. Ein alter, weißhaariger Pope hält mit tiefer Bassstimme die Totenfeier ab. Männer und Frauen stehen im Waggon um in herum und stoßen laute Totenklagen aus. Sie weinen und jammern, wischen sich die Tränen aus dem Gesicht, bekreuzigen sich und werfen sich zur Erde. Dann wird der Sarg hinausgetragen und der Gottesdienst hierauf unter freiem Himmel fortgesetzt. Die Kirchensänger treten zu einem Kreise zusammen, und die mächtigen Bassstimmen vereinigen sich mit den zarten, hellen Stimmen der Kinder zu feierlich ergreifenden Bitten und Gebeten für den Verstorbenen. Aus der Stadt sind hunderte von Frauen, Männern und Kindern herbeigeströmt, die mit entblößtem Kopf der Totenfeier beiwohnen. Während sich unser Zug in Bewegung setzt, wird der Sarg von den Trägern aufgehoben, und das Trauergefolge setzt sich nach dem Kirchhof in Bewegung.

In Batraki, wo wir wieder die Wolgabrücke überschreiten, erblicken wir eine Strecke, wo der Fluss bereits sehr wasserarm ist und sich zwischen lang gestreckten Inseln träge dahinzieht. Die Tochter des amerikanischen Generals hat beim Ordnen ihrer Garderobe ein Bündel Wäsche zusammengeschnürt und will es verschenken. Sie geht auf ein hübsches, sauber gekleidetes Mädchen zu und legt es ihr lächelnd in den Schoß. Aber das Mädchen springt erschreckt auf und will davonlaufen. Sie glaubt, dass die vornehme Dame ihr ein neugeborenes Kind in den Schoß legen wollte.

Es bedarf erst langer Erklärungen, bis das Geschenk angenommen wird.

31. August. Ein erfrischender Morgen. Ankunft in Tula. Zuerst machen wir bei der Vorstadt Halt. Dann gelangen wir zu der eigentlichen Stadt, die hoch gelegen ist und mit ihren vielen Kuppeln und Türmen eine gewisse Ähnlichkeit mit Moskau aufweist. Auf dem Perron bietet ein Verkäufer auf seinem Ladentisch die in ganz Russland berühmten Süßigkeiten, Pfefferkuchen und kandierte Früchte an. In dem Speisesaal werden neben dem Büfett die aus Stahl angefertigten Tulaarbeiten ausgelegt, und es beginnt ein eifriges Feilschen um die Messer und Gabeln, Zigarettenetuis und Waffen, die man hier zu sehen bekommt. Als ob man all diese Sachen nicht in viel größerer Auswahl und zu solideren Preisen in Moskau erhalten könnte! Wir denken an den Grafen L. N. Tolstoi, der, nicht weit von hier, bei der Station Koslow auf seinem Gute Jasnaja Poljana lebt und in den nächsten Tagen seinen fünfundsiebzigsten Geburtstag feiert. Nach seiner schweren Krankheit, die ihn zu längerem Aufenthalt in der Krim veranlasste, hat er sich wieder erfreulich erholt, und die Zeitungen sind angefüllt mit Gesprächen, die zudringliche Interviewer mit ihm geführt haben. Wie viel falsches und abgeschmacktes Zeug gelangt auf diese Weise über den großen Dichter, Philosophen und Menschenfreund in die Öffentlichkeit! Ich glaube nicht, dass dem Ansehen des Mannes dadurch genützt wird, den seine Angehörigen gegen dergleichen Zudringlichkeiten besser, als es bisher geschehen ist, schützen sollten.

Zwei Stunden vor Moskau fängt der Kondukteur an, mein Coupé aufzuräumen, und während er die Klappen, die das Bett herstellen, wieder umdreht, kommt zum ersten Mal ein schöner rotbrauner Samtbezug zum Vorschein, den ich während der ganzen Zeit nicht erblickt habe. Der Kondukteur zeichnete sich durch seine Trägheit und Unzuverlässigkeit aus, und es geschah ihm nur recht, dass er bei der Ankunft in Moskau entlassen werden sollte. Umso komischer war es, dass er mich vertraulich beiseite nahm und mich um eine schriftliche Bestätigung der »treuen Dienste« ersuchte, die er mir geleistet haben wollte. Wir kommen nach Zarizino mit einem von Katharina II. begonnenen Schloss, das aber unter ihrer Regierung nicht vollendet wurde, weil es mit seinen Türmen auf die Phantasie der Kaiserin den Eindruck eines von Kandelabern umstellten Sarges machte. Hierauf folgt Ljublino, ein freundlicher Villenort, der von einem Walde und den Hügeln mit einem hübschen See umgeben ist. Zur Linken erhebt sich in malerischer Lage an den Ufern der Jausa von hohen Mauern umgeben das Andronowkloster mit seinem achtzig Meter hohen Glockenturm und seinen fünf Kirchen. Das Panorama der Stadt breitet sich in prächtiger Beleuchtung vor uns aus. Während wir aus dem Coupé steigen, zeigt die Uhr des Kursk-Nowgoroder Bahnhofes genau 1 Uhr 20 Minuten, wie es der Fahrplan verheißt.

Land- und Wasserwege nach dem Fernen Osten

Wir sind wieder am Ausgangspunkt unserer Fahrt auf der sibirischen Eisenbahn nach China angelangt, und »Mütterchen Moskau« empfängt uns noch freundlicher, als die ehrwürdige Dame uns vor sieben Wochen entlassen hatte. Auf dem Nischni-Nowgoroder Bahnhof zerstreut sich unsere Reisegesellschaft nach allen Windrichtungen. Das lange Zusammensein mit so verschiedenartigen Elementen der modernen Gesellschaft hat so viel Gemütliches und Anregendes, dass uns der Abschied von unseren Gefährten nicht so leicht wird, wie wir es anfangs glaubten. In dieser Beziehung bringt die Fahrt auf der sibirischen Bahn eine ähnliche Stimmung wie die alte Postkutsche hervor, in der man ebenfalls Zeit hatte, sich auszusprechen und kennen zu lernen, während unser heutiges Reisen im Allgemeinen nur flüchtige Berührungen gestattet. Gerade in diesem Punkte berührt sich die modernste Verkehrseinrichtung in der Tat mit der ältesten, weil beide uns menschlich näher bringen und zum Austausch der Gedanken und Empfindungen ermuntern.

Im Hotel »Alpenrose« in der Sofeika, wo ich beim Antritt meiner Reise abgestiegen war, ist ein Berg von Briefen, Postkarten, Zeitungen für mich angelangt. Das Haus ist eben erst eröffnet worden, und die Einrichtung der Zimmer steht auf der Höhe großstädtischer Ansprüche. In unmittelbarer Verbindung damit befindet sich das gleichnamige Restaurant, das als Stammkneipe der Deutschen für Moskau ungefähr dieselbe Rolle spielt wie Leiner in Petersburg.

Wer echt russisches Leben beobachten will, muss sich dagegen nach dem Slawjanski Basar, wo in dem großen Speisesaal namentlich um die Frühstückszeit ein ungemein interessantes Leben herrscht, nach dem prächtigen, aber stockrussischen Bolschoi Moskowskij Gostinniza gegenüber der Iberischen Pforte oder nach der »Eremitage«, diesem Paradies aller Feinschmecker und Lebemänner, begeben. Ich entschloss mich, den Ruhetag nach der Heimkehr von Sibirien in dem »Hôtel National« am Ochotny Rjad neben der Twerskaja zu verleben, das ganz nach westeuropäischem Muster eingerichtet ist und von einem Ungarn geleitet wird. Dorthin hatte sich ein kleiner Rest unserer Reisegesellschaft begeben, um die bei der Fahrt empfangenen Eindrücke zum letzten Mal miteinander auszutauschen.

Mich zog es unwiderstehlich zum Kreml, der im hellen Sonnenschein vor mir lag, und zu meinem alten Freunde, dem Glockenturm Iwan Weliki, der in dieser einzigen Vereinigung von Palästen, Staatsgebäuden, Klöstern, Kirchen und Denkmälern den hochragenden Mittelpunkt bildet. Aber der kurze Weg dorthin wurde mir schwer. Der Boden schien mir unter den Füßen zu dröhnen und zu schwanken wie jemandem, der nach einer langen Seereise zum ersten Mal wieder festen Boden unter sich fühlt. Ebenso glaube ich immer noch die Bewegung des sibirischen Zuges in den Gliedern zu spüren und das Ächzen der Lokomotive zu hören.

Trotzdem bestieg ich die fünf Stockwerke des »großen Johann«, um das wundervolle Panorama Moskaus mit seinem Gewirr von bunten Dächern, von goldnen Kuppeln und Spitzen zu betrachten. Das »russische Rom«, wie man die Stadt mit Recht genannt hat, verkörpert die gesamte Geschichte des Zarenreiches und stellt einen Auszug all der Kräfte dar, die es nach innen und außen bewegen. Mein Blick schweifte zur Erlöserkirche hinüber, vor welcher eine Kulisse an derselben Stelle errichtet war, auf der sich das Denkmal für Alexander III. erheben wird. Der Zar soll dort mit dem Blick nach dem Kreml und zu dem Platz dargestellt werden, wo sich das Monument seines Vaters, Alexander II., befindet.

Unwillkürlich verdichteten sich in mir all die wechselnden, farbenreichen Bilder und Erlebnisse, die ich während der Fahrt auf der sibirischen Bahn in mich aufgenommen hatte, zu einem einzigen, gewaltigen Eindruck, und ich suchte mir die Frage zu beantworten, welche Bedeutung der Schienenweg durch Asien in Zukunft für den Weltverkehr erlangen werde.

Im »Hotel National« wurden wir von allen Seiten zur glücklichen Vollendung der langen Reise beglückwünscht und um eine genaue Schilderung unserer Eindrücke gebeten. Das war keine leichte Aufgabe und konnte nur mit verhältnismäßig wenig Worten geschehen, die aber den Neugierigen genügen mussten. Den Abend brachte ich im Theater Korsch zu, wo gerade die erste Aufführung des neuen Stückes von Oktave Mirbeau »Les affaires sont les affaires« in russischer Sprache stattfand. Ich hatte das interessante Werk im April desselben Jahres bei der Premiere im Théâtre français in Paris kennen gelernt und die erregte Stimmung des Publikums noch in lebhafter Erinnerung, das bei dem Streit zwischen dem sozialistischen Großkaufmann und dem verschuldeten Marquis wie in einem Parlament bald für die eine bald für die andere politische Richtung heftig Partei ergriff. In Moskau war von dieser unmittelbaren Anteilnahme an der Handlung, die so geschickt aus der Flut des Pariser Lebens geschöpft ist, wenig zu spüren. Man sah in dem Ganzen nur eine gewöhnliche Familiengeschichte, ohne die scharfe Würze der Satire auf die Macht des Geldes und die sozialen Ideen, den Parlamentarismus und die Presse herauszuschmecken.

Dass es auch in Moskau schneidige Berichterstatter gibt, erfuhr ich am nächsten Morgen. Ich war wieder nach dem Kreml gegangen, um eine der vielen Sammlungen zu besuchen, als ich von dem Dienst tuenden Aufseher erfuhr, dass sie wegen der Ferien noch geschlossen sei. Ich stellte mich, um trotzdem die Erlaubnis zur Besichtigung zu erlangen, dem Chef der dortigen Polizei vor und war nicht wenig erstaunt, als er seine Freude darüber äußerte, dass mir die Reise durch Sibirien so gut bekommen sei. Die Nowosti Dnja, eine flink bediente Zeitung, hatte den Bewohnern Moskaus in einer sehr freundlich abgefassten Notiz von meiner Rückkehr aus Asien auf dem neuen Schienenwege Mitteilung gemacht.

Ein wahres Glück, dass von mir an jedem Tag Aufzeichnungen gemacht worden waren, denn ich hatte so viel erlebt, dass selbst ein gutes Gedächtnis kaum imstande war, zu unterscheiden, wo und wann die interessanten Einzelheiten sich abgespielt hatten. Unwillkürlich musste ich Vergleiche anstellen zwischen der umständlichen Art, wie man früher nach Sibirien reiste, und der jetzigen Einrichtung, durch Asien bis an den Stillen Ozean zu fahren. Vor wenigen Jahrzehnten lag darin noch eine Expedition voll Gefahren und Schrecknissen, vor einem Dezennium war diese Reise immer noch eine ernste Strapaze, und jetzt ist sie eigentlich nur eine längere Vergnügungsfahrt zu nennen.

Alexander von Humboldts asiatische Reise dauerte z. B. von Mitte April bis Ende Dezember 1829. Schon im Sommer 1827 war der berühmte Gelehrte von dem russischen Staatsminister Graf Cancrin eingeladen worden, sich über das im Ural gewonnene Platin, seine Verwendbarkeit zu Geldmünzen und das Verhältnis seines Wertes zu Gold und Silber zu äußern. Es war ihm jedoch vollkommen freigestellt, sich für seine Reise auch andere Ziele und Zwecke zu wählen. In seiner Begleitung befanden sich die beiden Naturforscher Gustav Rose und Ehrenberg, jener als Mineraloge und Führer des Reisetagebuches, dieser als Botaniker und Zoologe.

Humboldt begab sich zunächst von Berlin über Königsberg und Memel nach Petersburg und Moskau, wo ihm wahrhaft fürstliche Ehren erwiesen wurden. Ein russischer Bergbeamter diente ihm als ständiger Begleiter, und ein Kurier reiste ihm voraus, der für seinen zweckmäßigen und würdigen Empfang überall die nötigen Vorbereitungen traf. Die ganze Expedition war so großartig ausgerüstet, wie sie vorher noch keinem Reisenden nach dem Innern Asiens zuteil geworden war. Nischni-Nowgorod, Kasan und Perm bildeten die ersten Stationen. Dann wurde der Ural überschritten und Jekaterinburg erreicht, wo sich ein Mittelpunkt für die dortige Metallproduktion befindet. Humboldt stellte in Newiansk und Nischni-Tagilsk eingehende Untersuchungen über das Vorkommen von Platin und Diamanten an, um dann in das Innere von Sibirien vorzudringen.

Bei seinem Aufenthalt in Tobolsk befand er sich nicht weit von der Strecke, welche die sibirische Bahn heute einschlägt, und erreichte diese unmittelbar bei der Stadt Kainsk am Flusse Om. Die Nachricht, dass auf der Straße nach Tomsk die sibirische Pest ausgebrochen sei, musste ihn verhindern, bis zu diesem Ziel vorzudringen. Er stattete dafür der Bergwerkstadt Barnaul am Ufer des Ob einen Besuch ab. Anfang August wendete sich Humboldt dem Altaigebirge zu, wo der Klowansee mit seinen seltsam geformten, aus einzelnen Platten zusammengesetzten Granitfelsen und der Felsrücken des Schlangenbergs mit seinen reichen Erzlagern den östlichen Punkt seiner Reise bildeten. Dann gelangte er nach Omsk, also wieder zu einem Punkt des jetzigen sibirischen Schienenweges, entfernte sich aber von ihm in südlicher Richtung nach Orenburg, um hierauf über Sarepta nach Astrachan und damit in die Nähe der Wolgamündung ins Kaspische Meer zu gelangen. Von dort fuhr er wieder nach Moskau und in die Heimat zurück.

Und wie umständlich und langwierig war noch im Jahre 1891 die Reise des damaligen Thronfolgers, des jetzigen Kaisers von Russland, durch Sibirien, obwohl doch alles, was nur irgend in Menschenkräften lag, aufgeboten war, diese Fahrt zu beschleunigen und nach Möglichkeit angenehm zu gestalten. Der jugendliche Großfürst sollte im Hinblick auf sein schweres und verantwortungsvolles Amt, das ihn als Selbstherrscher über ein ungeheueres

Ländergebiet viel früher, als man denken konnte, erwartete, eine Studienreise um die ganze Erde antreten, seinen Geist mit unvergleichlichen Eindrücken des Völker- und Naturlebens an den ältesten Kulturstätten sättigen und seinen Blick für die Beobachtung fremder Individualitäten schärfen.

Die Wundergebiete Griechenlands und Ägyptens, Vorder- und Hinterindiens waren an seinen Blicken vorübergezogen. Japan hatte alle Schätze vor ihm ausgebreitet, und es war bereits beschlossene Sache, einen Abstecher nach China zu unternehmen und dann die Heimreise über Amerika anzutreten. Da ereignete sich auf japanischem Boden, in Otsu, das bekannte unglückliche Attentat, bei welchem ein von fanatischem Hass auf die Fremden erfüllter Japaner zu einem Schlage gegen den Großfürsten ausholte und ihn nicht unbedenklich verwundete.

Unter dem Eindruck dieses Verbrechens beschloss der hohe Reisende auf Wunsch seines Vaters, des Kaisers Alexander III., die Rückreise durch Sibirien anzutreten. Der russische Dampfer »Pamjat Asowa« führte ihn durch das Japanische Meer nach Wladiwostok, wo die Truppen längs der Hauptstraße, der Swetlanskaja, in Spalier aufgestellt waren und ihn mit freudigem Hurra begrüßten. Am 29. Mai wohnte der Thronfolger der Enthüllung des Denkmals bei, das dem Admiral Newelski errichtet war, und legte tags darauf den Grundstein zu dem Trockendock, das in der Stadt angelegt wurde. Am 31. Mai erfolgte dann der erste Spatenstich zu der großen sibirischen Bahn. Der Großfürst verlas bei der Festtafel, die sich hieran schloss, das Reskript seines kaiserlichen Vaters, das sich auf die Ausführung der ersten Strecke des Schienenwegs, die Ussuribahn, bezog. Am 1. Juni verließ er das Geschwader und trat seine Reise nach dem Westen, durch die weiten Strecken Sibiriens, an als Verkünder des gewaltigen Unternehmens, das mit überraschender Schnelligkeit zur Ausführung kommen sollte.

Wir besitzen über diese Reise ein ausführliches Reisewerk aus der Feder des Fürsten Uchtomski, den wir bereits im Anfang unseres Werkes erwähnt und charakterisiert haben. Ihm war die Aufgabe zugefallen, die Eindrücke dieser Weltfahrt von Tag zu Tag festzuhalten und ein Werk herauszugeben, das für die weiten Kreise des gebildeten Publikums auf Verständnis und Interesse rechnen konnte. Ein namhafter Landschaftsmaler, Karasin, hatte die Aufgabe, die Schilderungen durch seine Zeichnungen und Bilder zu beleben und zu ergänzen. Auf diese Weise entstand ein Prachtwerk, das bei seinem Erscheinen nicht nur in Russland Aufsehen erregte, sondern alsbald auch in deutscher, französischer und englischer Übersetzung vorlag und einen ausgedehnten Leserkreis gewann.

»Orientreise Seiner Majestät des Kaisers von Russland, Nikolaus II., als Großfürst-Thronfolger 1890–91. Aus dem Russischen übersetzt von Dr. Hermann Brunnhofer« lautet der Titel der deutschen Ausgabe, die im Jahre 1899 bei F. A. Brockhaus in Leipzig erschien. Der Verfasser ist seiner Aufgabe in jeder Beziehung gerecht geworden. Seiner schwungvollen, bilderreichen Sprache merkt man es bei jedem Satz an, wie sehr er sich mit den großartigen Eindrücken dieser Reise erfüllt hat. Er zeigt sich aber auch als selbstständig denkender Kopf, der sich mit der Geschichte und der Natur der betreffenden Länder genau vertraut gemacht hat und die politische Rolle Asiens mit Schärfe erfasst. Er berichtet genau von dem Wege, den der fürstliche Reisende durch Sibirien eingeschlagen hat. Zuerst unternahm der russische Thronfolger eine Fahrt von hundertzwanzig Kilometern zu dem Ort Nikoskoje, von wo er nach dem Hankasee fuhr und die Reise dann auf einem Dampfer fortsetzte. Den Sungatscha hinauf ging es zum Ussuri und Amur nach Chabarowsk, wo das Denkmal für den Grafen Murawjew-Amurski bewundert wurde, dessen unermüdlicher Tätigkeit Ostasien in seiner jüngsten Entwicklung so viel zu danken hat.

Es folgte die Reise auf dem Amur bis nach Blagowjeschtschensk. »Im Allgemeinen«, äußert sich Fürst Uchtomski in seinem Werke, »können die Ufer des Amur von Blagowjeschtschensk an stromaufwärts schön genannt werden. Aber diese Schönheit ist, wie überhaupt der ganze Amur, bei aller Mannigfaltigkeit zu eintönig; auf der ungeheuren Strecke lässt schließlich das Auge bei der ewigen Wiederkehr des gleichen Bildes den Blick hoffnungslos und ermüdet sinken. Von den Schönheiten, die zu sehen sind, prägen sich wenige dem Gedächtnis ein. Tote Taiga, einförmiger Urwald ... das ist alles, was man im Großen und Ganzen vom Amur überhaupt sagen kann.«

Am 22. Juni wurde die Grenze der Provinz Transbaikalien, am 25. Juni Sretensk erreicht, wo nach dem Verlassen des Flussgebiets der Schilka gegenwärtig die nach dem Baikalsee führende Bahn ihren Anfang nimmt. Man hatte den Plan gefasst, die Reise nach Nertschinsk zu Lande fortzusetzen, aber das Wasser stand so hoch, dass es möglich war, auf dem Dampfer zu bleiben und die Stadt am nächsten Morgen zu erreichen. Von hier ab musste man sich aber des Reisewagens bedienen. Die Burjäten durften sich dem Thronfolger vorstellen und ihm die geschickte Art zeigen, in welcher sie wilde Pferde einzufangen und zu zähmen wissen. Einmal wurde unter einem Mongolenzelt übernachtet, das mit einem seidenen Bett und einer Art Thron versehen war.

In Tschita und in dem buddhistischen Kloster Azagat fand ein feierlicher Empfang der hohen Gäste statt. Am 5. Juli kam der Großfürst-Thronfolger in Irkutsk an, am 7. Juli erreichte er Krasnojarsk, wo eine Industrie- und Landwirtschaftsausstellung stattfand. Am 17. Juli war die Expedition in Tomsk angelangt, wo der Großfürst den Dampfer »Nikolai« bestieg, um die Heimreise fortzusetzen. Das Schiff folgte dem Lauf des Ob mit seinen oft düstern, aber wegen der Breite des Stroms auch imponierenden Ufern und traf am 22. Juli in Tobolsk ein, wo in der Kathedrale eine Begrüßung durch den Bischof und die gesamte Geistlichkeit stattfand. Am vierten Tag darauf langte der Dampfer in Omsk an. Ein Weg von mindestens tausendzweihundert Kilometern führte von hier nach Orenburg, an die Grenze von Europa und Asien, wo man am 7. August anlangte. Hier war endlich nach vielen Strapazen der Anschluss an das Eisenbahnnetz gefunden, das den Großfürsten nach einem kleinen Abstecher in das Gebiet der Uralkosaken über Moskau wieder nach Petersburg zurückbrachte.

Mehr als zwei Monate und einen halben dauerte diese sibirische Reise, die unter so vorteilhaften Bedingungen ausgeführt wurde, wie sie für keinen andern Sterblichen geschaffen werden konnten. Abgesehen von den vielen Empfängen und Festlichkeiten, die veranstaltet wurden, übten namentlich die Reisen im Wagen einen sehr ermüdenden Eindruck auf alle Teilnehmer aus. Man muss sich erinnern, dass diese Reise des Großfürsten-Thronfolgers erst zwölf Jahre vor dem vollständigen Ausbau der sibirischen Eisenbahn stattfand, um sich zu vergegenwärtigen, mit welcher Schnelligkeit das erstaunliche Werk vollendet wurde.

Unwillkürlich drängt sich die Frage auf, welchen Einfluss die sibirische Bahn in Zukunft auf den Dampferverkehr nach Ostasien ausüben werde. Nachdem ein so viel kürzerer Weg durch das europäische Russland und Sibirien, nach China und Japan geschaffen ist, müssen sich gewisse Veränderungen für die Schiffe nach dem Fernen Osten mit Notwendigkeit ergeben. Es ist aber äußerst schwer, schon jetzt eine bestimmte Meinung darüber auszusprechen, wie sie sich in Zukunft gestalten werden. Den beiden Instanzen, die an der Bevorzugung des Schienenwegs oder der Dampferfahrt ein praktisches Interesse haben, kann man es kaum verdenken, wenn sie die Vorzüge ihres Verkehrswegs auf Kosten des andern möglichst hell beleuchten. Dabei machen sich Voreingenommenheiten und Übertreibungen geltend, die man vorsichtig vermeiden muss, wenn man zu einem Ergebnis kommen will, das mit der zukünftigen Gestaltung der Dinge wenigstens in großen Zügen übereinstimmt.

Der Verkehr zwischen den Häfen Europas und Ostasiens führt gegenwärtig durch den Suezkanal und das Indische Meer nach den Häfen des Stillen Ozeans. Die Fahrten werden, wenn man kleinere Schifffahrtsgesellschaften unberücksichtigt lässt, vom Norddeutschen Lloyd und der Hamburg-Amerika-Linie, für Österreich vom Österreichischen Lloyd, für England von der Peninsular Company und für Frankreich von der Messageries maritimes ausgeführt. Dabei ist Russland für den Schiffsverkehr mit Ostasien auf die Linie über Odessa angewiesen.

Fährt man mit den Schiffen unserer beiden großen Reedereien von Bremen oder Hamburg ab, so erreicht man Schanghai auf dem Wasserwege in achtundvierzig Tagen. Diese Zeitdauer kann man allerdings um zwölf Tage verkürzen, wenn man die Reise von Berlin nach Neapel mit der Eisenbahn macht, wozu zwei Tage erforderlich sind, und erst hier das Schiff besteigt. Die englischen Dampfer, die von London ausgehen, brauchen bis zur Mündung des Jangtsekiang einundvierzig, die französischen, die ihre Reise in Marseille beginnen, achtunddreißig Tage, die österreichischen, die von Triest auslaufen, ungefähr ebenso viel Zeit. Auf den deutschen Dampfern kostet die Fahrt nach Schanghai von Bremen oder Hamburg in erster Kajüte 1660 Mark, in zweiter 950 Mark, von Neapel in erster Kajüte 1540 Mark, in zweiter 840 Mark.

Demgegenüber führt die Berechnung einer Reise auf der sibirischen Bahn nach Dalny und der Benutzung der neuen russischen Dampfer »Mongolia« und »Mandschuria« nach Schanghai allerdings zu überraschenden Ergebnissen. Von Berlin fährt man nach Moskau in zwei, von Moskau mit dem Luxuszug nach Dalny in vierzehn und von dort nach Schanghai in zwei, also im Ganzen achtzehn Tagen. Das ist weniger als die Hälfte der Zeit, die man braucht, um mit dem Schiff zu demselben Ziele zu gelangen. Der Preis dafür würde für die erste Klasse auf der Eisenbahn und die erste Kajüte auf dem Schiff zusammen gegen 700 Mark betragen.

Hierbei darf man allerdings nicht übersehen, dass in dem Preis für die Schiffsreisen mit Ausnahme von Wein, Bier und Likören, die volle Verpflegung einbegriffen ist, die ungefähr den Leistungen eines ersten Hotels in einer europäischen Hauptstadt entspricht, während auf der Eisenbahn für Speisen und Getränke der Betrag von den Passagieren zu entrichten ist. In dieser Beziehung kann man sich natürlich sehr verschiedenartig einrichten. Wer alle Mahlzeiten im Speisewagen, dem internationalen oder dem russischen, einnimmt, wird, wenn er Zunge und Kehle auf keine besondere Weise kitzeln will und sich mäßig verhält, vielleicht mit fünf bis sechs Rubel auskommen. Nimmt er dagegen die Mahlzeiten auf den Stationen ein und versieht sich für die Weiterreise mit etwas Mundvorrat, so gibt er natürlich dementsprechend weniger aus. In jedem Fall braucht er für die ganze Reise höchstens die Hälfte von dem anzuwenden, was ihm auf dem Schiff an Kosten erwächst. Wir sprechen hierbei immer nur von den schnellen Verbindungen zu Wasser und zu Land, da eine Berechnung der Preise für die zweite Kajüte und die Postzüge der sibirischen Bahn zu weit führen würde.

Abgesehen von dem Preis- und Zeitunterschied, der durch die sibirische Bahn für die Reise nach Ostasien hervorgerufen wird, ist das gewaltige Unternehmen für die ganze Welt mit einem Schimmer von Romantik umgeben, dem sich niemand entziehen kann. Jeder, der die Reiselust in seinen Gliedern prickeln fühlt, sich bei einer größeren Fahrt von dem Hergebrachten lossagen und einen ganz neuen Verkehrsweg unter verhältnismäßig geringen Strapazen kennen lernen will, spitzt fortan die Ohren, wenn von der luxuriösen Einrichtung der russischen Züge und der wunderbaren Art erzählt wird, wie sie aus dem Herzen Russlands durch den größten Kontinent des Erdballs hindurchgleiten, wie sie jeden Tag ein anderes Bild entrollen und endlich am Ufer des Stillen Ozeans Halt machen. Die nebelhaften Vorstellungen, in welche das nördliche Asien und China für die meisten Gebildeten bisher eingehüllt waren, beginnen sich allmählich zu entwirren und bestimmten Vorstellungen und Urteilen Platz zu machen.

Das drückt sich in unbestreitbarer Weise durch die Steigerung aus, die der Verkehr auf der bisher eröffneten Strecke erfahren hat und der sich nach der Eröffnung der Mandschureibahn in noch erhöhtem Maße bemerkbar machen wird. Gegenwärtig laufen nach jeder Richtung täglich zehn Züge, und sosehr man auch darauf Bedacht nimmt, die Ausweichstellen zu vermehren, dürfte es vorläufig im Interesse der Sicherheit kaum möglich sein, noch weitere für den regelmäßigen Verkehr einzulegen. Es wäre durchaus denkbar, dass schon binnen kurzer Zeit mehr Passagiere die Eisenbahn durch Sibirien benutzen wollen, als mit den Luxus- und Postzügen befördert werden können. Diesem Übelstand könnte nur durch den Ausbau eines zweiten Gleises abgeholfen werden. Ab und zu tauchen in der russischen Presse auch bestimmte Wünsche dieser Art auf. Aber für die nächste Zeit ist schwerlich daran zu denken, dass sie in Erfüllung gehen werden.

Die Beseitigung der Mängel, die sich auf der ungeheuren Strecke bemerkbar gemacht haben, sowie die bis aufs Äußerste getriebenen Kraftleistungen beim Ausbau der mandschurischen Bahn legen der russischen Regierung in Bezug auf eine noch weiter gehende Belastung die größte Vorsicht auf. Der Anlage eines zweiten Gleises stehen ferner die Konstruktionen der Brücken über die großen sibirischen Ströme als ein schwer zu beseitigendes Hindernis entgegen, denn sie sind ebenfalls sämtlich nur auf den eingleisigen Betrieb berechnet, und ihr Umbau würde unendliche Mühen und

Kosten verursachen. Es ist nicht ausgeschlossen, dass die Frachten, wenn die Güterzüge sich immer mehr häufen und Verkehrsstockungen hinzukommen, unterwegs liegen bleiben und die Zeitersparnis trügerisch machen, die man bei der Benutzung des Landweges erreichen wollte. Außerdem ist der Gütertransport auf der Eisenbahn selbstverständlich unvergleichlich teurer als auf den Schiffen, sodass die Dampfer, namentlich für solche Waren, bei deren Ablieferung es nicht so sehr auf Schnelligkeit ankommt, von den Handelshäusern auch in Zukunft bevorzugt werden dürften.

Vergleichen wir einmal beide Verkehrswege nach dem Osten in ihren Licht und Schattenseiten, um zu erkennen, welcher Entwicklung das Reisen auf ihnen in Zukunft entgegensehen kann.

Es gibt keine angenehmere Art des Reisens als eine längere Seefahrt bei strahlendem Sonnenlicht und mäßig bewegtem Wellengang, namentlich auf unsern schönen deutschen Schiffen, die an Zuverlässigkeit ihrer Führer, tüchtiger Schulung der Mannschaften, Eleganz und Sauberkeit aller Einrichtungen sowie in Bezug auf die Leistungen von Küche und Keller unübertroffen dastehen. Eine solche Fahrt auf hoher See kann zur schönsten Badereise werden, die sich denken lässt, und uns von allen kleinlichen Sorgen, wie wir sie in unserer Berufstätigkeit auf dem festen Lande oft nur zu sehr empfinden, auf Wochen befreien, uns körperlich und seelisch zu neuen, verjüngten Menschen machen.

Vom frühen Morgen bis in die späte Nacht erfreut uns das Leben und Treiben auf dem Schiff mit dem Kreise persönlicher Beziehungen, der sich täglich erweitert, und den an Abwechslung so reichen Beobachtungen, die wir auf dem Meere machen. Je länger eine solche Fahrt dauert, desto erquickender kann sie auf unsern Gemütszustand wirken. Wie oft hat uns eine wirkliche Schwermut erfasst, wenn wir das »schwimmende Hotel«, zu dem wir allmählich ein wohltuendes, persönliches Verhältnis gewannen, das uns mit allem

Drum und Dran als Eigentum zu gehören schien, wieder verlassen mussten! Darum wird eine Seefahrt auch auf dem weiten Wege zum Stillen Ozean immer viel Verführerisches haben, und wer sie unter erfreulichen Umständen mitgemacht hat, braucht die andern nicht zu beneiden, die sich zwei Wochen lang in der Enge ihres Eisenbahncoupés herumdrücken und von dem unaufhörlichen Rollen der Räder, oft bei Staub und Hitze, in den Schlaf singen lassen mussten.

Es gibt unter Umständen aber auch nichts Öderes und Trostloseres als eine Seefahrt, wenn der Meergott sich gegen uns verschworen hat, mit seinen Stürmen unser Schiff verfolgt und die Wellen in wildem Aufruhr über Bord schlagen lässt, sodass auf dem Deck alles von den Fluten überschwemmt wird. Da wollen uns weder Trank noch Speise schmecken, und wir suchen den engen Raum unserer Kajüte auf, um, ein Bild des Jammers, dem Neptun Mitleid erregende Opfer zu bringen. Alles schwankt, bebt und kracht zu unsern Füßen, der Wille zum Leben ist fast gänzlich verschwunden, und wir fragen uns, weshalb mit dem völligen Erlöschen des schwachen Fünkchens, das noch in uns glimmt, nicht aller Qual eine Ende gemacht wird. In solchen Augenblicken wird der Reisende zur See, der eine wochenlange, ihm endlos scheinende Fahrt auf dem unermesslichen Ozean vor sich hat, mit Neid an den Passagier denken, der dasselbe Ziel in so viel kürzerer Zeit erreichen kann und vor dergleichen elementaren Ereignissen, wie sie das Schiff bedrohen, ein für alle Mal geschützt bleibt.

So haben beide Verkehrsarten ihre Licht- und Schattenseiten je nach dem Zweck, den man dabei verfolgt, und den Umständen, von denen die Fahrt begleitet ist. Aus den Gründen, die wir hier aufgeführt haben, braucht man daher keineswegs zu dem Schluss zu gelangen, dass die sibirische Bahn den Dampferverkehr nach dem Fernen Osten bedenklichen Abbruch tun werde. Das darf man schon deshalb bezweifeln, weil Vorder und Hinterindien, endlich

Hongkong, das als Hafen für Kanton zwischen dem Land- und Seewege etwa auf der Mitte liegt, in jedem Fall den Dampfern verbleiben. Man wird vielmehr annehmen müssen, dass beide Verkehrswege sich ergänzen und, anstatt sich durch den etwaigen Wettbewerb zu schädigen, nur eine Steigerung der allgemeinen Reiselust zur Folge haben werden. Für längere Zeit dürfte das östliche Asien einen der interessantesten Teile unseres Erdballs bilden und die Gedanken und Hoffnungen, Sorgen und Wünsche Europas immer lebhafter beschäftigen.

Die sibirische Eisenbahn im Frieden

Der Bau der sibirischen Bahn bedeutet nicht nur eine Errungenschaft für den Weltverkehr von außerordentlicher Tragweite, sondern auch den Beginn einer neuen Epoche für die Erforschung des gesamten Ländergebiets im nördlichen Asien, das zu Russland gehört und fast anderthalbmal größer als Europa, fünfundzwanzigmal größer als Deutschland ist. Von der Zeit an, als die ersten Kosakenscharen von Westen über den Ural drangen, ist Sibirien von Kaufleuten und Unternehmern aller Art, von Offizieren, Beamten und Ingenieuren, von Reisenden, die durch die Idee des Neuen und Abenteuerlichen angezogen wurden, sowie von gelehrten Männern, welche die Ergebnisse ihrer Studien der Welt mitteilen wollten, nach den verschiedensten Richtungen durchzogen worden. Aber erst zu Anfang der Neunzigerjahre, als man mit der Schienenlegung bei der Ussuribahn im äußersten Osten begann, entwickelte sich ein bestimmtes System, nach dem man an die Untersuchung des Bodens für die Zwecke der Landwirtschaft und des Bergbaues, die Erforschung des Klimas unter den verschiedenen Breitengraden und der mächtigen Stromgebiete ging, deren genaue Kenntnis damals noch manches zu wünschen übrig ließ. Erst durch die Anlage der neuen Verkehrsstraße wurde man gezwungen, genaue Vermessungen vorzunehmen und in das Innere der Urwälder einzudringen sowie sich eine zuverlässige Kenntnis des Landes und seiner Bevölkerung zu verschaffen.

Bereits in der ersten Hälfte der Vierzigerjahre hatte A. Th. v. Middendorf eine »Reise nach dem äußersten Norden und Osten von Sibirien« unternommen und sie in einem umfangreichen Werke geschildert, das mit seiner schwungvollen und bilderreichen Sprache lebhaftes Interesse für seinen Gegenstand zu erwecken wusste, denn die Bahn begann die Aufmerksamkeit der gebildeten Welt auf das ganze Land zu lenken.

Im Sommer 1900 erschien, zunächst in russischer Sprache, ein großes, inhaltsreiches und reich illustriertes Werk, das sich als »Führer auf der großen sibirischen Bahn« zu erkennen gab und im Auftrage des russischen Verkehrsministeriums von zwei dazu in hohem Maße befähigten Männern, A. I. Dimitriew und dem Ingenieur A. F. Zdziarsky, verfasst war. Es bildete einen schweren Lexikonband von sechshundert Seiten und war mit mehreren hundert Bildern von den Städten und Dörfern Sibiriens, den Flüssen, Landschaften und Volkstypen aus den verschiedensten Gegenden, sämtlichen Einrichtungen der Bahn vom ersten Behauen des Bodens und Legen der Schwellen bis zum fertigen Eisenbahnzuge in allen seinen Teilen versehen. Von den Porträts, die das genannte Werk enthält, sind zunächst die des verstorbenen und des jetzt regierenden Zaren vorzüglich getroffen. Ihnen reihen sich Vollbilder all der Persönlichkeiten an, die, wie der Verkehrsminister Fürst Chilkow und der Finanzminister Witte, für das Entstehen der »Magistrale« von ausschlaggebender Bedeutung waren. Das Buch kann gewissermaßen als eine Enzyklopädie von Sibirien gelten. Die Geschichte des Landes, seine klimatischen und geographischen Verhältnisse, die Erzeugnisse des Bodens, die Charakteristik der eingeborenen und der aus dem europäischen Russland eingewanderten Bevölkerung bilden besondere Kapitel. Mit großer Genauigkeit sind drei Eisenbahnkarten ausgeführt, welche die drei Strecken von Samara nach Tscheljabinsk, von Tscheljabinsk bis Irkutsk und von Irkutsk nach Wladiwostok und Dalny veranschaulichen.

Das Werk will aber auch zugleich Baedeker und Kursbuch für die sibirische Bahn sein. Alle Stationen werden der Reihe nach aufgeführt, die Städte und Haltestellen nach fünf verschiedenen Rangstufen genau geschildert. Wir erfahren, welche Sehenswürdigkeiten, Hotels und Restaurationen es an den einzelnen Orten gibt, zu welchen Preisen wir wohnen und speisen können. Die Fahrpläne geben sowohl bei den Schnellzügen wie bei den Personenzügen die Preise für die Billetts sowie die Zeiten für die Ankunft und Abfahrt genau an. Bald nach seinem Erscheinen erschien dieser Führer auch in deutscher, englischer und französischer Sprache. Das Buch will eine möglichst unbefangene, an Tatsachen reiche Schilderung Sibiriens und der sibirischen Bahn geben. Es ist keineswegs schönrederisch geschrieben, und seine Angaben halten sich, wie ich mich überzeugen konnte, durchweg an das Tatsächliche.

Es enthält allerdings wegen seines offiziellen Ursprungs keine Kritik der Mängel, die dem Unternehmen zunächst noch anhaften. Es ist überhaupt mit einer so vorsichtigen Unpersönlichkeit geschrieben, dass man ihm den Vorwurf der Trockenheit nicht ersparen kann. Dass die Schienen auf der west und mittelsibirischen Strecke ein zu schwaches Profil erhalten haben und beinahe dem Charakter unserer Kleinbahnen entsprechen, dass die Eingleisigkeit der Linie vor allem wegen der Brücken ein großer technischer Fehler war, wird man infolgedessen aus dem Buch ebenso wenig erfahren, wie darin von den Störungen im technischen Betrieb die Rede ist. Aber wer eine eingehende, tatsächliche Belehrung über das fesselnde Thema in einer allgemein verständlichen Darstellung sucht, wird sie in diesem Werk finden.

Die sibirische Bahn hat die Kolonisierung des mächtigen Ländergebietes in ungeahnter Weise beschleunigt und ihr zahllose Kräfte zur Nutzbarmachung des Bodens zugeführt. Die Ausnützung der Schätze, die in ihm enthalten sind, wird jedoch in einem vollen Drittel des Landes, vor allem in der Polargegend, zur Unmöglichkeit. In diesem Gebiet decken sich die schauerlichen Vorstellungen, die wir mit sibirischer Kälte verbinden, allerdings mit der Wirklichkeit. Die heftigen, kalten Winde, die vom Nördlichen Eismeer über die Ebene wehen, drücken die Temperatur dermaßen herab, dass jede Spur von Vegetation dadurch vernichtet wird.

Middendorf erzählt, wie das Quecksilber dort zu festem Metall erstarrt, das Holz so hart wie Eisen wird und Beile wie Glas springen, wie die Bäume des Urwalds mit einem Knall, als ob ein Schuss aus einem Gewehr abgefeuert würde, platzen und die fest gefrorene Eisdecke mit so heftigem Dröhnen zerreißt, als ob eine Batterie Kanonen abfeuere. Die Schneestürme machen den Aufenthalt im Freien wochenlang unmöglich. Der kälteste Ort nicht nur Sibiriens, sondern der ganzen bewohnten Erde ist Werchojansk, wo der Durchschnitt der Jahrestemperatur 17° unter null und die mittlere Januartemperatur -53 °C. beträgt. Aber auch die weit südlicher gelegenen Ortschaften und Städte weisen ein weit raueres Klima auf als die europäischen, die unter demselben Breitengrade liegen. Hingegen ist der Sommer wieder wärmer als bei uns, und dasselbe Werchojansk, an das wir nicht denken können, ohne zu frösteln, bringt es im Juli auf eine Durchschnittstemperatur von 15° Wärme, bei denen die Erde aber nur in geringer Tiefe auftaut.

Was dagegen die von großen Strömen durchzogenen Steppen und Waldgebiete des westlichen und mittleren Sibiriens betrifft, so sind sie reich an schwarzer Erde und für den Ackerbau in jeder Beziehung geeignet. In diese Gegend lockt die sibirische Bahn die Bevölkerung des europäischen Russlands, die einen jungfräulichen Boden bearbeiten will, mit unwiderstehlicher Gewalt. Eine ebenso große Anziehungskraft übt das Altaigebirge aus, ein Hochland, von dessen Ausdehnung wir uns eine Vorstellung machen können, wenn wir hören, dass es zehnmal so umfangreich wie die Schweiz sei. »Hat man die Ackerbauzone Westsibiriens«, sagt Wiedenfeld, »als die Kornkammer des ganzen Landes bezeichnet, so wird man das Altaigebiet seine Fabrik nennen dürfen; hier befindet sich der Mittelpunkt der – bisher freilich nur geringen – gewerblichen Tätigkeit Sibiriens, wie anderseits das ganze Leben dieser Bezirke auf den Mineralreichtum des Bodens sich gründet.«

Stellt Westsibirien eine Ebene dar, die sich nur wenig über dem Meeresspiegel erhebt und vor unendlich langer Zeit selbst ein Meer gebildet haben muss, so wird der östliche Teil von Sibirien durch gebirgiges Terrain von bedeutender Höhe und Ausdehnung charakterisiert. Aus dem Saganskischen Rücken, der mit seinen schneebedeckten Gipfeln bis zu einer Höhe von fast 3500 Metern in die Wolken emporragt, strömt der Jenissei hervor, um sich später zu einem der mächtigsten Ströme der Erde zu entwickeln. Dieser Bergrücken findet seine Fortsetzung in dem Baikalgebirge, dem die Lena entspringt, und nordöstlich zieht sich auf einer Strecke von 3200 Kilometern der niedrige Höhenzug des Jablonowygebirges hin. Der Gehalt an Mineralien ist in allen diesen Gebirgen sehr groß. Man findet in ihnen Silber, Kupfer, Blei, Eisen, Graphit und vor allem Gold. Wieder ganz anders gestaltet ist das Amurgebiet. »Es ist«, wie Krahmer sagt, »gleichsam eine einzige, große Hochfläche, die von Westen her nach dem Stillen Ozean abfällt, im Norden von der Gebirgskette des Jablonowyrückens und im Süden von dem sich innerhalb Chinas ausbreitenden Chingan begrenzt wird.«

Die Eisenbahn bringt mit ihrer langen Reihe von Wagen Passagiere aller Art ins Land. Durchreisende, die vom Westen Europas oder von Amerika, Japan und China kommen, begegnen sich mit russischen Staatsmännern, hohe und niedere Verwaltungsbeamte mit Unternehmern, die überraschende Pläne ausführen wollen, Kaufleute, die für ihre Waren ein neues Absatzgebiet zu finden hoffen, mit Offizieren und Mannschaften, die neue Quartiere in einer Entfernung von Hunderten von Meilen beziehen, Sträflinge, denen der Kopf halb geschoren ist und die, in ihr trauriges Schicksal ergeben, hinter den vergitterten Fenstern ihres Coupés sitzen, mit Auswanderern, die mit Frau und Kindern ihr Bündel Habseligkeiten neben sich liegen haben und von bessern Tagen träumen, als sie ihnen in der alten Heimat beschieden waren. Die endlose Reihe der Güterzüge bringt landwirtschaftliche Maschinen und alles, was sonst zur Urbarmachung des Landes gehört, nach Sibirien und führt dem Ausland Mehl, Butter, Tee, Mineralien und Pelzwaren zu.

Der Pfiff der Lokomotive wird auf allen Stationen wie ein Weckruf zum Leben vernommen und findet im weiten Umkreise ein hundertfältiges Echo. Überall, wohin die Wolke Rauch sich hinzieht, um sich schließlich in weiter Entfernung als dünner, langer Streifen im Urwald oder am Horizont der Steppe zu verlieren, will die Kultur sich neue Wege bahnen, das Starre aufrütteln und in Bewegung versetzen. Die leuchtenden Funken, die in der klaren Sommernacht als prachtvolles Feuerwerk aufsteigen und im Winter als goldene Sterne auf die weiß schimmernde Schneedecke zu beiden Seiten der Bahn herniederfallen, scheinen eine Saat zu bilden, die von einer geheimnisvollen, gewaltigen Macht ausgestreut wird und für die Zukunft reiche Ernte verspricht.

Die Städter werden durch die Zeitungen über alles, was in Sibirien vorgeht, täglich auf dem Laufenden gehalten. Aber selbst bis in die entlegensten Dörfer dringen Nachrichten über das fieberhafte Leben, das sich jenseits des Urals zu entwickeln beginnt. Früher war der Ruf »Nach Sibirien!« die schlimmste Drohung und Strafe, die man sich denken konnte. Jetzt ist er zu einem Hoffnungsschimmer für alle diejenigen geworden, die mit ihrem Schicksal unzufrieden sind und sich, losgelöst von ihrer Umgebung, von ihren bisherigen Sorgen und Erinnerungen ein neues Leben zimmern wollen. Es ist ja offiziell zugegeben worden, dass Sibirien seiner bisherigen Bestimmung als Verschickungsort für die Verbrecher immer mehr entzogen werden soll, obwohl sie vorläufig für die Arbeiten in den

Bergwerken noch unentbehrlich sind, während sie sich bei dem Bau der Bahn nicht bewährt haben. Aber man beabsichtigt, sie in Zukunft immer mehr nach der Insel Sachalin zu schaffen, die dadurch ein ganz neues Interesse gewinnt und in den Büchern von Tschechow und Doroschewitsch eine eingehende literarische Würdigung erfahren hat. Die trüben und traurigen Vorstellungen von Sibirien verblassen allmählich vor dem neuen Licht, das über dem Lande hoffnungsvoll aufzugehen scheint.

Greifen wir einen Fall aus vielen hunderten heraus. Wieder einmal hat sich eine Schar aus der Gegend von Kursk und Poltawa zusammengetan, um Haus und Hof zu wechseln und das Heil von ihrer sibirischen Ansiedlung zu erwarten. Gedanken, die in den Jahren einer Missernte oder beim Hereinbrechen einer Hungersnot schon lange in ihren Köpfen spukten, sind nun zur Reise gekommen. Iwan, Peter, Anton und wie sie alle heißen mögen, wollen den Sprung ins Ungewisse wagen, seitdem das Dampfross sie in ebenso vielen Tagen, wie sie früher Wochen brauchten, an das ferne Ziel jenseits des Urals bringen kann. Zwar haben sie sich von ihrem Popen oder Ältesten allerlei Beherzigenswertes aus Flugschriften vorlesen lassen, welche von der Regierung herausgegeben wurden, um die Leute vor allzu großer Vertrauensseligkeit zu warnen. Sibirien ist nach dieser Schilderung keineswegs das gelobte Land, in dem der Reichtum wie das Wasser aus einer eben erschlossenen Quelle aus der Erde springt. Es wird nicht leicht sein, ein Stück Steppengebiet oder Urwald in fruchtbaren Boden zu verwandeln, der Gewinn verspricht. Es fehlt dort an Hilfskräften und Unterstützung, wie man sie für Ansiedlungen im europäischen Russland findet. Aber die Bauern haben Vertrauen, dass es ihnen gelingen werde, eine neue Heimat zu finden, denn die Kundschafter, die in Verbindung mit den Beamten der Landesverteilung das Gebiet durchsucht haben, sind mit bestimmten Anweisungen für sie zurückgekehrt.

Die geringste Sorge macht die Fahrt auf der Eisenbahn, denn für eine Entfernung von über zweitausend Kilometern haben sie für das Billett, das zur Benutzung der Auswandererzüge berechtigt, nicht viel mehr als drei Rubel zu bezahlen, und je weiter sie sich nach dem Osten wenden, desto größere Ermäßigungen genießen sie in dem Tarif. Die Regierung schießt ihnen eine Summe vor, die sie erst nach zehn Jahren ohne Zinsen zurückzuzahlen brauchen. Unterwegs ist dafür gesorgt, dass sie heißes Wasser oder Tee, so viel sie trinken wollen, umsonst und Nahrungsmittel so wohlfeil erhalten, wie sie sich nur irgend herstellen lassen. In Tscheljabinsk befindet sich die große Sammelstation für die Auswanderer. Dort werden sie ärztlich untersucht und von den Beamten mit den entsprechenden Anweisungen für die Reise versehen, auch sonst in vielfacher Weise, je nachdem das Bedürfnis dazu vorliegt, unterstützt. Als besonderes Lockmittel haben sie es empfunden, dass sie drei Jahre, nachdem sie an Ort und Stelle angelangt sind, keinen Militärdienst zu tun brauchen und während dieser Zeit auch nur die Hälfte der fälligen Steuern zu entrichten haben. An die Scholle, die sie sich gewählt haben, sollten sie sich gefesselt fühlen und nicht planlos von einem Ort zum andern ziehen. Daher verliert jeder, der sein Gebiet drei Jahre lang im Stich lässt, jedes weitere Anrecht darauf, und es fällt dann wieder an den Staat. In vielen Fällen gelingt es allerdings, nicht nur der Unbilden des Klimas Herr zu werden, sondern bereits in den nächsten Jahren um das schnell erbaute Bauernhaus Halm und Korn auf dem eingefriedeten Plan sprießen zu sehen. Aber es gibt auch träge und ungeschickte Hände, denen nichts Rechtes gelingen will, und Unglücksjahre, die selbst den Betriebsamsten um den Lohn seiner Arbeit bringen. Zehn und zwölf Prozent der Auswanderer sehen ein, dass sie für das schwere Werk der Kolonisation nicht geschaffen sind, und kehren ebenso traurig, wie sie hoffnungsvoll in die Ferne gezogen sind, wieder in die alte Heimat zurück, um ihr Dasein nun wieder von vorn anzufangen. Jetzt sehen sie in der vordem so gepriesenen Eisenbahn durch Sibirien eine teuflisch verführende Gewalt, vor der sie andere nicht genug warnen können.

Aber alles in allem hat der Bau der Schienenstraße schon in den Anfängen eine mächtige Bewegung vom Westen nach dem Osten veranlasst. In den Jahren 1893 und 1894 betrug die Zahl der Auswanderer nach Sibirien je 65000. Dann folgte im Jahr 1895 eine plötzliche Steigerung auf 120000, im Jahre 1896 auf über 200 000 Personen. Über die Bevölkerung im Innern des europäischen Russlands schien ein Fieber gekommen zu sein, das man durch Warnungen mit Erfolg abstellte, denn im nächsten Jahr, 1897, schnürten nur 70000 ihr Bündel. Diese Stockung, die durch Regierungsmaßregeln gewaltsam hervorgerufen wurde, hielt jedoch nicht an.

Die Flut der Menschen, die nach Sibirien zogen, schwoll sowohl 1898 wie 1899 und 1900 wieder auf über 200 000 Menschen fürs Jahr an, blieb aber 1901 hinter 130000 zurück. Seit 1882 waren bis dahin im Ganzen 1500000 Menschen über den Ural in fremdes Land ausgewandert, und es bedurfte keiner geringen Fürsorge, diesen gewaltigen Strom in die richtigen Bahnen zu lenken und das Land durch die beginnende Kulturarbeit zweckmäßig befruchten zu lassen. Immer wieder war es die Eisenbahn, die den Gedanken einer solchen Volksbewegung aus dem Phantastischen ins Wirkliche übertrug und ihm einen praktisch bedeutsamen Sinn unterlegte.

Die Ausfuhr von Getreide, Erzeugnissen der Viehzucht und Butter wird durch den Betrieb der sibirischen Bahn naturgemäß wesentlich erleichtert werden. Noch bedeutsamer erscheint der Goldreichtum, der sich in allen Teilen des Landes findet. »Dieser ist es ganz wesentlich«, heißt es bei Wiedenfeld, »der dem Zarenreich es ermöglicht hat, schon in einem so frühen Stadium seiner Wirtschaftsentwicklung zur Goldwährung, die sonst nur industriell weit vorgeschrittene Länder aufrechterhalten können, überzugehen und in den letzten drei Jahrzehnten fast ebenso viel Gold auszuprägen wie Deutschland, das in dieser Zeit einen unvergleichlichen Aufschwung genommen hat. Zwar wird auch noch in anderen Teilen des russischen Reichs, in Finnland und am Ural Gold gefunden; aber Sibiriens Produktion steht bei weitem an der Spitze, reichlich 23 Proz. der Gesamterzeugnisse betragend.« Wenn auch gerade die ergiebigsten Fundstellen und Wäschereien an den Nebenflüssen der Lena und des Amur hunderte Kilometer von der Bahn entfernt liegen, so ist diese doch schon wegen der Verkürzung, Verbilligung und Sicherung der Zufuhr von Maschinen und Lebensmitteln von wesentlicher Bedeutung. Dasselbe gilt von Eisen und Eisenwaren sowie von der Ausnutzung der Steinkohlenlager.

Große Hoffnungen setzt man in Russland darauf, dass der Tee, von dem der größte Teil bisher auf dem Seeweg nach Europa ausgeführt wurde, von nun an auf dem Schienenwege dorthin gelangen müsse. Von Hankau, bis wohin die Seeschifffahrt auf dem Jangtsekiang reicht, gingen früher Karawanen über Kiachta nach Irkutsk, von wo der Tee auf Schlitten oder auf den sibirischen Flüssen nach Europa geschafft wurde. Dann übernahm der gewaltige Strom Chinas die Beförderung der Teemassen, und über Schanghai erfolgte auf dem Schiffswege die weitaus größte Ausfuhr über den Stillen und Indischen Ozean sowie durch den Suezkanal nach London, um sich von hier aus über alle Teile Europas, zum Teil sogar über Königsberg nach Russland auszubreiten.

Jetzt sind es nach Wiedenfeld nur noch sehr geringe Mengen des in Europa begehrten Blättertees, die über Kiachta kommen, und es ist ein Märchen, wenn noch fast allgemein angenommen wird, der Karawanentee gelange auf dem teuren und langwierigen Landwege zu uns. Die Bezeichnung hat mit der Beförderungsart jetzt nichts mehr zu schaffen. Der höhere Preis rechtfertigt sich vielmehr damit, dass es jetzt, wie auch früher, der Tee der ersten von den drei bis vier Jahresernten ist, der unter diesem Namen in den Handel gebracht wird und sich an Güte von der Produktion der späteren Ernte wesentlich unterscheidet. Die sibirische Bahn dürfte es fortan bewirken, dass für den Teetransport, bei dem die zarten Blätter durch die Länge der Reise an Geschmack und Duft wesentlich leiden, wieder die alte Landstraße bevorzugt wird.

Die Vollendung der Bahn durch die Mandschurei hat schneller, als man es erwarten durfte, eine für den gesamten Verkehr wichtige Entscheidung zur Folge gehabt. Nachdem die Strecke durch Europa und Asien ausgeführt war, entstand ganz von selbst die Frage, wann und inwieweit die Beförderung von Postsendungen vom Westen nach den Häfen des Stillen Ozeans bis nach Japan und China erfolgen würde. Es war zunächst nur aus Russland gestattet, den neuen Verkehrsweg für Briefe zu benutzen, während die anderen europäischen Länder für ihre Korrespondenz nach dem »Fernen Osten« auf den Seeweg angewiesen blieben. Es erwies sich aber bald, dass man außerstande war, eine solche Bestimmung aufrechtzuerhalten, und dass es Mittel und Wege gab, sie ohne Mühe zu umgehen. Die großen Geschäftshäuser in Berlin und Wien, in Paris und London hatten das nach Einführung der durchgehenden Züge auch mit bestem Erfolge getan. Sie schickten ihre Briefe unter einem Deckkuvert fertig adressiert und frankiert an ihre Geschäftsfreunde nach Petersburg und Moskau, die sie dort einfach zur Weiterbeförderung nach dem Osten in den nächsten Postkasten warfen.

Die offiziellen Verträge zwischen den westeuropäischen Staaten und Russland brauchten jedoch noch einige Zeit bis zu ihrem vollständigen Abschluss. Man hielt die Bahnverbindung durch Sibirien anfänglich noch nicht für gesichert genug, um ihr eine so gewaltige Korrespondenz anzuvertrauen. Außerdem hatte man wohl auch einiges Misstrauen in die Wahrung des Briefgeheimnisses durch die russischen Beamten gesetzt, wie sie bei uns beobachtet wird. Aber die Verständigung über diesen Punkt erfolgte in überraschend schneller Zeit, und schon Mitte September wurde eine amtliche Bekanntmachung erlassen, dass vom ersten Oktober an die sibirische Post die Beförderung von Briefen aus Europa für alle Länder im Osten übernehme. An diesem Tage gingen die entsprechenden Postsäcke sorgfältig versiegelt über die westliche Grenze von Russland und erreichten genau, wie es vorgesehen war, nach drei Wochen rechtzeitig ihr Ziel in Peking, Schanghai und Nagasaki. Hierbei ist jedoch ein Umstand zu beachten, der oft übersehen wird. Während in Deutschland, Frankreich und England auch die Luxuszüge Briefschaften befördern, geschieht dies in Russland und Sibirien nur durch die eigentlichen Postzüge. Die Wagen der sibirischen Luxuszüge führen allerdings auch einen Briefkasten mit sich, aber sein Inhalt wird an der nächsten größeren Station geleert und dem eigentlichen Postzug übergeben, der natürlich nicht mit derselben Geschwindigkeit fährt. Immerhin ist die Ersparnis an Zeit, die dadurch für die Korrespondenz der ganzen Welt hervorgerufen wird, eine bedeutende, da sich der Weg fast um die Hälfte verkürzt. Man kann darauf rechnen, dass ein Brief von Berlin nach China und Japan fortan nicht länger als ein- bis zweiundzwanzig Tage Zeit zu seiner Beförderung beansprucht.

Ebenso haben unsere Globetrotter nach Eröffnung der sibirischen Bahn für eine Reise um die Erde einen ganz andern Rekord vor Augen, als er ihnen noch vor kurzem erreichbar war. Wie wurde der brave Phileas Fogg vor dreißig Jahren im Berliner Viktoriatheater angestaunt, als er es infolge einer Wette in dem bekannten Ausstattungsstück von Jules Verne unternahm, den Kreislauf um unseren Erdball in achtzig Tagen zu vollenden! Wir sind ihm und seinem treuen Diener Passepartout durch die verschiedensten Länder und Völker gefolgt und haben seine Aufregung mitempfunden, als er bei der Heimkehr nach London sich um einen Tag verspätet zu haben glaubte, ohne im ersten Augenblick daran zu denken, dass er gerade diesen letzten, entscheidenden Tag infolge seiner Fahrt nach dem Osten und der Umdrehung der Erde für seine Wette gewonnen hatte. Gegenwärtig streiten sich die Weltreisenden darum, ob man dem Vorbild Phileas Foggs nicht schon in fünfzig oder sogar weniger Tagen folgen könne. Natürlich lebt vor allem in den Amerikanern der Ehrgeiz, dieses Experiment durchzuführen, und soweit es sich bis jetzt übersehen lässt, haben ihre Unternehmungen den entsprechenden Erfolg gehabt. Es handelt sich nur darum, dass man in Japan den entsprechenden Anschluss an einen Schnelldampfer findet, der den Stillen Ozean kreuzt. Den ganzen Erdball in sieben Wochen zu umschlingen ist allerdings ein Gedanke, den man erst seit der Fertigstellung der sibirischen Bahn zur Ausführung bringen konnte.

Die sibirische Eisenbahn im Kriege

Als im Sommer 1900 die Unruhen in China ausbrachen und die europäischen Mächte sich vereinigten, um die von Osten drohende »gelbe Gefahr« zu bekämpfen, kam Russland zum ersten Mal in die Lage, die Bedeutung der sibirischen Bahn, so weit sie fertig gestellt war, für den Transport von Truppen zu erproben. Damals war aber nur die Strecke von Moskau bis Irkutsk für den regelmäßigen Verkehr eröffnet, und man konnte innerhalb vierundzwanzig Stunden anderthalb Züge mit Soldaten und Kriegsmaterial ablassen. Für die Fahrt über den Baikalsee stand der große Eisbrecher »Baikal«, dessen Einrichtungen wir in einem früheren Kapitel geschildert haben, zur Verfügung. Man nahm an, dass er ausreichen würde, gleichzeitig fünfundzwanzig Güterwagen und fünfzehnhundert Mann zwischen den Anlegeplätzen Baikal und Myssowaja zu befördern. Innerhalb vierundzwanzig Stunden waren zwei Hin- und Rückfahrten in Aussicht genommen.

Auf beiden Stationen wurden umfangreiche Erdarbeiten vorgenommen, neue Geleise gelegt und für die Truppen beim Betreten und Verlassen des Dampfers breite Rampen geschaffen. Hierzu kamen Küchenwagen, Einrichtungen zur Verabfolgung von heißem Wasser, zum Tränken der Pferde usw. Es stellte sich aber bald heraus, dass man die Leistungsfähigkeit des Eisbrechers überschätzt hatte und dass er für die erwähnten vier Fahrten etwa dreißig Stunden brauchte. Außerdem machten sich auf dem See mehrfach so heftige Stürme bemerkbar, dass man die Überfahrten ganz und gar einstellen musste. Bedenkt man, dass für den Truppentransport unter so ungemein schwierigen Verhältnissen noch gar keine Erfahrungen zur Verfügung standen, so konnte man mit dem Resultat im Allgemeinen zufrieden sein. Dabei ereignete sich allerdings Anfang September auch eine bedauerliche Katastrophe in der Nähe von Myssowaja. Mehrere Tage hindurch hatte es ununterbrochen geregnet, und der Damm war unterwaschen. Als man die Fahrt etwas beschleunigte, trat eine Entgleisung ein, bei welcher zweiundzwanzig Wagen zertrümmert wurden, während zum Glück nur elf Personen leichte Verletzungen erlitten. Von Mitte Oktober ab konnten die Wagen geheizt und die Mannschaften in geschlossenen und erwärmten Räumen gespeist werden. Damals erkannte man, dass der Wert der sibirischen Bahn für militärische Zwecke wesentlich von den Umständen abhängig ist, unter denen sich die Fahrt über den Baikalsee vollzieht. Es war unmöglich, trotz aller Berechnungen und Vorsichtsmaßregeln für diese Strecke einen bestimmten Plan innezuhalten und sich vor unangenehmen und folgenschweren Überraschungen zu schützen.

Die Schwierigkeiten, die sich im Sommer einstellten, vermehrten sich naturgemäß im Winter, und man machte alle möglichen Versuche, ihrer Herr zu werden. Man kam sogar auf den Gedanken, die Schienen unmittelbar auf das Eis des Sees zu legen und die Züge darüber hinwegrollen zu lassen, wie man es mit den Wagen der elektrischen Bahn während der kalten Jahreszeit in St. Petersburg auf dem Eis der Newa regelmäßig mit Erfolg tut. Für den Baikalsee erwies sich dies Experiment aber als äußerst gefährlich, und man kam davon bald wieder ab. Man musste aus strategischen Gründen unbedingt daran denken, den Bau einer Bahn um den See zu unternehmen, um für alle Fälle bei den Truppenbewegungen sicherzugehen. So stand die Angelegenheit nach dem Bericht des Wojenni Sbornik im Sommer des Jahres 1901. Die Möglichkeit, größere Truppenmassen schnell und sicher nach dem Fernen Osten gelangen zu lassen, wird binnen kurzem von der sibirischen Bahn vollkommen gelöst worden sein. Die Mängel, die sich dabei in der ersten Zeit einstellten, werden immer mehr verschwinden, sodass an der Brauchbarkeit des Unternehmens für diese Zwecke in keiner Weise gezweifelt werden kann. Es fehlt uns für diese Annahme auch nicht an einer offiziellen Bestätigung.

Über den Transport zweier Infanteriebrigaden mit Artillerie aus dem europäischen Russland nach Transbaikalien brachte das »Militär-Wochenblatt« in Nr. 83 des Jahres 1903 folgende nähere Angaben:

»Teils zur Erprobung der Leistungsfähigkeit der sibirischen Bahn, teils aus Ausbildungsgründen bzw. zu andern nicht bekannt gewordenen Zwecken sind in diesem Sommer zwei Infanteriebrigaden mit je einer Artillerieabteilung per Eisenbahn aus ihren Garnisonen nach Transbaikalien im Militärbezirk Amur befördert worden. Es sind die zweite Brigade der 31. Infanteriedivision, Garnison der Regimenter in Kursk und Charkow, und der 36. Infanteriedivision, Garnison der Regimenter Jegorjewsk und Skopin. Diese auf Friedensfuß ausgerüsteten Truppen sollen mit den in Transbaikalien stehenden ein Lager bei Tschita beziehen, an den Sommerübungen teilnehmen und im Oktober zurückbefördert werden.

Nähere Nachrichten sind über den Aufbruch der zweiten Brigade der 35. Division vorhanden. Danach erhielt die im Lager bei Rjasan übende Brigade am 29. Mai a. St. den Befehl, sich für den Transport bereitzuhalten. Nach zwei Tagen rückten die Regimenter zunächst zu weiterer Ausrüstung per Eisenbahn in ihre Garnisonen Jegorjewsk und Skopin ab, wo sie am 2./15. und 3./16. Juni eintrafen. Am 11./24. Juni begann der Transport nach Transbaikalien, jedes Regiment in vier Echelons. Die ganze Brigade wurde innerhalb acht Tage instradiert, worauf die Echelons der Artillerie folgten.

Obwohl nur ein Teil der Ausrüstung und keine Lagerzelte mitgenommen wurden, betrug die von jedem Regiment mitgeführte Last außer Fahrzeugen und Pferden 3000 Pud. Dieser Transport von größeren Truppenteilen aus Europa nach Transbaikalien bietet eine Analogie zu der vor zwei Jahren ausgeführten Gastrolle der mittlerweile wieder zurückgekehrten 1. Kaukasischen Schützenbrigade in Transkaspien. Er dokumentiert in eindringlicher Weise, dass die neue Schienenstraße aus dem Innern des Reichs nach dem ›Fernen Osten‹ tatsächlich benutzbar geworden ist und den Begriff der Entfernung für kriegerische Zwecke wesentlich abgeschwächt hat. Wenn auch zunächst nicht wahrscheinlich, so erscheint es doch keineswegs ausgeschlossen, dass die Sibiriaki (sibirische Soldaten) ihren europäischen Kameraden über kurz oder lang deren Besuch auf demselben Wege zurückerstatten und dadurch die volle Einheitlichkeit der gewaltigen Streitmacht des Zarenreichs für alle Zwecke und auf allen Kriegstheatern bekunden.«

In dem Kapitel »Auf dem Baikalsee« sprachen wir von hohen Nummern, die wir von den Güter- und Personenwagen auf der sibirischen Bahn abgelesen hatten.

Die Zahlen entsprechen aber nicht der Menge des rollenden Materials, das zur Verfügung steht, sondern haben offenbar eine andere Bedeutung. Nach dem »Russischen Kalender« für das Jahr 1904 gibt es in ganz Russland 12168 Lokomotiven, 14275 Passagierwagen und 288436 Güterwagen. Wie viel davon auf die sibirische Bahn kommen, lässt sich, soweit wir Umschau gehalten haben, mit Bestimmtheit nicht angeben. Nur so viel steht fest, dass im Februar 1899 beschlossen wurde, den Betrieb auf der ganzen Strecke derartig zu verstärken, dass bis Ende 1902 722 Lokomotiven, 333 Personenwagen, 659 Übersiedlerwagen und 13217 Güterwagen zur Verfügung stehen würden. Man darf aber annehmen, dass bei der lebhaften Steigerung des Verkehrs auch diese Neuanschaffungen nicht ausreichend gewesen sind, wie man es schon aus den neuen Wagen erkennen kann, die seit diesem Sommer durch die Mandschurei laufen.

Bei der Betrachtung der Einrichtungen, wie wir sie auf der sibirischen Bahn vorfanden, haben wir uns gehütet, in phantasievollen Zukunftsbildern zu schwelgen. Die einfachen Tatsachen schienen uns eine beredtere Sprache zu führen als alles, was Voreingenommenheit und Neid dagegen geäußert, Überschwänglichkeit und Kritiklosigkeit dazu erfunden haben. Immer wieder muss aber daran erinnert werden, dass ein solches Unternehmen erst allmählich entstehen und sich zu einem vollkommenen Instrument des Verkehrs entwickeln kann. Noch viele Jahre hindurch wird daran gebessert und die Geschwindigkeit der Fahrt erhöht werden müssen. Wäre es möglich, die sibirischen Züge ebenso schnell wie unsere deutschen Kurierzüge laufen zu lassen, so würde man für die Strecke von Moskau nach Dalny und Port Arthur nicht wie jetzt beinahe vierzehn Tage, sondern weniger als eine Woche gebrauchen. Berlin und Wien würden dann nur noch neun, Paris und London zehn Tagereisen auf dem Schienenwege von der Küste des Stillen Ozeans entfernt sein. Wann und ob es überhaupt dahin kommen wird, lässt sich nicht annähernd im Voraus bestimmen, sosehr die Phantasie des Reisenden auch geneigt ist, sich eine solche Möglichkeit auszumalen. Man würde dann am Sonntag früh in Berlin frühstücken und am Sonnabend darauf in Peking zu Mittag essen können, nachdem man eine Reise von über 10 000 Kilometern gemacht hat.

Seit dem Frieden von Schimonoseki 1896 hat sich zwischen Russland und Japan eine Spannung herausgebildet, die einen immer schärferen Charakter anzunehmen scheint. Japan hat sich an dem Siege über das chinesische Nachbarland derartig berauscht, dass es sich die Kraft zutraut, auch mit einem ungleich stärkeren Gegner, mit Russland, fertig zu werden. Es hat seine Rüstungen zu Land und zu Wasser bis zum Äußersten gesteigert, und Parlament und Presse scheinen die Regierung zu einer gewaltsamen Entscheidung hindrängen zu sollen, wer an der Küste des Gelben Meeres in Zukunft sich als Herr fühlen darf. Japan rechnet dabei auf die Hilfe seines Bundesgenossen England und sucht die Hand vor allem nach Korea auszustrecken, weil es wegen seiner Überbevölkerung eine Ausdehnung seines Länderbesitzes notwendig braucht. Ebenso fieberhaft schnell, wie Japan seine Flotte verstärkt und seine Schiffe den besten Leistungen der modernen Technik und Ausrüstung gleichgestellt hat, ist von Russland der Bau der Bahn durch die Mandschurei betrieben und ausgeführt worden. Mit drohenden Mienen stehen sich die beiden Völker gegenüber, und jedermann fragt sich, wann die Entscheidung erfolgen und wem der Sieg zufallen werde.

Sollte wirklich ein Krieg zwischen Russland und Japan ausbrechen, so würde als Schauplatz für militärische Operationen zunächst das Meer in Frage kommen. Sollte sich dabei der Sieg auf die Seite Russlands neigen, so würde er wahrscheinlich in der Form ausgenutzt werden, dass es die Mandschurei noch fester, als es bereits jetzt geschehen ist, in seinen Besitz bekommt und außerdem Korea besetzt. An einem solchen Vorgehen würde es nach einer erfolgreichen Seeschlacht von irgendwelcher Seite schwerlich gehindert werden. Die Klugheit dürfte es ihm gleichzeitig auch gebieten, sich noch weiter vorzuwagen und Japan auch zu Lande anzugreifen.

Die Japaner wären andererseits in der Lage, den Russen ihre Häfen am ostasiatischen Gewässer, Wladiwostok, Dalny und Port Arthur, zu sperren und ihren Verkehr auf dem Stillen Ozean lahm zu legen. Ein Landangriff, den die Japaner unternehmen könnten, würde mit großen Schwierigkeiten verbunden sein. Sie könnten allerdings als Ausgangspunkt für eine solche Operation die koreanische Küste zwischen Wladiwostok und Gensan annehmen. Von hier aus würden sie den kürzesten Landmarsch gegen das Zentrum der feindlichen Macht erzielen, das man in Charbin, beim Kreuzungspunkt der mandschurischen Bahn, annehmen darf. Die Luftlinie beträgt bis dahin immer noch fünfhundert Kilometer. Aber sehr treffend bemerkt mein militärischer Gewährsmann, dem ich bei diesen Ausführungen folge, dass der zurückzulegende Weg bedeutend länger sein und durch Gebirge, Flüsse und unbewohnte Gegenden führen würde.

Auch bei günstigen Witterungsverhältnissen ist nicht daran zu denken, dass die Truppen täglich mehr als fünfzehn Kilometer marschieren können. Man würde für große und umständliche Trägerkolonnen sorgen und die Etappen durch bedeutende Kräfte hinter der Front sichern müssen. Den Russen würde aller Wahrscheinlichkeit nach nichts lieber sein als ein solcher tollkühner Zug des japanischen Heeres. Sie würden es ruhig an sich herankommen lassen und ihre Feinde, wenn sie von den Anstrengungen des Marsches, den Entbehrungen und Unbilden des Klimas geschwächt sind, einfach vernichten.

Eine Möglichkeit gibt es aber auch für die Japaner, in der Nähe von Port Arthur zu landen und den befestigten Hafen anzugreifen. Dazu würde aber ein ungemein energisches und erfolgreiches Vorgehen gehören, weil Port Arthur an sich schon eine sehr starke Besatzung aufweist und außerdem durch die sibirische Bahn aus der Mandschurei und Transbaikalien Verstärkungen herbeigeschafft werden können. Man rechnet damit, dass sich an jedem Tag durch die Eisenbahn dreitausend Mann nach der Kwantunghalbinsel befördern lassen. Für ungleich leichter hält man es aber, wenn die Japaner sich auf eine Landoperation beschränken und Korea besetzen wollten. Sie müssten dann warten, bis die Russen sie etwa in der Nähe des Jaluflusses, wo die Japaner sich festsetzen könnten, wieder heraustreiben würden.

Alles hängt natürlich davon ab, in welchem Verhältnis die beiden Armeen ihrem Wert nach zueinander stehen. Den russischen Soldaten versagt niemand das Zeugnis, dass sie an Tapferkeit und Ausdauer einen hohen Rang einnehmen. Die Japaner haben in jüngster

Zeit durch ihre militärische Schulung und durch ihre Siege im Kampf mit China berechtigtes Aufsehen erregt. Sie haben es dabei mit einem Gegner zu tun gehabt, der wesentlich unter ihnen stand, und würden ihre Überlegenheit den Russen gegenüber erst zu beweisen haben. Auch die Jahreszeit spielt für den Ausgang des Krieges eine nicht unbedeutende Rolle. Die Japaner, die den Winter schlecht vertragen können, dürften wahrscheinlich den Frühling bevorzugen, während ihre Gegner es mit der Kälte viel besser aufnehmen würden und sich vor den Schrecknissen des Winters nicht zu fürchten brauchen.

Wiederholt ist davon die Rede gewesen und der Wunsch ausgesprochen worden, dass nach der Vollendung der großen sibirischen »Magistrale« nun auch die Transbaikalbahn zwischen Sretensk und Chabarowsk ausgebaut werden müsse. Es wurde sogar behauptet, dass es sich dabei um eine fest beschlossene Sache handle. Prüft man aber die Dinge, wie sie wirklich liegen, so wird man zu der Überzeugung gelangen, dass hier der Wunsch wieder einmal der Vater des Gedankens sei. Vorläufig beabsichtigt man keineswegs, aufs Neue ungezählte Millionen für einen solchen Zweck auszugeben, und hält die Wasserverbindung auf der Schilka und dem Amur trotz aller Mängel, die ihr anhaften, für ausreichend. Freilich klagte mir ein Kaufmann aus Charbin seine Not, als er sich Ende Oktober auf einem Schleppdampfer befand und von einem Tage auf den andern vergeblich die Abfahrt erwartete, die durch den niedrigen Wasserstand auf dem Amur immer wieder verzögert wurde. Es fehle nicht viel, so wäre er in Blagowjeschtschensk eingefroren und hätte dann noch ein paar Wochen auf genügend starkes Eis warten müssen, um mit dem Schlitten vorwärts zu kommen.

Weit größere Aussicht auf Verwirklichung haben dagegen zwei Eisenbahnlinien durch die Mandschurei, die dazu dienen würden, den Besitz des Landes den Russen noch mehr zu sichern, als es durch die Hauptlinie bisher schon geschehen ist. Die eine Strecke würde von Zizikar in nördlicher Richtung nach dem Amur bei Blagowjeschtschensk führen, die andere Charbin in nordöstlicher Richtung mit Chabarowsk verbinden. Dadurch könnte man den nördlichen Teil der Mandschurei durch die Eröffnung neuer Verkehrsstraßen unmittelbar an Sibirien anschließen. Überall sehen wir, wie das Land durch die Eisenbahn erobert wird, wie die Russen sich an den Stationen festsetzen, Kolonien begründen und aus den Marktflecken Städte entstehen lassen. Niemand denkt mehr daran, dass sie ihre Truppen zurückziehen werden, sooft sie auch an die Erfüllung dieser Verpflichtung, die sie übernommen haben, erinnert werden. In Tschita, Charbin und Mukden befinden sich die Hauptpunkte für die Ansammlung von Truppen, die angeblich nur zum Schutz der Bahn eintreffen, aber offenbar viel weiter gehende Zwecke verfolgen.

Die Ernennung des Admirals Alexejew zum Generalgouverneur der Mandschurei bedeutet einen weiteren Schritt bei der Ausführung des Eroberungsplanes, den Russland verfolgt und für den es die neue Bahn in erster Linie bestimmt hat. Die aneinander gereihten Schienen und die lange Wagenkette, die über sie hinwegrollt, scheinen ebenso zuverlässige Waffen wie Kanonen und Gewehr zu bilden. Dass es den Russen in der Mandschurei auch an diesen nicht fehlt, haben die jüngsten Ereignisse bewiesen, vor allem die große Revue, welche Admiral Alexejew im Oktober dieses Jahres in Port Arthur veranstaltete. Die Zahl der Truppen, die bei dieser Gelegenheit dort versammelt waren, wird sehr verschieden angegeben, war aber groß genug, um den Eindruck einer Streitmacht zu hinterlassen, gegen welche mit der bloßen Berufung auf Verträge und mit Protesten wenig auszurichten ist.

China hat bis jetzt rat- und tatenlos auf dies immer weiter vorschreitende Eroberungswerk hingestarrt und muss die Mandschurei als verloren ansehen, wenn es den Russen nicht den Krieg erklären will. In China gibt es aber auch eine sich lebhaft rührende Partei, die für diesen Fall ein Zusammengehen mit Japan verlangt, sodass sich dann die mongolische Rasse gegen das Europäertum, wie es durch die Russen vertreten wird, zu einem gewaltigen Völkerkampf verbinden würde.

Die sibirische Bahn übertrifft alle bisher gebauten Strecken bei weitem an Ausdehnung. Die kanadische Pazifikbahn umfasst 4677, die Union-Pacific-Bahn, die von San Francisco über Chicago nach New York führt, 5337 Kilometer. Dagegen zieht sich die »Magistrale« von Tscheljabinsk nach Wladiwostok 7588 Kilometer und nach Port Arthur noch über 180 Kilometer länger hin. Nehmen wir ihre westliche Fortsetzung von Tscheljabinsk über Moskau und Warschau bis zur preußischen Grenze bei Alexandrowo hinzu, so erreichen wir eine Gesamtlänge des Schienenstranges von über 10 000 Kilometer. Das bedeutet ungefähr so viel, als wenn jemand die Strecke von Basel über Frankfurt und Berlin nach Königsberg neunmal zurücklegen wollte.

Verbindet die sibirische Bahn einerseits Europa mit Asien in einer Weise, die alle früher ausgesprochenen Erwartungen schon jetzt weit hinter sich lässt, so ist sie China und dem ostasiatischen Küstengebiet gegenüber zu einer Waffe und einem Kulturwerkzeug ersten Ranges geworden. Es hat wahrlich keinen Sinn, diesem Unternehmen gegenüber ein schiefes Gesicht zu machen, es wegen mancher Mängel, die ihm anhaften, vor den Augen der Welt herabzusetzen und gehässigen Entstellungen mehr Glauben zu schenken, als sie verdienen. Man sollte vielmehr versuchen, das Riesenwerk in dem Plan, der ihm zugrunde liegt, in seinen Einrichtungen kennen zu lernen und sich ein Bild von den Veränderungen zu machen, die es im Weltverkehr hervorrufen dürfte. Früher als man es in Aussicht gestellt hatte, ist die sibirische Bahn bis auf das letzte Glied, die

Strecke um den Baikalsee, vollendet, und das Zukunftsbild des Panoramas von Moskau nach Peking, das im Sommer 1900 auf der Pariser Weltausstellung in dem russischen Gebäude am Trocadero vorüberzog, während die Zuschauer in den Waggons des sibirischen Zuges saßen, schon jetzt fast zur Wahrheit geworden.

Nachwort
Einhundert Jahre Transsibirische Eisenbahn

Vor etwas mehr als hundert Jahren, Sommer 1903, fand die hier beschriebene Reise von Berlin nach Schanghai statt. Im Jahr 1891 war mit dem Bau der Großen Sibirischen Bahn begonnen worden. Durchschnittlich sechshundert Kilometer Schienenstrang pro Jahr wurden im folgenden Jahrzehnt verlegt. Die gesamte Strecke war in sechs große Bauabschnitte (Westsibirien, Mittelsibirien, Baikal, Transbaikalien, Amur und Ussuri) aufgeteilt worden, in denen parallel, teils zeitversetzt, die Arbeit begann. Von Tscheljabinsk im südlichen Ural über Omsk und Krasnojarsk wei-ter nach Irkutsk wurde die Trasse durch Sibirien gezogen. Am Baikalsee wurde die Bahnlinie unterbrochen und zunächst mit zwei Eisbrechern eine Fährverbindung eingerichtet. Weiter führte die Magistrale über Tschita nach Sretensk zum Strom Amur, auf dem man per Schiff bis Chabarowsk reiste, um dort auf dem östlichsten Bahnabschnitt im Zug nach Wladiwostok zu fahren. Parallel zur florierenden Flussschifffahrt auf dem Amur sollte auch hier die durchgehende Bahnverbindung gebaut werden. Mit der später geänderten Streckenführung durch die Mandschurei wurden die Pläne für die Amur-Bahn zunächst verworfen, denn mit der so genannten ostchinesischen und südmandschurischen Bahn war eine erhebliche Verkürzung der Entfernung zum Pazifik verbunden. Gleichzeitig verlagerten sich damals auch Russlands strategische Interessen von Wladiwostok gen Süden in die neue Eroberung Port Arthur, sodass dessen Vorort Dalny zum Endpunkt der Trasse und zum Ausgangspunkt für die Schiffsrouten entlang der Pazifikküste und nach Japan werden sollte.

Nachdem die Bauarbeiten 1900 im Großen und Ganzen abgeschlossen waren, machte jedoch der chinesische Boxeraufstand den Plan der durchgehenden Inbetriebnahme der sibirischen Bahn zunichte. Viele Bahnanlagen wurden zerstört und mussten neu errichtet werden. Während die Züge bereits laut Fahrplan zwischen Moskau und Irkutsk am Baikalsee sowie Sretensk am Amur-Nebenfluss Schilka und dann wieder zwischen Chabarowsk und Wladiwostok verkehrten, stockte die Fertigstellung der Bahn in der Mandschurei. Im Oktober 1901 wurde das so genannte »goldene« Gleis verlegt. Auf den meisten Teilabschnitten in der Mandschurei begann der Probebetrieb, aber mehrere Brücken und vor allem der Tunnel durch das Chingan-Gebirge waren noch nicht fertig gestellt. Nichtsdestotrotz war die Vollendung des Schienenstranges wohl ausschlaggebend dafür, dass Russland entgegen der ursprünglichen Sicht nicht 2003, sondern bereits 2001 den 100. Jahrestag der Transsib feierte. Das korrekte Jubiläum – die offizielle Aufnahme des durchgehenden Betriebes im Regelzugverkehr, die Zabel auch aus dem Kursbuch der Reichsbahn zitiert – ist aber erst der 14. Juni 1903 (bzw. der 1. Juni 1903 nach dem damals noch in Russland gültigen julianischen Kalender).*

Neue Routen nach Ostasien

Obwohl Moskau und die damalige Hauptstadt Russlands, St. Petersburg, angesehene Metropolen waren, die schon damals Besucher aus vielen Ländern anlockten, hielt sich doch das Interesse an der russischen Provinz und erst recht an der, die sich östlich des Urals im

* Alle folgenden Datumsangaben beziehen sich auf den gregorianischen Kalender. Manche andere Quellen nutzen aber auch die Angaben des damals gültigen julianischen Kalenders.

legendenumwobenen Frostgefängnis Sibirien ausbreitete, in sehr engen Grenzen. Wenn die sibirische Bahn aus russischer Sicht vor allem als Transportmittel für Übersiedler aus dem europäischen Teil Russlands in die sibirischen Weiten von Interesse war, so hatte sie für den Rest der Welt vor allem den Charme einer im Vergleich zu den bisherigen Schiffspassagen deutlich kürzeren Reisealternative zwischen Europa und Ostasien. Länder wie China und Japan, die sich in der zweiten Hälfte des 19. Jahrhunderts – teilweise nicht ganz freiwillig unter dem Druck der Kolonialmächte – dem Ausland geöffnet hatten, zogen nicht wenige Reisende an, die dank der Nutzung der Transsibirischen Eisenbahn deutlich schneller und billiger an ihr Ziel kommen konnten.

Dieser Gedanke war auch der Ausgangspunkt für die Compagnie Internationale des Wagons Lits, CIWL, dem damaligen Marktführer für internationale Luxuszüge und Schlafwagen, sich für diese neue Zugverbindung zu engagieren. Der Firmengründer Georges Nagelmacker (1845–1905) wollte seiner Unternehmensgeschichte mit dem phänomenalen Erfolgskapitel »Orient-Express« zwischen Paris und Istanbul ein nicht weniger Erfolg versprechendes Kapitel »Transsibirien-Express« von Paris nach Peking hinzufügen. Bereits 1878 knüpfte er erste Kontakte in St. Petersburg. Zunächst plante er einen Nord-Süd-Express von St. Petersburg nach Lissabon, dem Ausgangspunkt vieler Schiffspassagen über den Atlantik. Realisiert wurde aber nur der Nordexpress zwischen Paris und St. Petersburg. Daneben betrieb die CIWL fortan mehrere innerrussische Strecken und baute ihre Kontakte in Russland aus.

Sobald die Entscheidung für den Bau der großen sibirischen Bahn bekannt wurde, bemühte sich Nagelmacker intensiv um eine entsprechende Konzession. Man gestattete im Wettbewerb zur zweimal wöchentlich verkehrenden russischen Bahn einen Zug monatlich, der entsprechend dem Baufortschritt ebenfalls 1898 bis nach Tomsk und ab 1899 bis nach Irkutsk verkehrte, doch die Resonanz im Ausland war zunächst mehr als verhalten. Den entscheidenden Schub für das Interesse an der neuen Bahnstrecke nach Asien brachte die Präsentation der sibirischen Bahn auf der Weltausstellung im Jahr 1900 in Paris. Nagelmacker scheute keine Marketingaufwendungen und präsentierte in Zusammenarbeit mit der Länderausstellung Russland vier Original-Waggons, in denen man an einer gigantischen, aus drei Ebenen bestehenden und mit landestypischen Landschaften bemalten Leinwand vorbeigezogen wurde und so eine virtuelle Reise von Moskau nach Peking unternehmen konnte und dabei mit Landesspezialitäten aus Russland und China bewirtet wurde. Diese Aktion im Pariser Pavillon Trocadero wurde ein voller Erfolg. Vielerorts fieberte man förmlich dem Datum entgegen, an dem diese Vision Realität werden sollte.

In den folgenden Jahren verhinderten allerdings die politischen Wirren entlang der Strecke, dass aus dem Sibirien-Express eine Erfolgsstory à la Orient-Express wurde. Der Russisch-Japanische Krieg und die nachfolgende politische Ungewissheit im Reich der Mitte verunsicherten das Publikum. Die Niederlage im Krieg zwang Russland, Port Arthur aufzugeben und wiederum seinen militärstrategischen Schwerpunkt im Fernen Osten nach Wladiwostok zurückzuverlegen. Aus Gründen der nationalen Sicherheit wurde ab 1907 nun doch die Amurbahn gebaut, um für den Fall einer japanischen Invasion in der Mandschurei die vollständige Trassenführung durch russisches Hoheitsgebiet zu gewährleisten. Mit der Fertigstellung der Brücke über den Amur bei Chabarowsk im Oktober 1916 war das Werk vollbracht.

Aber die bolschewistische Revolution und der nachfolgende, insbesondere in Sibirien besonders dramatisch tobende Bürgerkrieg ließen das Interesse an Russland als Transitland gegen null sinken. Gleichzeitig war dies auch das Ende des Transsibirien-Expresses der CIWL. Die Gesellschaft verlor, obwohl sie noch mehrere Jahre mit den neuen Moskauer Machthabern verhandelte, all ihr in Russland befindliches rollendes Material. Mit der Stabilisierung der sowjetischen Verhältnisse begann die sowjetische Staatsbahn nicht ohne Erfolg auch wieder für die transsibirische Bahnfahrt als Transit quer durch Eurasien und weiter nach Japan und andere südostasiatische Länder zu werben. Aus den ehemaligen Waggons der CIWL wurde der Transsibirien-Express de Luxe im Eigentum der sowjetischen Staatsbahnen. Man konnte von allen europäischen Hauptstädten mit Umsteigen in Moskau unter der Obhut des staatlichen Reisebüros »Intourist« nach Wladiwostok oder durch das später unter japanischem Protektorat stehende Manschukuo in das nun Dairen heißende ehemalige Dalny oder weiter nach Peking und nach Pusan im Süden der koreanischen Halbinsel reisen.

Nach dem Zweiten Weltkrieg schloss die Sowjetunion neben vielen anderen Städten entlang der Strecke der Transsibirischen Eisenbahn auch den Endpunkt Wladiwostok für Ausländer. Jetzt musste man in Chabarowsk umsteigen und fuhr mit dem Wostok-Express – kurz vor Wladiwostok abbiegend – zum Handelshafen Nachodka, wo die Japan-Fähren anlegten. Gleichzeitig verkürzte sich ab Mitte der Fünfzigerjahre durch den Bau der Transmongolischen Bahn die Strecke nach Peking. Dank der Fortschritte im Flugwesen verlor die Zugverbindung nun aber hinsichtlich Geschwindigkeit und Reisezeit sowie auch bald hinsichtlich des Preises ihre Vorzüge. Sie avancierte stärker zum Erlebnis an sich und stach in den viel zitierten Listen der weltweit attraktivsten Bahnreisen immer als unschlagbarer Superlativ hervor oder wie der kanadische Transsib-Tourist John Tuzo Wilson es 1958 formulierte: »Man kann die Transsibirische Eisenbahn als Transportmittel oder als Lebensweise betrachten und in jeder dieser Betrachtungen ist und bleibt sie einzigartig.« Mit dem in den letzten Jahren in China und in Russland zu verzeichnenden Wandel und dem damit verbundenen wachsenden Interesse für beide Länder im Westen steigt von Jahr zu Jahr auch wieder die Zahl derer, die sich für eine Reise mit der Transsib interessieren.

Auf Schienen durch Sibirien

Doch wie nahm das Jahrhundertprojekt Gestalt an? Die Idee, eine Bahnlinie durch das schier endlose Sibirien zu verlegen, tauchte ab Mitte des 19. Jahrhunderts vielerorts auf. Im Jahr 1852 war in St. Petersburg das »Sibirische Komitee« gegründet worden, das zu allen Fragen der Verwaltung Sibiriens und somit auch zur Verkehrsanbindung entsprechende Vorlagen erarbeiten sollte. Diese Einrichtung wurde zum Anlaufpunkt für die Ambitionen kreativer Ingenieure und die Phantasie anderer Bahn-Enthusiasten aus dem In- und Ausland. Die erste Anfrage kam von einem englischen Ingenieur namens Dull, der eine zunächst als Pferdebahn zu betreibende Bahnlinie von Nischni Nowgorod über Perm, den Ural und dann auf dem günstigsten Wege zum Amur und zur Pazifikküste vorschlug. Ein russischer Vorschlag des Petersburger Ingenieurs A. Safronow sah eine Streckenführung von Saratow an der Wolga über Semipalatinsk nach Minussinsk vor. Doch die vorgeschlagene Umfahrung der neuen industriellen Boom-Region Ural missfiel den Offiziellen, sodass das Projekt schnell vom Tisch war. Dem nächsten Vorschlag entsprechend sollte die Strecke von Kasan über den Ural entlang der alten Teestraße über Kjachta bis zum Amur führen. Perry Collins, ein Amerikaner, unterbreitete eine Studie für eine Bahnlinie zwischen Irkutsk und Tschita. Er verfolgte vor allem den Gedanken, Russlands Flüsse in Richtung Nordmeer und Pazifik durch die Bahnlinie zu einem durchgehenden Handelsweg auszubauen. Für diese Idee konnte er auch den Irkutsker Generalgouverneur für Ostsibirien, Nikolai Murawjew, begeistern. Als dieser 1858 im Vertrag von Aigun den Chinesen die Gebiete am Amur abgerungen hatte, schlug er noch im selben Jahr südlich des Amurs eine Bahnlinie zur Pazifikküste vor, um Russlands Anspruch auf die neuen Gebiete entsprechend zu zementieren. Doch für den Zaren waren die sibirischen Provinzen zu diesem Zeitpunkt wohl schlicht noch zu weit weg, um dort mit dem Bau von Eisenbahnen zu beginnen.

Zunächst genoss die Einbindung des Ural in das Eisenbahnnetz Russlands Priorität, doch das Thema Sibirien blieb auf der Tagesordnung. Den ersten Vorschlag dazu unterbreitete 1861 ein Bergbauingenieur aus dem Ural mit der Idee, zunächst Perm mit Tjumen zu verbinden und dann die weitere Erschließung Sibiriens per Eisenbahn zu prüfen. Der Tomsker Gouverneur Suprunenko begeisterte sich ebenfalls für die Idee einer Pferdebahn, diesmal zwischen Tjumen und Irkutsk.

Doch der große Traum von der ganz Sibirien durchziehenden Eisenbahn blieb immer noch Vision. Erst 1882 forderte Zar Alexander – nun aber bereits mit den Worten »Es ist Zeit, es ist allerhöchste Zeit« – das Projekt einer Eisenbahntrasse durch Sibirien. Die Nachrichten über den Bau der transkontinentalen Bahnlinien durch Amerika und Kanada waren ebenfalls bis nach Petersburg gelangt und zeigten Wirkung. Nach dieser Grundsatzentscheidung wurden unverzüglich mehrere Expeditionen auf die Suche nach einer optimalen Streckenführung geschickt. Während östlich des Ob alsbald Einigkeit über die Streckenführung herrschte, war insbesondere der westliche Ausgangspunkt im Ural lange Zeit umstritten, bevor man sich für Tscheljabinsk als geographischen Kompromiss und gegen das nördlichere Perm und das südlichere Orenburg entschied.

Viele Interessenten aus dem In und Ausland bemühten sich um Konzessionen für den Bau und Betrieb der Großen Sibirischen Magistrale. Im Unterschied zu vielen anderen Bahnlinien wurde die Bahn nicht privat, sondern zu einhundert Prozent durch den russischen Staat finanziert. Während sich Russlands Unternehmen nur für die Teilabschnitte westlich des Baikals begeistern konnten und östlich davon keine Offerten machten, wollten amerikanische Geldgeber als Gegenleistung sämtliche Schürfrechte in einem hundert Kilometer breiten Korridor auf beiden Seiten der Bahntrasse. Das akzeptierte man in Petersburg nicht, und so blieb das Signal für private Investoren auf Rot. Strategisch zu bedeutsam und in seinen möglichen Folgeausgaben zu kostspielig schien dieses Jahrhundertprojekt, als dass man es mitsamt den Schürfrechten ausländischen Kapitalgebern bzw. den zu wählerischen russischen Unternehmen anvertrauen wollte. Der Zar beließ das Zepter in der Hand des russischen Staates.

1891 beauftragte Zar Alexander III. seinen Sohn und Kronprinzen Nikolai mit der Grundsteinlegung des bedeutendsten Eisenbahnprojektes der russischen Geschichte. Auf der Rückkehr von einer durch Ägypten, Indien und Japan führenden Weltreise betrat der Zarewitsch in Wladiwostok wieder heimatlichen Boden und legte im Auftrag seines Vaters am 19. Mai 1891 mit der ersten Schubkarre für die künftige Bahntrasse den Grundstein für die Ussuri-Linie als erstem Teilabschnitt der durchgängigen Bahnmagistrale durch Sibirien. Es folgte eine dreimonatige Reise zurück in die russische Hauptstadt. Erstmals in der russischen Geschichte bereiste ein Mitglied der Herrscherfamilie die Provinzen Sibiriens.

Der Bau der großen sibirischen Eisenbahn

Die Würfel waren gefallen, die große sibirische Bahn genoss unter dem Auge des künftigen Zaren höchste Priorität. Nach seiner Krönung im Jahr 1896, an der auch Eugen Zabel teilnahm, wurde der Bau der sibirischen Magistrale erst recht zur »Zarensache«. Bei der Umsetzung des Projektes sind vor allem die Verdienste zweier russischer Politiker zu würdigen: Graf Sergej Witte und Fürst Michael Chilkow.

Graf Witte (1849–1915) war zunächst Eisenbahnbeamter in Odessa und Kiew. Als Vertrauter des Zaren stellte er 1892 als Verkehrsminister die entscheidenden Weichen für den künftigen Bau der Transsib und fuhr dann als Finanzminister und zeitweise auch Premierminister fort, bei der Finanzierung die entscheidenden Signale auf Grün zu stellen. Ihm gelang es 1896, mit China die Verträge über die Bahn durch die Mandschurei auszuhandeln. Er war später gegen die russische Annexion von Port Arthur, die seine Absprachen mit China aushebelte und Russlands Position in Asien nur auf den ersten Blick stärken konnte. Die Folgen des Boxeraufstandes und Russlands verheerende Niederlage im Krieg mit Japan, wo er für Russland den Friedensvertrag von Portsmouth aushandelte, gaben ihm Recht.

Fürst Chilkow (1834–1909) war von 1895 bis 1905 russischer Verkehrsminister und wurde von Zabel in der Beschreibung ihrer Begegnung zutreffend als die »Seele der Sibirischen Bahn« charakterisiert. Der für seinen großspurigen Lebenswandel bekannte ehemalige Gardeoffizier hatte sein Vermögen verloren und war nach Amerika emigriert, wo er sich bei der Eisenbahn zunächst als Hilfsheizer von der Pike auf hocharbeitete. Nach seiner Rückkehr nach Russland avancierte er mit seinem Knowhow schnell bis zum Generalinspekteur der russischen Eisenbahn, bevor ihn der Zar – in erster Linie wegen des bevorstehenden Baus der Sibirischen Bahn – zum Verkehrsminister berief.

Am östlichen Ende sollten mit Wladiwostok und dem 769 Kilometer entfernten Chabarowsk die beiden größten Städte des so genannten russischen Gebietes Fernost miteinander verbunden werden.

Am 13. November 1897 begann auf der nach dem Amurnebenfluss Ussuri benannten Strecke der reguläre Zugverkehr. Mit der Aufgabe der Streckenführung entlang des Amur zugunsten der

Trasse durch die Mandschurei war sie in den ersten Jahren mit der Anbindung an die Amurschifffahrt von Bedeutung. Zum festen Bestandteil der Hauptstrecke der Transsibirischen Eisenbahn wurde sie erst nach der Fertigstellung der Amurbahn.

Bei der Anbindung an das bestehende Eisenbahnnetz im europäischen Teil Russlands war die Entscheidung zugunsten Tscheljabinsks im südlichen Ural gefallen. Hier begann am 19. Juni 1892 der Bau des westlichsten Teilabschnittes der Bahn. Die westsibirische Bahn führte über 1417 Kilometer durch die gleichnamige Tiefebene bis zum großen sibirischen Strom Ob und war ingenieurtechnisch der Abschnitt mit den wenigsten Problemen. Die Strecke wurde am 13. Oktober 1896 in Betrieb genommen.

Die Suche nach einem optimalen Ort für die Überquerung des großen Stromes ließ damals am rechten Ufer eine kleine Siedlung namens Nowonikolajewsk mit einem auch von Zabel erwähnten Haltepunkt »Ob« entstehen. Heute steht an dieser Stelle einer der größten Bahnhöfe Russlands mitten im Zentrum der größten Stadt Sibiriens – Nowosibirsk.

Zwischen dem Ob und Irkutsk lag der 1830 Kilometer lange mittelsibirische Bahnabschnitt, mit dessen Bau im Mai 1893 begonnen wurde. Am 13. Januar 1899, also nach dem gültigen Kalender zu Neujahr, wurde die mittelsibirische Bahn dem Verkehr übergeben. Genau ein Jahr später, wiederum zu Neujahr, rollte der erste fahrplanmäßige Zug auf der achtundsechzig Kilometer am Angara-Ufer entlangführenden Baikalbahn zum Baikalsee. Am 7. Mai 1900 wurde mit den beiden Eisbrechern »Baikal« und »Angara« der Fährverkehr über das »Wasserauge« Sibiriens eröffnet. Etwa zehn Monate im Jahr funktionierte die Fährverbindung. Von Anfang Februar bis Anfang April war aber das Eis zu dick, sodass die Reisenden mit Pferdeschlitten über den See kutschiert wurden. Dennoch wurde schnell klar, dass selbst die funktionierende Fähre zum Nadelöhr für die gesamte Strecke wurde, was insbesondere in der russischen Nachschubversorgung während des Russisch-Japanischen Krieges katastrophal war. Doch mit dem dieser Entwicklung vorbeugenden Bau der Bahnstrecke um das Südufer des Sees herum hatte man zu spät – Ende 1899 – begonnen. Es sollte aufgrund der Felsmassive auch der teuerste Bauabschnitt der gesamten Strecke werden. Man sprach von der »Goldschnalle« im Russland zusammenbindenden Stahlgürtel. Zunächst verkehrten aber noch bis zum Oktober 1905 die Fährschiffe, die in der Folgezeit zum Spitzenausgleich im Frachtaufkommen weiter genutzt wurden. Am anderen Ufer des Baikalsees waren im Mai 1900 bereits seit über fünf Jahren die Arbeiten an der 1105 Kilometer langen Transbaikalbahn, die die Reisenden bis zu den Amurdampfern in Sretensk bringen sollte, in vollem Gange. Gut zwei Monate später, am 14. Juli 1900, wurde der Teilabschnitt seiner Bestimmung übergeben und eine kombinierte Bahn- und Schiffsreise von Moskau nach Wladiwostok möglich.

Die Verlegung der Bahntrasse verlangte ihren Erbauern unter den extremen klimatischen Bedingungen Sibiriens kaum vorstellbare Anstrengungen ab. Die Baumaterialien mussten häufig über gigantische Entfernungen transportiert werden. Um sie über das Eismeer auf den sibirischen Strömen flussaufwärts zu bringen, stand nur eine kurze Navigationsperiode zur Verfügung, bevor die Flüsse wieder zufroren. Östlich des Ob konnte zwar vielerorts die Taiga zu Schwellenholz verarbeitet werden, dafür fehlte aber häufig Sand, von Schotter und Kies ganz zu schweigen. Angesichts dieses Mangels und der langen Frostperiode wurden die Schwellen über weite Strecken nur auf Sand verlegt. Die Schienen selbst, Steine, Granit und die Stahlgerüste für den Streckenbau waren große logistische Herausforderungen.

Ein weiteres Problem waren die Arbeitskräfte, die es in Sibirien nicht gab. Neben angeworbenen Gleisbauern wurden Häftlinge und Verbannte rekrutiert. Durch eine besondere Verordnung zählte für alle Häftlinge, die sich in Sibirien bewährten, jedes beim Bahnbau verbrachte Jahr für zwei. Daneben wurden für den Brückenbau und die Sprengarbeiten Fachkräfte in Europa und für die Trassierung und die Verlegung der Gleise Kulis in China rekrutiert, die allesamt unter kaum vorstellbaren Strapazen den Schienenstrang in der Wildnis Werst um Werst voranbrachten. Teilweise arbeiteten bis zu siebzigtausend Menschen gleichzeitig an den verschiedenen Bauabschnitten. Die Opfer, die während des Baus durch Kälte, Krankheit oder Arbeitsunfälle ihr Leben ließen, sind ungezählt.

Dennoch wurde die Bahn im ersten Anlauf unter enormem Zeit- und Kostendruck mit minimalen technischen Standards errichtet. Im Vergleich zu Russlands europäischem Bahnnetz waren die Abstände zwischen den Ausweichstellen länger, die Schienen waren leichter, der Schwellenabstand größer, und Kurven sowie Steigungen wurden oft an der Grenze des technisch Möglichen konzipiert. Viele Probleme und Havarien, die nach der Betriebsaufnahme ans Tageslicht kamen, waren hausgemacht und vorprogrammiert, aber der Druck, die Bahn so schnell wie möglich fertig zu stellen, war immens. Doch in Transbaikalien entwickelte die große Politik plötzlich Ideen, die den Bau beschleunigen und verbilligen sollten.

Die Strecke durch die Mandschurei

Zunächst sollte die Bahn bekanntlich laut Plan fast parallel zum Amur weitergebaut werden, wo aufgrund der geographischen und geologischen Gegebenheiten mit den höchsten Baukosten zu rechnen war. Doch die politischen Realitäten hatten dem erstarkten Zarenreich in seinen Beziehungen zum schwächelnden Nachbarn China Ende des 19. Jahrhunderts neue Möglichkeiten eröffnet, die Russland dank des diplomatischen Geschicks von Graf Witte konsequent nutzte. »Unterdessen hatte unsere große sibirische Bahn Transbaikalien schon erreicht, und man musste sich entscheiden, wie sie weitergeführt werden sollte«, notierte Graf Witte später in seinen Memoiren. »Natürlicherweise kam ich auf die Idee, die Bahn geradeaus bis Wladiwostok durchzulegen, quer durch die nördliche Mandschurei. Dadurch wurde ihre Fertigstellung wesentlich beschleunigt ... Das Problem bestand nun darin, dies auf friedlichem Wege zu erreichen, indem man sich auf die gegenseitigen Handelsvorteile berief.«

China fürchtete die Bedrohung durch Japan. Russland versprach mit seiner Idee einer Bahnlinie durch die Mandschurei nun neben einer neuen Handelsroute auch militärischen Beistand, der eine solche Bahnstrecke für China überlebensnotwendig erscheinen ließ, da nur auf diesem Wege russische Truppen zur Sicherung chinesischer Interessen schnell an die Pazifikküste gelangen konnten. Die entsprechenden Geheimabkommen wurden 1896 in St. Petersburg anlässlich der Feierlichkeiten zur Inthronisierung von Nikolai II. unterzeichnet. Russland erhielt einen auf achtzig Jahre befristeten Pachtvertrag für den Eisenbahnkorridor nach Wladiwostok. Es wurde eine Russisch-Chinesische Bank gegründet, die dann die private Betreibergesellschaft »Gesellschaft der ostchinesischen Eisenbahn« finanzierte. Der Bau der Bahn durch die Mandschurei begann. Zentrale Bedeutung für die Baulogistik erlangte dabei der bis dato unbedeutende, am Amurnebenfluss Sungari gelegene Ort Harbin.

Doch dieser Schachzug Russlands weckte insbesondere in Deutschland und England andere Begehrlichkeiten auf chinesisches Hoheitsgebiet, und auch Russland zog noch mal nach und sicherte sich unter Verletzung der obigen Vereinbarung für fünfundzwanzig Jahre die Halbinsel Kwantung mit den beiden Hafenstädten Port Arthur und Talienwan. Während Port Arthur zur Domäne der russischen Pazifikflotte wurde, sollte in »Dalny«, was irgendwie noch an Talienwan erinnerte und im Russischen sinngemäß »weit weg« bedeutet, ein internationaler Freihafen entstehen. Da dieser eine entsprechende Eisenbahnanbindung benötigte, begann man im Sommer 1898 mit dem Bau des südmandschurischen Bauabschnittes von Harbin über Mukden nach Dalny, welches zum neuen Endpunkt der sibirischen Bahn an der Pazifikküste avancierte.

Doch die territorialen Verluste weckten in China Widerstand. Die nationalistische, der körperlichen Ertüchtigung frönende Sekte Yihetuan (Faust im Namen des Friedens und der Gerechtigkeit) mobilisierte die Bevölkerung zum so genannten »Boxeraufstand« gegen alte ausländische Mächte. Dabei wurde auch ein großer Teil der gerade vollendeten Bahnanlagen in der Mandschurei zerstört, sodass sich die endgültige Fertigstellung der durchgängigen Bahnverbindung zwischen dem Ural und der Pazifikküste nochmals um knapp zwei Jahre verzögerte, bevor die neue Strecke im Sommer 1903 in Betrieb genommen werden konnte. Die bereits drei Jahre zuvor auf der Pariser Weltausstellung angekündigte durchgehende neue Zugverbindung zwischen Europa und Ostasien war Realität geworden. Dreimal wöchentlich verkehrte der »Sibirische Express«.

Insgesamt elf Züge standen zur Verfügung, von denen acht der russischen Staatsbahn und drei der CIWL gehörten. Die Züge bestanden aus jeweils fünf Wagen: einem Salon- und Speisewagen, einem Wagen 1. Klasse, zwei Wagen 2. Klasse und einem Gepäckwagen, in dem sich auch die Heizung und ein Stromgenerator befanden. Die Durchschnittsgeschwindigkeit für die gesamte Reise lag bei etwa 25 km/h, auf dem Abschnitt durch die mittelsibirische Tiefebene wurde mit 34 km/h der Spitzenwert erreicht. Über die neuen Reiseziele berichtete auch die Berliner Zeitschrift »Die Woche« in ihrer Ausgabe 34/1903 unter dem Titel »Der sibirische Luxuszug«: »Das Hauptkontingent des Reisepublikums stellen die von oder nach Russland reisenden sibirischen Kaufleute und Industriellen sowie Ausländer, die sich immer mehr dieser schnellen und vor allem billigen Reiseroute nach Ostasien, China, Japan usw. zu bedienen anfangen. Selbst die professionellen Weltenbummler beginnen sich allmählich für Sibirien zu interessieren.«

Ein deutscher Weltenbummler

Einer der Ersten aus dieser Zunft, die die neue Route schnellstmöglich ausprobieren wollten, war Eugen Zabel, der zu Beginn des 20. Jahrhunderts in seiner Heimat kein Unbekannter war. Als Journalist und Vortragsreisender, aber auch als Schriftsteller, Redakteur, Dramaturg und Übersetzer hatte er sich einen Namen gemacht. Er hatte viele Länder besucht, von fast allen Weltausstellungen zwischen 1889 in Paris und 1911 in Turin berichtet, und neben vielfältigen Reisebeschreibungen stammten Übersetzungen, Bühnenbearbeitungen sowie Essaybände aus seiner Feder.

Zabel wurde am 23. Dezember 1851 in Königsberg geboren. Nachdem er in seiner Jugend Gedichte geschrieben hatte, wandte er sich später dem Journalismus und dem Theater zu. Mit Anfang zwanzig zog es ihn in die neue Reichshauptstadt Berlin.

Doch schon die Nähe seines Geburtsortes Königsberg zu Russland prägte beim Weltenbummler Zabel ein lebenslanges, tiefes Interesse für Russland, wohin er umfangreiche Kontakte einerseits zu in Petersburg ansässigen deutschen Geschäftsleuten und andererseits auf russischer Seite bis in den Staatsapparat hinein und zum Zarenhof pflegte. Er unternahm mehrere längere Reisen durch Russland und war 1883 und 1896 Gast der Krönungsfeierlichkeiten für die Zaren Alexander III. und Nikolai II. In seiner schriftstellerischen Tätigkeit nahmen russische Themen immer eine exponierte Stelle ein.

So schrieb er einen etwas schwülstigen Roman über die von ihm sehr verehrte Katharina die Große, die Russland mit deutschen Tugenden zu neuer Größe führte. Umfangreiche Essays über die russischen Schriftsteller Leo Tolstoi und Iwan Turgenjew entsprangen seiner Feder. Turgenjews dramatische Werke »Der Kostgänger« und »Ein Monat auf dem Lande« hatte er unter dem Titel »Das Gnadenbrot« bzw. »Natalie« für die deutsche Bühne bearbeitet. Über den für seine Antikriegsbilder bis heute bekannten Maler Wassilij Wereschtschagin, der 1904 nach einer Reise mit der sibirischen Bahn nach Port Arthur während des Russisch-Japanischen Krieges bei der Explosion des russischen Panzerkreuzers »Petropawlowsk« ums Leben kam, verfasste er in der Reihe »Künstlermonographien« einen Band.

In der seinerzeit sehr renommierten Reihe »Berühmte Kunststädte« des Leipziger Seemann Verlages veröffentlichte er die Moskau und St. Petersburg gewidmeten Kunst-Reiseführer, wo er im Vorwort zum – übrigens dem oben erwähnten russischen Verkehrsminister Fürst Chilkow gewidmeten – Moskau-Band ausführte: »Indem wir den Leser zu einer Wanderung durch Moskau einladen, hoffen wir den Beweis dafür liefern zu können, dass diese Stadt, die durch Jahrhunderte den Sammelpunkt des nationalen Lebens bildet, auch in künstlerischer Beziehung volle Beachtung verdient, die sie nur aus äußeren Gründen, wegen ihrer geographischen Lage und der geringen Vertrautheit unseres Publikums mit der Sprache und den Sitten des Volkes bisher nicht gefunden hat.«

Die Information über die Eröffnung des Regelzugverkehrs auf der Großen Sibirischen Bahn im Juli 1903 faszinierte ihn derart, dass er unverzüglich Reisepläne schmiedete und einer der ersten Reisenden auf der neuen Strecke war. In guter Erinnerung hatte er noch die Präsentation der neuen Expressroute auf der Pariser Weltausstellung im Jahr 1900, als man in vier Original-Waggons des künftigen Transsibirien-Expresses eine imaginäre Zugfahrt von Moskau nach Peking erleben konnte.

Zabel fuhr zunächst über seine Heimatstadt Königsberg nach St. Petersburg und von dort weiter nach Moskau. Über Tscheljabinsk, Irkutsk und Harbin erreichte er die Pazifikküste bei Port Arthur, von wo aus er die neuen Schiffsrouten nach Tsingtao und Schanghai testete und die gesamte Reise ausführlich in dem vorliegenden Buch schilderte und damals wie heute für etwas mehr Vertrautheit mit Russland wirbt.

Zabel galt zwar als Liberaler, aber der stramm deutsche Zeitgeist des wilhelminischen Deutschlands mit seinen imperialen Ambitionen lässt sich in seinen Gedanken und Ausführungen nicht verleugnen. Doch sein Lob und Interesse für alle deutschen Spuren weitab der Heimat verbinden sich mit großer Neugier und weltoffener Toleranz für die beschriebenen Entwicklungen in Russland und in China – ein für die Zunft der Feder bzw. des Laptops damals wie heute aktueller Ansatz. »Es hat wahrlich keinen Sinn, diesem Unternehmen gegenüber ein schiefes Gesicht zu machen, es wegen mancher Mängel, die ihm anhaften, vor den Augen der Welt herabzusetzen und gehässigen Entstellungen mehr Glauben zu schenken, als sie verdienen. Man sollte vielmehr versuchen, das Riesenwerk in dem Plan, der ihm zugrunde liegt, in seinen Einrichtungen kennen zu lernen und sich ein Bild von den Veränderungen zu machen, die es im Weltverkehr hervorrufen dürfte«, resümierte Zabel und blieb diesem Ansatz bis zu seinem Tod 1925 in Berlin auch immer treu.

Hundert Jahre später ...

Heute, über hundert Jahre nach Zabels Bahnreise, kann man eigentlich niemanden mehr mit den damals so unvorstellbaren Entfernungen und einer entsprechenden Bahnreise, geschweige denn mit einem rekordverdächtigen Tempo beeindrucken. »In achtzig Tagen um die Welt« zu fahren ist schon lange Geschichte und auch die Aussicht, es dank der sibirischen Bahn 1903 bereits in fünfunddreißig Tagen zu schaffen, war nur einige Jahrzehnte lang verlockend.

Aber obwohl das Flugzeug in der zweiten Hälfte des 20. Jahrhunderts längst alle noch so gigantischen Strecken auf wenige Stunden inklusive Jetlag zusammengekürzt hat, wurde und blieb die Große Sibirische oder später Transsibirische Bahn doch ein Mythos, der bis heute nicht nur Eisenbahner fasziniert und in der Liste der weltweiten Reise-Klassiker unbestritten einen vorderen Platz einnimmt.

Auf der Strecke von Moskau nach Wladiwostok ist man heute im durchgehenden Regelzugverkehr nur noch sieben Tage anstelle der neunzehn Tage vor hundert Jahren unterwegs. Jeden zweiten Tag erklingt in Moskau um 16.27 Uhr und in Wladiwostok um 15.37 Uhr Ortszeit (also 8.37 Uhr Moskauer Zeit) das Abfahrtsignal für den mit den Zugnummern 1 bzw. 2 in den russischen Landesfarben Weiß-Blau-Rot glänzenden Express »Rossija«, der auf Russlands berühmtem Stahlgürtel das Land von West nach Ost und umgekehrt über 9288 Kilometer und acht Zeitzonen durchstreift. Viele andere Züge verbinden neben diesem »Klassiker« die Metropolen entlang der Strecke. Darunter ist aber kein Express mit dem Attribut »Transsibirien«. Die fahrplanmäßigen Regelzüge tragen Namen wie »Baikal« oder »Sibirjak«, die auf Touristen ausgerichteten Sonderzüge heißen »Zarengold« oder »Eurasien-Express«.

Der von Zabel beschriebene damalige Endpunkt Dalny, das inzwischen wieder chinesische Dalian, spielt heute nur eine untergeordnete Rolle und ist nur mit Umsteigen zu erreichen. Großer Popularität, vor allem bei Touristen, erfreuen sich neben der Route Moskau– Wladiwostok vor allem die Abzweigstrecken durch die Mandschurei oder die Mongolei in die chinesische Metropole Peking.

Der Beschreibung des Mythos Transsib und der ganz persönlichen Reiseerfahrung wurden und werden in der Folgezeit noch viele Reisebücher, Bildbände und neuerdings Homepages gewidmet. Unzählige folgten literarisch den Fußstapfen Zabels, zumeist aber, ohne ihn zu kennen. Doch trotz aller literarischer Vorlagen und Begleitbücher: Die Erfahrung einer wirklichen Reise auf der längsten Eisenbahnstrecke der Welt ist zu allen Zeiten so einzigartig und das Thema somit so endlos, wie der in den Horizont führende Schienenstrang erscheint ...

Bodo Thöns

Editorische Notiz

Eugen Zabels Reisebericht über seine Fahrt »Auf der Sibirischen Bahn nach China« kam zu Beginn des Jahres 1904 auf den Markt und erfuhr in den beiden darauf folgenden Jahren aufgrund der großen Nachfrage zwei weitere Auflagen. Das Buch erschien in Berlin im Rahmen einer buchclubähnlichen Schriftenreihe des 1873 gegründeten Allgemeinen Vereins für Deutsche Literatur. Es umfasste 295 Seiten mit 36 Illustrationen und einer Karte.

Die vorliegende Neuauflage beschränkt sich im Wesentlichen auf die Reise mit der Großen Sibirischen Bahn und zwei essayartige Kapitel zu ihrer Bedeutung. Gekürzt wurden einige Abschweifungen sowie ein der chinesischen Theaterkunst gewidmetes Kapitel.

Neben den Fotografien des Autors fanden noch weitere zeitgenössische Fotos und Ansichtskarten sowie mehrere Reprints aus der russischen Originalausgabe des »Wegweisers auf der Großen Sibirischen Eisenbahn« (Putevoditel, St. Petersburg, 1901) Verwendung.

Weiterführende Literatur

Empfehlungen für Leser, die mehr über Eugen Zabel oder die Transsibirische Eisenbahn wissen möchten

Eugen Zabel: Europäische Fahrten, Berlin 1902. – Eine Weltreise, Berlin 1905. – Berühmte Kunststädte, Band 12: Moskau, Leipzig 1902; Band 32: St. Petersburg, Leipzig 1905. Als weitere Werke Zabels seien dem geneigten Leser neben den beiden erstgenannten Reisebeschreibungen vor allem seine Bände über Moskau und St. Petersburg empfohlen, die in der damals sehr populären Reihe »Berühmte Kunststädte« erschienen sind.

Eugen Zabel: Roman einer Kaiserin. Katharina II. von Russland, Berlin 1911. Dieser Roman ist Zabels bekanntestes belletristisches Werk, bewegt sich allerdings in sehr seichtem Fahrwasser. Da nach seinem Tod keine Neuauflagen erfolgten, sind Zabels Bücher nur in Bibliotheken und Antiquariaten zu finden.

A. I. Dmitriew-Mamonow: Wegweiser auf der Großen Sibirischen Eisenbahn, St. Petersburg 1901. Aus der Zeit, zu der Zabel seine Reise machte, lassen sich neben dem auch von Zabel selbst benutzten und erwähnten »Wegweiser auf der Großen Sibirischen Eisenbahn« weitere Reisebeschreibungen des neuen Verkehrsweges zu Friedens- und Kriegszeiten empfehlen. Zunächst: der offizielle Reiseführer unter der Redaktion von A. I. Dmitriew-Mamonow. Das aufwändige und voluminöse Auftragswerk des russischen Verkehrsministeriums erschien zunächst in russischer Sprache und wurde dann aber auch ins Englische, Deutsche und Französische übersetzt.

Rudolf Zabel: Durch die Mandschurei und Sibirien, Leipzig 1902. Drei Jahre vor Eugen Zabel reiste im Jahr 1900 sein Namensvetter Rudolf Zabel durch Teile Asiens. Er fuhr u. a. mit dem Schiff von Dalny nach Wladiwostok, um von dort mit der Ussuri-Bahn nach Chabarowsk zu reisen. Es folgte eine Schiffsfahrt auf dem Amur, bevor er in Sretensk in die sibirische Bahn in Richtung Moskau und St. Petersburg einsteigen konnte.

John Foster Fraser: The Real Siberia, London 1902. Ein Jahr nach Rudolf und somit zwei Jahre vor Eugen Zabel bereiste der britische Journalist John Foster Fraser Russland in gleicher Mischung aus Bahn- und Schiffsreise von St. Petersburg nach Wladiwostok und kehrte auf recht abenteuerliche Weise über die stellenweise noch im Bau befindliche ostchinesische Bahn durch die Mandschurei zurück. Seine Erinnerungen wurden leider nie ins Deutsche übersetzt.

Karl Tanera: Zur Kriegszeit auf der sibirischen Bahn und durch Russland, Berlin 1905. Ein Jahr nach Eugen Zabel reiste zu Beginn des Russisch-Japanischen Krieges Karl Tanera zum Kriegsschauplatz am Pazifik. Er kam zwar nur bis Mandschuria, doch ist sein Buch eine interessante Schilderung der damaligen Verhältnisse.

Rudolf Braunberg: Die Transsibirische Eisenbahn, Luzern 1997. Aus heutiger Sicht ist dem interessierten Leser vor allem dieser Bildband zu empfehlen. Wenngleich die Texte an manchen Stellen etwas banal wirken, entschädigen doch die phantastischen Fotos voll und ganz.

Jean de Cars und Jean Caracalla: Die Transsibirische Bahn, Zürich 1987. Wer umfassende Informationen über die Geschichte der Transsibirischen Eisenbahn sucht, findet sie von ihrer Planung und dem Bau in der Zarenzeit bis zum Beginn der Perestroika in diesem reich illustrierten Buch.

Hans Engberding und Bodo Thöns: Transsib-Handbuch, Berlin 2001. – Transsib-Lesebuch, Berlin 2002. Allen, die eventuell selbst über eine Reise auf der sibirischen Bahn nachdenken, sei das »TranssibHandbuch« als praktischer Ratgeber mit umfangreichen Hintergrundinformationen zur Geschichte und Gegenwart der Transsibirischen Eisenbahn empfohlen. Beide Autoren haben dazu auch noch ein »Transsib-Lesebuch« herausgegeben. Diese Anthologie enthält Auszüge aus über zwei Dutzend unterschiedlichen Reisebeschreibungen (u. a. John F. Fraser, Fridtjof Nansen, Sven Hedin, Peter Fleming, Paul Theroux, Hardy Krüger, Colin Tubron) über die transsibirische Eisenbahn zwischen 1901 und 2001.

REISEN · MENSCHEN · ABENTEUER

NATIONAL GEOGRAPHIC TASCHENBÜCHER
VON FREDERKING & THALER

ÜBER ALLE BERGE

Evelyne Binsack/
Verfasst von Gabriella Baumann-von Arx
Schritte an der Grenze
Die erste Schweizerin auf dem Mount Everest
ISBN 978-3-89405-221-8

Am 23. Mai 2001 stand die erste Schweizerin auf dem Mount Everest: Evelyne Binsack. In ihrem Buch führt sie uns die hart errungenen 8850 m hinauf bis in die eisigen Höhen ihres Erfolges und gibt Einblicke in ihre Visionen und ihren Lebensweg.

Peter Habeler
Der einsame Sieg
Erstbesteigung des Mount Everest ohne Sauerstoffgerät
ISBN 978-3-89405-098-6

Gemeinsam vollbringen Peter Habeler und Reinhold Messner am 8. Mai 1978 eine einzigartige Leistung: Sie bezwingen den Mount Everest ohne künstlichen Sauerstoff. In »Der einsame Sieg« erzählt Habeler seine Geschichte des legendären Gipfelsiegs.

Heidi Howkins
Herausforderung K2
Eine Frau auf dem Weg zum Gipfel
ISBN 978-3-89405-192-1

Die erste Amerikanerin auf dem K2: Heidi Howkins bezwingt den berüchtigten Achttausender im klassischen alpinen Stil – ohne Träger, ohne aufwändiges Basislager, ohne modernes Equipment. Ein mitreißender Bericht über den Kampf einer Bergsteigerin gegen Fels und Eis.

So spannend wie die Welt.

NATIONAL GEOGRAPHIC
FREDERKING & THALER
www.frederking-thaler.de